プリント形式のリアル過去問で本番の臨場感！

広島県

広島学院中学校

2025年春受験用

解答集

本書は，実物をなるべくそのままに，プリント形式で年度ごとに収録しています。
問題用紙を教科別に分けて使うことができるので，本番さながらの演習ができます。

■ 収録内容

・解答集（この冊子です）

書籍ＩＤ番号，この問題集の使い方，最新年度実物データ，リアル過去問の活用，
解答例と解説，ご使用にあたってのお願い・ご注意，お問い合わせ

・2024（令和６）年度 ～ 2021（令和３）年度　学力検査問題

○は収録あり	年度 '24	'23	'22	'21		
■ 問題収録	○	○	○	○		
■ 解答用紙	○	○	○	○		
■ 配点						

全教科に解説があります

注）問題文等非掲載：2024年度社会の［3］，2023年度国語の【一】，2022年度国語の【一】，2021年度国語の【二】と社会の［1］

問題文などの非掲載につきまして

著作権上の都合により，本書に収録している過去入試問題の本文や図表の一部を掲載しておりません。ご不便をおかけし，誠に申し訳ございません。

本文の一部を掲載できなかったことによる国語の演習不足を補うため，論説文および小説文の演習問題のダウンロード付録があります。弊社ウェブサイトから書籍ＩＤ番号を入力してご利用ください。

なお，問題の量，形式，難易度などの傾向が，実際の入試問題と一致しない場合があります。

教英出版

■ 書籍ＩＤ番号

入試に役立つダウンロード付録や学校情報などを随時更新して掲載しています。
教英出版ウェブサイトの「ご購入者様のページ」画面で，書籍ＩＤ番号を入力してご利用ください。

書籍ＩＤ番号　108432

（有効期限：2025年9月30日まで）

【入試に役立つダウンロード付録】
「要点のまとめ(国語／算数)」
「課題作文演習」ほか

■ この問題集の使い方

年度ごとにプリント形式で収録しています。針を外して教科ごとに分けて使用します。①片側，②中央のどちらかでとじてありますので，下図を参考に，問題用紙と解答用紙に分けて準備をしましょう（解答用紙がない場合もあります）。

針を外すときは，けがをしないように十分注意してください。また，針を外すと紛失しやすくなりますので気をつけましょう。

① 片側でとじてあるもの

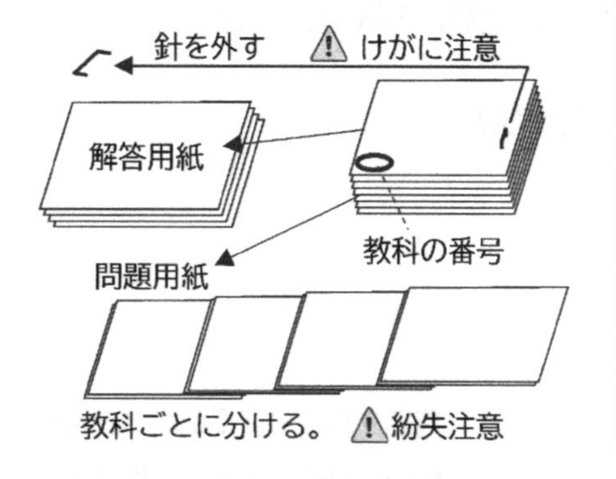

② 中央でとじてあるもの

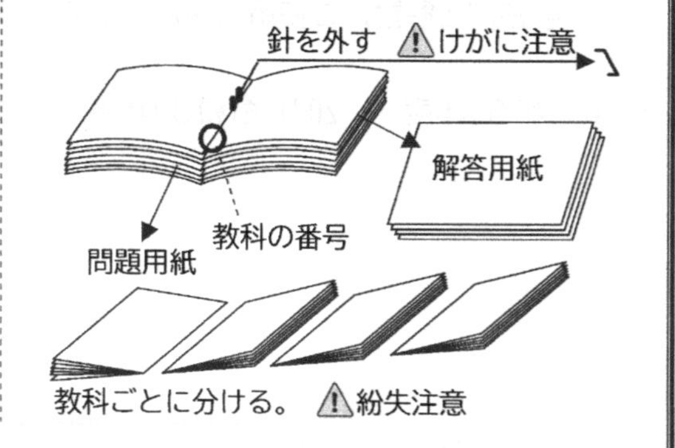

※教科数が上図と異なる場合があります。
解答用紙がない場合や，問題と一体になっている場合があります。
教科の番号は，教科ごとに分けるときの参考にしてください。

■ 最新年度 実物データ

実物をなるべくそのままに編集していますが，収録の都合上，実際の試験問題とは異なる場合があります。実物のサイズ，様式は右表で確認してください。

問題用紙	Ｂ５冊子(二つ折り)
解答用紙	Ｂ４片面プリント

リアル過去問の活用

～リアル過去問なら入試本番で力を発揮することができる～

本番を体験しよう！

問題用紙の形式（縦向き／横向き），問題の配置や余白など，実物に近い紙面構成なので本番の臨場感が味わえます。まずはパラパラとめくって眺めてみてください。「これが志望校の入試問題なんだ！」と思えば入試に向けて気持ちが高まることでしょう。

入試を知ろう！

同じ教科の過去数年分の問題紙面を並べて，見比べてみましょう。

① 問題の量

毎年同じ大問数か，年によって違うのか，また全体の問題量はどのくらいか知っておきましょう。どのくらいのスピードで解けば時間内に終わるのか，大問ひとつにかけられる時間を計算してみましょう。

② 出題分野

よく出題されている分野とそうでない分野を見つけましょう。同じような問題が過去にも出題されていることに気がつくはずです。

③ 出題順序

得意な分野が毎年同じ大問番号で出題されていると分かれば，本番で取りこぼさないように先回りして解答することができるでしょう。

④ 解答方法

記述式か選択式か（マークシートか），見ておきましょう。記述式なら，単位まで書く必要があるかどうか，文字数はどのくらいかなど，細かいところまでチェックしておきましょう。計算過程を書く必要があるかどうかも重要です。

⑤ 問題の難易度

必ず正解したい基本問題，条件や指示の読み間違いといったケアレスミスに気をつけたい問題，後回しにしたほうがいい問題などをチェックしておきましょう。

問題を解こう！

志望校の入試傾向をつかんだら，問題を何度も解いていきましょう。ほかにも問題文の独特な言いまわしや，その学校独自の答え方を発見できることもあるでしょう。オリンピックや環境問題など，話題になった出来事を毎年出題する学校だと分かれば，日頃のニュースの見かたも変わってきます。

こうして志望校の入試傾向を知り対策を立てることこそが，過去問を解く最大の理由なのです。

実力を知ろう！

過去問を解くにあたって，得点はそれほど重要ではありません。大切なのは，志望校の過去問演習を通して，苦手な教科，苦手な分野を知ることです。苦手な教科，分野が分かったら，教科書や参考書に戻って重点的に学習する時間をつくりましょう。今の自分の実力を知れば，入試本番までの勉強の道すじが見えてきます。

試験に慣れよう！

入試では時間配分も重要です。本番で時間が足りなくなってあわてないように，リアル過去問で実戦演習をして，時間配分や出題パターンに慣れておきましょう。教科ごとに気持ちを切り替える練習もしておきましょう。

心を整えよう！

入試は誰でも緊張するものです。入試前日になったら，演習をやり尽くしたリアル過去問の表紙を眺めてみましょう。問題の内容を見る必要はもうありません。どんな形式だったかな？受験番号や氏名はどこに書くのかな？…ほんの少し見ておくだけでも，志望校の入試に向けて心の準備が整うことでしょう。

そして入試本番では，見慣れた問題紙面が緊張した心を落ち着かせてくれるはずです。

※まれに入試形式を変更する学校もありますが，条件はほかの受験生も同じです。心を整えてあせらずに問題に取りかかりましょう。

広島学院中学校

《国　語》

一　問一．A．ウ　B．ア　C．エ　D．オ　問二．エ　問三．何もしてい
問四．3．まれ　4．やたらに　6．最初から　問五．Ⅰ．ア　Ⅱ．リスやネズミに拾われることで自分のいのちをつなぐとともに、リスやネズミのいのちもつないでいるということ。　問六．計画的／意図的
問七．このとき最　問八．無条件の祝福　問九．オ　問十．生きているだけでほかの生き物を助けている
問十一．①営　②対価　③耕　④熟　⑤生計　⑥生態

二　問一．A．イ　B．エ　C．ア　D．オ　E．ウ　問二．ウ　問三．同級生たちが兄ちゃんにこれ以上関わるのを食い止めようとし、早く兄ちゃんに部屋にもどってほしいと思う気持ち。
問四．だれ…シンジュ　発言…鮎川の番だ　問五．a．ウ　b．イ　c．エ　d．ア
問六．きたなくてさわりたくない物として少し避けたように見えた。　問七．笑　問八．イ　問九．エ
問十．シンジュのはげましの気持ちをはっきりと感じ、友情の強さをたがいに確かめ合って、それらを支えに立ち直りたいと思ったから。　問十一．①存分　②雑誌　③骨格　④再開

《算　数》

[1]　(1)$\frac{11}{15}$　(2)76　(3)2448　(4)540　(5)1050000　(6)11，12，22，23
※[2]　(1)92　(2)270　(3)150
※[3]　(1)1200　(2)1680　(3)$7\frac{1}{7}$
[4]　※(1)7.85　(2)①54　※②23.55
[5]　(1)23　※(2)7　※(3)29

※の計算は解説を参照してください。

《理　科》

[1]　(1)①D　②H　③F　④A　(2)①C　②G　③A，B　④B，D　(3)エ　(4)ⅰ．ウ　ⅱ．エ
(5)B．酸素と二酸化炭素の交かん。　G．養分の吸収。　(6)下図
[2]　(1)ア，エ　(2)54　(3)A，B　(4)41　(5)35　(6)56　(7)ⅰ．80　ⅱ．40　ⅲ．ろ過
[3]　(1)エ　(2)下図　(3)①400　②エ　(4)①14.7　②22　(5)ⅲ．31　ⅳ．30　(6)イ　(7)①エ　②キ
(8)①ア　②ア　③ア　(9)31
[4]　(1)180 mA　(2)①ア　②ウ　③イ　④ア　(3)にたまっていた電気がなくなったから。　(4)エ，オ
(5)イ，エ，オ　(6)イ，エ　(7)カ　(8)下図

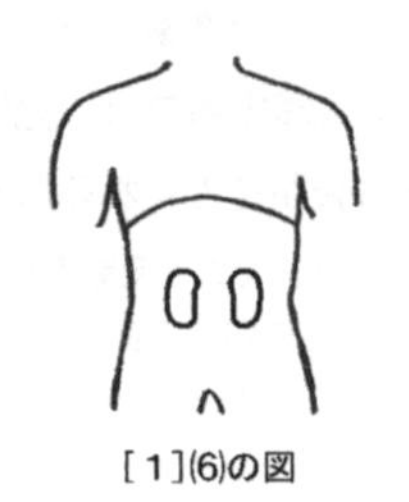
[1](6)の図

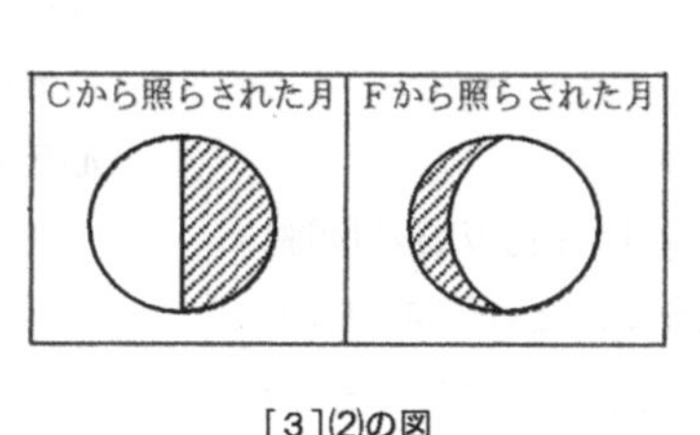

[3](2)の図

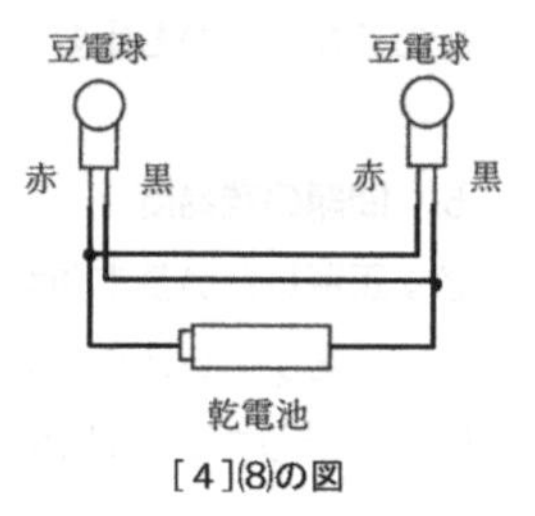

[4](8)の図

《社　会》

［1］ 問1．⑴敵から攻め入られにくくするため。 ⑵え 問2．東大寺の大仏〔別解〕銅銭 問3．い
問4．⑴う ⑵日本語の発音 問5．⑴あ ⑵北条時宗 問6．⑴北前船 ⑵蝦夷地 ⑶商業
⑷石／斗／升／合 などから1つ 問7．い，え 問8．⑴日米修好通商 ⑵関税自主権がない ⑶う

［2］ 問1．戊辰戦争で旧幕府軍に加わった 問2．土地と人民を天皇に返させた 問3．え 問4．あ
問5．あ 問6．⑴う ⑵五・一五 ⑶う 問7．い 問8．ソ連 問9．広島には軍需工場があり，
労働力不足を補うために多くの朝鮮半島出身者が徴用されていたから。 問10．⑴い ⑵う 問11．き

［3］ 問1．⑴う，え ⑵千葉…お 神奈川…か 問2．か 問3．⑴い，え ⑵雨温図…C 特産品…い
問4．⑴(ア)プラスチック (イ)セメント (ウ)インド (エ)核実験 ⑵【1】え 【2】あ

［4］ 問1．き 問2．え 問3．あ 問4．い 問5．え 問6．う 問7．う 問8．お
問9．イスラム教徒が礼拝をするための場所。 問10．い，う，き

2024解説 令和6年度 ▶ 広島学院中学校

《2024　国語　解説》

一　問一Ａ　本文の最初の一文に「ドングリ拾いが、子どもたちの大きな楽しみになる」とあるので、子どもたちは「何度」も筆者をドングリ拾いに誘ったと考えられる。よって、ウが適する。　Ｂ　ドングリ拾いを楽しみにしている子どもたちは、ドングリが落ちていれば「ただちに」拾い始めるのである。よって、アが適する。

Ｃ　ドングリが落ちていた時に「袋」を持っているかどうかは偶然によるので、エの「たまたま」が適する。

Ｄ　子どもたちが「少し退屈そうになってしまう」のは、針葉樹だけが植えられていて、ドングリを落とすシイやコナラがないエリアだと考えられる。よって、「そのことだけ」である様子を表すオの「もっぱら」が適する。

問二　子どもたちがドングリを拾うのは、強い興味をいだいているからだと考えられるので、エが適する。

問三　直後の段落の「何もしていないのに～落ちてくるのだ。」という一文が、――線部２の状況の説明になっている。「何もしていないのに、ただそこにいるだけなのに」が「わけもなく」に当たり、「次々とドングリは落ちてくるのだ」が「恵まれている」に当たる。

問四３　「希少」の意味は「非常に少ないこと」で、「まれ」などで言いかえられる。　４　「無闇に」のここでの意味は「あとさきや道理を考えずに」で、「やたらに」などで言いかえられる。　６　「端」のここでの意味は「最初・物事のはじめ」なので、「最初から」などで言いかえられる。

問五Ⅰ　直前の段落中の「街中では無闇にものを～手をのばしてはいけない」や、二つ前の段落中の「正当な対価を金銭で支払い、『商品』を『購入』するという習慣」を、「人間が作り出すルール」という言葉でまとめている。よって、アが適する。　Ⅱ　直後の二つの段落の内容に着目する。特に二つあとの段落中の「ドングリは木のためだけでなく、リスやネズミのためにもなっている」が重要で、この点を中心にまとめる。

問六　「偶然」の意味は「たまたま」で、これと対比的な意味の語は、――線部７をふくむ文の後半部にある「計画的」と、その直後の文中にある「意図的」である。

問七　「自分の蒔いた種子が芽生えたときの喜び」の具体的な様子は、二つあとの段落に書かれている。「筆者の『喜び』が表現された行動」が書かれているのは、「このとき最初に出てきた芽の写真を、僕はいまも大切に保存している。」という一文である。

問八　――線部９をふくむ段落で言いたいことは、――線部２の直後の二段落で述べた「自分が立派だから、あるいは努力したから、ドングリが落ちてくるのではない。何もしていないのに、ただそこにいるだけなのに、次々とドングリは落ちてくる（「わけもなく恵まれている」）」という「無条件の祝福」によって幸せを感じるということと同じだといえる。

問九　同じ段落中に「何が起こるかを試み、観察し、感じてみる」とある。これは、植物を育てる過程での対話だと言えるので、オが適する。

問十　――線部 10 の直前の三段落を参照。「なにかの存在が、ほかのだれかを助ける。ドングリがそこに落ちていること～それを必要とするものたちがいる。ドングリを拾う動物たち～が、そのことを教えてくれる」とある。つまり、存在すること自体が、ほかの存在にとって「ありがたい」ことだということ。そのような関係性の中で、たがいのいのちを支え合って生きているのである。

二　問一Ａ　選択肢の中で「いつもマムカが言う」に合うものなので、イの「お茶のむ？」が適する。　Ｂ　「お茶のむ？」の返事が入ると考えられるので、エの「飲むぅー」が適する。　Ｃ　次の段落の初めの部分にお菓子を探し出したことが書かれているので、アの「お菓子はどこだ」が適する。　D　直前で「ぼく」が「兄ちゃんいいから、じゃましてごめん」と言っている。この言葉に対して言ったと考えられるので、オの「なに、じゃまってさー」が適する。　E　場をとりなそうとしていると考えられるので、ウの「まぁまぁ、な」が適する。

問二　同じ段落に「自分の人生と照らし合わせながら」とあり、二つ後の段落に「自分は何になりたいのだろうかと考えた」とあるので、ウが適する。

問三　――線部２の前後の「ぼくはそれ以上動かないようにと、静かに願った」「ぼくは兄ちゃんをリビングから追い出した」などから、これ以上「兄ちゃん」のことが話題にならないように「ぼく」が願っていることが読み取れる。

問四　「兄ちゃん」の話を広げてほしくないと思っている「ぼく」を助けたのは、鮎川の言葉をさえぎって人生ゲームを再開させた、シンジュの「鮎川の番だったから、進めといたよ」という発言である。

問五ａ　「舌に集中した」は、会話に入りたくなくて何も言わないでいる「ぼく」の様子を表しているので、ウが適する。　ｂ　「クイズに答えるように言う」とあり、言い当てることを楽しんでいるように思えたことを表しているので、イが適する。　ｃ　「鼻で笑う」は軽蔑した笑い。前後に「それはキモいな」「いやな空気が濃くなる」とあることからも、エが適する。　ｄ　好意を寄せる南優香の発言の意図をつかめずにとまどう「ぼく」の気持ちを表現しているので、アが適する。

問六　――線部❹をふくむ段落に、「兄ちゃんの落としたイヤホンを、鮎川は少し避けたように見えた」とあり、その時の表情について「いじめられていた女子～『菌がついている』と言ってみんなが触らないようにしていた～叫んでまた別の人につける～を思い出させる目だった」とある。

問七　直前に「誰か一人が噴き出したら、ほかの人もつられそうな顔」とある。「噴き出す」には、こらえられずに笑いだすという意味があるので、「笑」が入る。

問八　シンジュから「ぼったくりの宝くじ」だと教えてもらったのに「それでもぼくはぼったくりの宝くじ屋でたくさんお金を使い」とある。この直前の「ぼく」は、不登校の「兄ちゃん」のことを知った同級生たちの反応に心が乱され、ゲームに戻れずにいた。シンジュから声をかけられてゲームに戻ったものの、やるせない気持ちをかかえ、自分の無力さを感じているため、やけになった、どうにでもなれという気持ちが生じたのだと考えられる。よって、イが適する。

問九　この直後で「ぼく」がやっと「あ、心配してくれてるの？」と気付いた。それに対して、シンジュが「そりゃ、するだろ！」と答えている。よって、エが適する。

問十　――線部６の後でシンジュが「ぼくの背負っているランドセルをばしんと叩いた」のは、「晶おまえ、消えそうだぞ？」や「だから気にすんなってことだよ」などの言葉から、シンジュが「ぼく」のことを心配し、はげまそうとする気持ちからの行動だと考えられる。――線部７の前で、「うん、わかった。ありがと」と言った「ぼく」が「さっきシンジュがやったみたいに～ばしんと叩いた」ことからは、シンジュを友達として信頼する気持ち、二人の友情の強さを確かめ合いたい気持ちが読み取れる。叩かれたシンジュが「今度は軽く叩く」とあるが、「ぼく」は同じくらいの強さで叩き返してほしいと思ったのだ。「ぼく」はシンジュからもう一度強くランドセルを叩かれることで、シンジュのはげましをはっきりと感じ、それによって立ち直りたいと思ったのである。そして、シンジュのパンチを受けた後で「抜けそうになっていたぼくの魂は、いまのでしっかり戻ってきたような気がする」と思っている。

《2024　算数　解説》

［１］

⑴　与式$=\frac{5}{11}\times(\frac{5}{3}-\frac{64}{100})+\frac{3}{25}\div\frac{45}{100}=\frac{5}{11}\times(\frac{5}{3}-\frac{16}{25})+\frac{3}{25}\times\frac{20}{9}=\frac{5}{11}\times(\frac{125}{75}-\frac{48}{75})+\frac{4}{15}=\frac{5}{11}\times\frac{77}{75}+\frac{4}{15}=\frac{7}{15}+\frac{4}{15}=\mathbf{\frac{11}{15}}$

⑵　１人に配る本数を５－３＝２(本)増やすと，必要な本数が120＋32＝152(本)増える。よって，子どもの人数は，152÷２＝**76**(人)

⑶　**【解き方】棒の長さと重さ，値段は比例する。**

重さ225ｇの棒の長さは$14\times\frac{225}{315}$＝10(㎝)である。よって，その４倍の長さである40㎝の棒の値段は，612×４＝**2448**(円)である。

⑷　**【解き方】１辺の長さが12㎝の立方体から，直方体をくり抜いた図形を半分に切断したと考える。**

求める体積は，(12×12×12－６×９×12)÷２＝**540**(㎤)

⑸　**【解き方】Ａ県とＢ県の65才以上の人口が同じだから，Ａ県とＢ県の人口の比は，それぞれの人口に対する65才以上の人口の割合の逆比に等しくなる。**

Ａ県とＢ県の人口の比は，25：35＝５：７の逆比の７：５である。Ａ県の人口を⑦とすると，Ｂ県の人口は⑤，16才から64才の人口は，Ａ県が⑦×0.6＝[4.2]，Ｂ県が⑤×0.53＝[2.65]と表せる。[4.2]－[2.65]＝232500だから，[1]は，232500÷(4.2－2.65)＝150000(人)にあたる。よって，Ａ県の人口は，150000×$\frac{[7]}{[1]}$＝**1050000**(人)

⑹　**【解き方】整数ｍがある整数の約数なら，整数ｍの約数もある整数の約数である。また，整数ｍと整数ｎがある整数の約数なら，ｍとｎの最小公倍数もある整数の約数である。**

まず，１と６の間にあてはまる３個の整数を考える。６＝２×３だから，３個の整数のうち２個は２と３であり，残り１個は４か５である。この整数が５だとすると，５と６の最小公倍数の30も約数になるが，30は表中にないので，残り１個は４とわかる。よって，１，２，３，４，６はある整数の約数である。

次に，６から29の間にあてはまる４個の整数について考える。33＝３×11なので，４個のうち１個は11である。また，２と11の最小公倍数である22，３と４の最小公倍数である12もそれぞれ約数である。残り１個は，７から28までの整数であり，５は約数ではないので，５の倍数の10，15，20，25は約数ではない。７が約数だとすると，２×７＝14，３×７＝21，４×７＝28も約数になり，１個ではないので，７，14，21，28は約数ではない。同様に，８の倍数，９の倍数，13の倍数の，８，９，13，16，18，24，26，27も約数ではない。

残った17，19，23のうち，17，19が約数だとすると，２×17＝34，２×19＝38も約数になるが，これらは表中にないので，17と19は約数ではない。

よって，残りの１個は23だから，６と29の間の４つの空らんに入る数は小さい順に，**11，12，22，23**である。

［２］

⑴　**【解き方】つるかめ算を利用する。**

売れた180杯がすべて大盛りだったとすると，売り上げは850×180＝153000(円)となり，実際より153000－130000＝23000(円)だけ高くなる。大盛り１杯を並盛り１杯におきかえると，売り上げは850－600＝250(円)だけ安くなる。よって，並盛りは23000÷250＝**92**(杯)売れた。

⑵　大盛り１杯と並盛り１×３＝３(杯)を合わせて１セットとして考えると，この日に売れたセット数は45×1000÷(100×３＋200×１)＝90(セット)である。よって，並盛りは90×３＝**270**(杯)売れた。

⑶　**【解き方】この日に売れた牛丼がすべて大盛りとして，つるかめ算を利用する。**

31kg＝31000ｇだから，この日に売れた大盛りを31000÷200＝155(杯)とすると，売り上げは850×155＝131750(円)

となり，実際よりも 158000－131750＝26250(円)だけ安くなる。大盛りに使われる牛肉は並盛りの 200÷100＝２(倍)だから，大盛り１杯を並盛り２杯に置きかえると，売り上げは 600×２－850＝350(円)高くなるので，この日売れた並盛りは 26250÷350×２＝**150**(杯)である。

［３］

⑴　弟は兄より 14＋６＝20(分)遅く店に着いた。求める距離(きょり)は弟が 20 分で進む道のりだから，60×20＝**1200**(m)

⑵　２人の間の距離は１分あたり 210－60＝150(m)長くなる。２人の間の距離が 1200mになるのは出発してから 1200÷150＝８(分後)で，その間に兄は 210×８＝1680(m)進む。よって，家から店までの距離は **1680**mである。

⑶　**【解き方】同じ道のりを進むのにかかる時間の比は，速さの比の逆比になる。**

弟が店に着くのは兄より６分遅い。弟が兄に追いついた地点から店まで進むのに，兄と弟のかかる時間の比は，速さの比である 90：60＝３：２の逆比の２：３であり，この比の数の差の３－２＝１が６分にあたる。兄は，弟に追いつかれた地点から店まで進むのにかかった時間は２×６＝12(分間)であり，進んだ道のりは 90×12＝1080(m)である。また，家から休憩(きゅうけい)のため止まった地点までの距離は 1680－1080＝600(m)で，この距離を進むのにかかった時間は 600÷210＝$\frac{20}{7}$＝２$\frac{6}{7}$(分間)である。兄が家を出発してから店に着くまでの時間は，家を出発してから店が開店するまでの時間と等しく，８＋14＝22(分間)である。

よって，兄が止まっていた時間は，22－(２$\frac{6}{7}$＋12)＝**７$\frac{1}{7}$**(分間)である。

［４］

⑴　半径が５㎝の半円の面積は５×５×3.14÷２＝$\frac{25}{2}$×3.14(㎠)である。これを５等分したときの，１つのおうぎ形の面積は，$\frac{25}{2}$×3.14÷５＝**7.85**(㎠)

⑵①　**【解き方】三角形の１つの外角は，これととなり合わない２つの内角の和に等しい。**

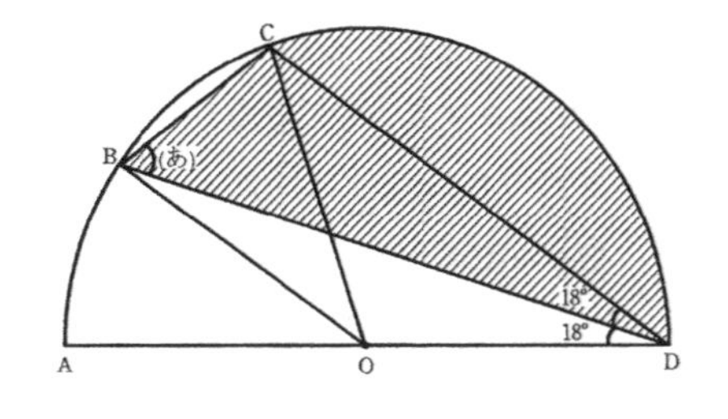

ＯＣ＝ＯＤだから，角ＯＣＤ＝角ＯＤＣ＝18°×２＝36°

ＯＢ＝ＯＤだから，角ＯＢＤ＝角ＯＤＢ＝18°

三角形ＯＣＤについて，外角の性質より，角ＡＯＣ＝36°＋36°＝72°

三角形ＯＢＤについて，外角の性質より，角ＡＯＢ＝18°＋18°＝36°

角ＢＯＣ＝72°－36°＝36°　　ＯＢ＝ＯＣだから，

角ＯＢＣ＝(180°－36°)÷２＝72°　　よって，(あ)＝72°－18°＝**54°**

②　角ＡＯＢ＝角ＡＤＣ＝36°だから，ＯＢとＤＣは平行である。これより，三角形ＣＢＤと三角形ＣＯＤの底辺をともにＣＤとしたときの高さが等しくなるので，面積も等しい。よって，斜線部分の面積は，おうぎ形ＯＣＤの面積と等しい。角ＣＯＤ＝180°－72°＝108°であり，おうぎ形ＯＣＤの面積は，⑴のおうぎ形の面積の 108°÷(180°÷５)＝３(倍)だから，7.85×３＝**23.55**(㎠)である。

［５］**【解き方】赤玉を●，白玉を○で表して並べ方を考える。○○と●●●の並びにならないように注意する。**

⑴　**【解き方】●をなるべく多く並べれば，玉の数の合計が少なくなる。**

●●○をくり返すように並べ，右端(みぎはし)の２個が●●となるように並べれば，玉の数の合計が最も少なくなる。

●●○を１回並べるごとに●が○より１個多くなるので，●が○より９個多い並べ方は，●●○を９－２＝７(回)くり返して並べ，最後に●●を並べればよい。よって，求める玉の個数は，３×７＋２＝**23**(個)

⑵　**【解き方】最初の３個の並べ方は，●●○か●○●のどちらかである。この２つで場合分けをして考える。**

最初の３個が●●○のとき，その後ろの４個の並べ方は，●●○●，●○●●，●○●○の３通り。

最初の３個が●○●のとき，その後ろの４個の並べ方は，●○●●，●○●○，○●●○，○●○●の４通り。

よって，全部で3＋4＝**7**(通り)ある。

⑶　【解き方】●ア●イ●ウ●エ●オ●カ●キ●ク●ケ，として，7個の○をアからケまでのどこに入れるかを考える。アからケまでは9か所あるから，入れない2か所を考えるとよい。この2か所の選び方に順番はないから，右の組み合わせの数の求め方を利用する。

9か所から入れない2か所を選ぶ方法は，全部で$\frac{9\times8}{2\times1}$＝36(通り)ある。

このうち，(ア，イ)，(イ，ウ)，(ウ，エ)，(エ，オ)，(オ，カ)，(カ，キ)，(キ，ク)の7通りは，●●●の並びが出来てしまうので，除かなくてはならない。

よって，求める並べ方は全部で36－7＝**29**(通り)ある。

組み合わせの数の求め方

異なる10個のものから順番をつけずに3個選ぶときの組み合わせの数は，

全体の個数　選ぶ個数

$\frac{⑩\times9\times8}{③\times2\times1}$＝120(通り)

選ぶ個数　選ぶ個数

つまり，異なるn個からk個選ぶときの組み合わせの数の求め方は，$\frac{(\text{n個からk個選ぶ並べ方の数})}{(\text{k個からk個選ぶ並べ方の数})}$

《2024　理科　解説》

［1］

Aは心臓，Bは肺，Cはかん臓，Dはじん臓，Eはすい臓，Fは胃，Gは小腸，Hは大腸である。

⑶　a．尿素(にょうそ)は余分な水などとともに，じん臓でこし出されて尿ができる。　b．胆汁(たんじゅう)には，脂肪(しぼう)の消化を助けるはたらきがある。

⑸　肺は小さな袋(ふくろ)(肺ほう)によって，小腸は小さな突起(とっき)(じゅう毛)によって，内側の表面積が大きくなっている。

⑹　じん臓は背中側の左右に1個ずつある。

［2］

⑴　水よう液はものを水にとかした液体のことで，その液体はとう明(無色とは限らない)である。

⑵　とかすことのできるものの重さは，水の量に比例する。20℃の水100gにAは36gとかすことができるから，20℃の水150gにAは$36\times\frac{150}{100}$＝54(g)とかすことができる。

⑶　40℃の水150gに50gのものを入れたときについて，そのものの40℃の水100gにとける重さが$50\times\frac{100}{150}$＝33.3…(g)より重ければ全部とける。よって，表より，AとBは全部とけるとわかる。なお，A～Cが40℃の水150gにとける重さ(Aは54g，Bは94.5g，Cは18g)と比べてもよい。

⑷　とかすことのできるものの重さは，水よう液の重さに比例する。80℃の水100gにAは38gとかすことができるから，Aをとかせるだけとかした水よう液の重さが150gのとき，とけているAは$38\times\frac{150}{100+38}$＝41.3…→41gである。

⑸　20℃の水50gにBは$31\times\frac{50}{100}$＝15.5(g)までとけるから，50－15.5＝34.5→35gのBがとけきれなくなって出てくる。

⑹　60℃の水にBを50gとかして，水よう液130gを作ったから，ふくまれる水の重さは130－50＝80(g)である。水を蒸発させた後，水よう液にはBが50－24＝26(g)とけているから，このときふくまれる水の重さは$100\times\frac{26}{109}=\frac{2600}{109}$(g)である。よって，蒸発させた水の重さは$80-\frac{2600}{109}$＝56.1…→56gである。

⑺　ⅰ．表より，水100gにとけるBが150g以上，Cが10g以上の80℃のときである。　ⅱ．Bだけをできるだけ多く取り出すためには，水100gにとけるCが10g以上で，最も低い温度の40℃にすればよい。

［3］

⑴　ア～クの位置に月があるときの見え方は，アが「く」(新月)，イが「い」(三日月)，ウが「か」(上弦(じょうげん)の月)，

エが「う」，オが「き」（満月），カが「え」，キが「お」（下弦の月），クが「あ」である。

(2)　太陽の光がCの方向から月を照らしているとき，日本の南の空に見える月は，左半分が光って見える下弦の月（図２の「お」）である。太陽の光がFの方向から月を照らしているとき，日本の南の空に見える月は，月の右半分が光って見える上弦の月より少し満ちた形の月（図２の「う」）である。

(3)①　表より，太陽の直径は月の直径の約1400000÷3500＝400（倍）である。　②　地球から月までの距離（きょり）は，地球から太陽までの距離の$\frac{1}{400}$倍だから，地球と月の間の距離は約15200万×$\frac{1}{400}$＝38万（km）である。

(4)①　１年間に４cmずつ遠ざかっているから，３年８ヶ月→$\frac{11}{3}$年では，４×$\frac{11}{3}$＝14.66…→14.7cmはなれる。

②　現在の１日の時間と１年の日数より，１年の長さは24×365＝8760（時間）である。４億年前の１年は約400日だから，１日の長さは8760÷400＝21.9→22時間である。

(5)　ⅲ．月は24.8時間で360度まわるから，24時間では360×$\frac{24}{24.8}$＝360×$\frac{30}{31}$（度）まわる。　ⅳ．月が31日間でまわる角度の合計は360×$\frac{30}{31}$×31＝360×30（度）となるから，31日間に30回まわっていると考えられる。

(6)　月は同じ面を地球に向けながら地球のまわりをまわっているから，月面から見て地球が正面にあるとき，見える地球の位置はほとんど変わらないと考えられる。

(7)　①地球の右半分が光って見えるから，月の位置がｇにあるとすると，太陽の光は地球の右側のＡから来ているとわかる。つまり，地球を中心に太陽の光は月の位置から反時計回りに90度進んだ方向から来ているといえる。よって，月の位置がｄ，太陽の光が来る方向がＦのエが正答となる。　②．①と同じように考える。地球を中心に太陽の光は月の位置から時計回りに135度進んだ方向から来ているとわかる。よって，月の位置がｇ，太陽の来る方向がＤのキが正答となる。

(8)①　図４（南の空）で，太陽や月は左（東）から右（西）に動いている。北極（点）に立っている人から見たとき，どの方向を向いてもその方角は南だから，図６で北極に立っている人が太陽や月を見たとき，どの方向を向いても太陽や月は左から右に動いて見える。よって，太陽や月は時計回りしていると考えられる。　③　図６で太陽や月は時計回りに動いていて，月より太陽の方が速く動くから，太陽の位置（太陽の光が来る方向）だけが変わることで，太陽，月，地球の位置関係が変わると考えると，太陽が時計回りに動いて見える。よって，月面にいる学くんから太陽が見えるとき，太陽は左から右に動く。

(9)　太陽が最も高いところに来るときを，図５で学くんの真正面に太陽があるときと考える。このときは，月ー地球ー太陽の順に一直線に並ぶとき（地球から見た月は満月，月から見た地球は新月のように見えない）で，次に太陽が最も高いところに来るときも，同じ位置関係になる。(5)より，「南中した日の31日後には同じ時刻に再び南中の位置にもど」る，つまり，太陽，月，地球の位置関係が再び同じになるのは31日後である。よって，太陽が最も高いところに来てから再び最も高いところに来るまでに31日かかる。

［４］

(1)　－たん子が500mAにつながれているので，はかれる最大の電流の大きさは500mAである。よって，１めもりは10mAを示すから，図１の電流計は180mAを示している。

(2)　電池をつなぐ向きを変えると，流れる電流の向きが反対になる。　①豆電球は流れる電流の向きが反対になっても光る。　②発光ダイオードは流れる電流の向きが反対になると光らない。　③モーターは流れる電流の向きが反対になると反対向きに回る。　④コイル（電磁石）は流れる電流の向きが反対になると，極の向きが反対になるが，クリップはどちらの極にも引きつけられる。

(5)　発光ダイオードは，コンデンサーや導線に問題がなくても，コンデンサー（や電池）と正しくつながないと光らない。

(6)　実験5と7から，乾電池「あ」と「い」，導線「う」と「え」と「お」，豆電球「き」は，電流が流れて問題なく使えることがわかる。このことと，実験6を合わせると，導線「か」と豆電球「く」は，どちらか一方または両方に問題があり，電流が流れないと考えられる。よって，アとウとオは誤り，イは正しい，エはわからない。

(7)　(6)解説より，導線「か」と豆電球「く」に電流が流れるか確かめればよい。したがって，導線「か」または豆電球「く」のどちらか1つを使った回路でそれぞれ実験を行えばよい。

(8)　2つの豆電球を並列につなぐと，片方の豆電球の導線が切れていても，もう一方の豆電球には電流が流れて光る。

《2024　社会　解説》

［1］

問1(1)　弥生時代になって稲作が広まると，水や土地をめぐるムラとムラの争いが起きるようになり，ムラを守るために，ムラのまわりに濠や柵をめぐらせ，ムラの中に物見やぐらを建てた。　(2)　え　　埴輪は，古墳時代の古墳の墳丘や周辺から出土するものだから，弥生時代の遺跡から出土することはない。

問3　い　　竪穴住居は縄文時代から平安時代まで利用されていた。

問4(1)　う　　1月7日を人日(じんじつ)の節句，3月3日を上巳(じょうし)の節句(桃の節句)，5月5日を端午の節句，7月7日を七夕の節句，9月9日を重陽の節句(菊の節句)と呼んだ。　(2)　日本語の発音を表現しやすくしたひらがなやカタカナを使うことで，漢字だけでは表現できなかった自分の考えや細やかな感情を表現できるようになった。

問5(1)　あ　　蒙古襲来に備えて博多湾岸に築かれた防塁である。　(2)　北条時宗　　鎌倉時代，日本を従えようとする元の皇帝フビライは，日本にたびたび使者を送った。しかし，当時の執権北条時宗がこれを拒否すると，1274年，元軍は対馬・壱岐を襲ったのち，九州北部の博多湾に上陸した。火器と集団戦法で優勢に戦いを進めていた元軍であったが，暴風雨にあったことで撤退した(文永の役)。幕府は再度の侵攻に備え，博多湾岸に石垣(防塁)を築かせたため，2度目の弘安の役ではさらなる大軍で攻めてきたが，幕府軍の抵抗や防塁などに阻まれて，上陸できず，暴風雨による大きな打撃を受けて撤退した。

問6(1)　北前船　　酒田から日本海・瀬戸内海を通って大阪に至る経路を西廻り航路という。酒田から津軽海峡を通り，太平洋岸を通って江戸に至る東廻り航路，江戸と大阪を結ぶ南海路とともに覚えておきたい。

(2)　蝦夷地　　渡島半島の南部を領地とする松前藩が，アイヌの人々との交易を独占する権利を幕府から与えられていた。　(3)　商業　　商業の中心地であった大阪は，「天下の台所」と呼ばれ，各藩の蔵屋敷に運び込まれた年貢米や特産物の取引でにぎわった。　(4)　石，斗，升，合などから1つ　　1石＝10斗，1斗＝10升，1升＝10合だから，1石＝1000合にあたる。

問7　い，え　　あ．正しい。オランダ商館長が提出する報告書はオランダ風説書と呼ばれた。い．誤り。1万石以上の石高の領地を将軍から与えられた武士を大名と呼んだ。う．正しい。干したイワシ(干鰯)は，西日本を中心に綿花栽培の肥料として使われた。え．誤り。国学は，仏教や儒教が伝わる前の日本人の精神を明らかにしようとする学問であり，主君と家来，父と子など上下の秩序を大切にした学問は朱子学である。お．正しい。江戸時代になって，貨幣経済が発達するとともに，各地で特産物が生産されるようになった。

問8(1)　日米修好通商条約　　日米修好通商条約のほか，イギリス・フランス・ロシア・オランダとも同様の条約を結び，安政の五か国条約と呼ばれた。安政の五か国条約は，日本に関税自主権がなく，相手国の領事裁判権を認めた，日本に不利な不平等条約であった。　(2)　前のほうに「輸出・輸入する商品に課せられる関税の割合が，イギリスとオスマン帝国の間で取り決められました」とあることから考える。　(3)　う　　あ．誤り。てつや先生の言葉に「イスラム教以外の宗教も信じることが可能」とある。い．誤り。日本が欧米と条約を結んだのは1850年代後半，イギリスがオスマン帝国とバリタ＝リマヌ条約を結んだのは1838年だから，日本との外交よりトルコとの外交の方が先である。え．誤り。大日本帝国憲法において，元首は天皇と書かれていた。

［2］

問1　会津・仙台・弘前・秋田・盛岡・庄内・米沢・長岡などの東北地方の諸藩が，新政府に対抗して旧幕府軍側についた。

問2　版＝土地，籍＝人民を天皇に返すことが書かれていればよい。

問3　え　　欧米の進んだ学問・技術・制度を日本に伝えるために雇用された外国人を「お雇い外国人」という。クラーク博士，モース，ナウマン(フォッサマグナ・ナウマンゾウの発見者)，ビゴー(風刺画家)など，多種多様な知識人が欧米から来日した。

問4　あ　　欧米を視察した大久保利通は，国内の改革と国力の充実を優先させるべきと主張し，武力を用いてでも朝鮮を開国させようとする西郷隆盛らと対立した。主張が受け入れられなかった西郷隆盛・板垣退助らは政府を去り，その後西郷は西南戦争で命を落とし，板垣退助は自由民権運動を主導していったことは覚えておきたい。

問5　あ　　1880年代～90年代にかけて，日本は製糸業が急速に発達し，長野県・群馬県を中心に多くの工場がつくられ，生産の増えた生糸は，アメリカを中心に輸出された。

問6(1)　う　　平塚らいてうは，雑誌『青鞜』を刊行し，その後市川房枝らと新婦人協会を設立し，女性の権利獲得に尽力した人物である。津田梅子は，岩倉使節団とともに渡米し，帰国後に女子英学塾(現在の津田塾大学)を創設し，女子教育に尽力した人物。樋口一葉は『たけくらべ』などで知られる小説家。中満泉は，日本人女性初の国際連合事務次長となった人物。　(2)　五・一五事件　　1932年，海軍の青年将校が犬養毅首相を暗殺した事件を五・一五事件という。これによって，政党政治が終わり，軍部の力が強くなっていった。

(3)　う　　B(八幡製鉄所の操業開始・1901年)→A(米騒動・1918年)→C(五・一五事件・1932年)

問7　い　　日露戦争の講和条約であるポーツマス条約で長春以南の鉄道の権利を獲得した。日清戦争の講和条約である下関条約でリャオトン半島を獲得したが，ロシア・ドイツ・フランスによる三国干渉を受けて，清に返還された。

問8　ソ連　　日ソ中立条約を結んでいたソ連は，1945年8月8日にこの条約を破棄し，満州や千島列島に侵攻した。

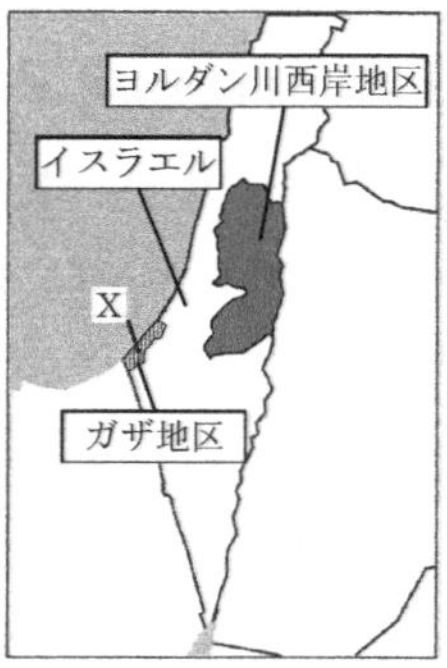

問9　広島に軍需工場があったことは必ず盛り込む。日本企業が朝鮮で労働者を募った徴用工の問題は，現在でも日本と韓国の間で意見の相違があり，問題となっている。

問10(1)　い　　集団就職する若者たちは「金の卵」と例えられた。

(2)　う　　1950年，朝鮮戦争が起きると，警察予備隊が組織された。あ．東海道新幹線の開通(1964年)，い．石油危機による混乱(1973年)，え．新三種の神器・3Cの普及(1960年代後半～)

問11　き　　ガザ地区とヨルダン川西岸地区を合わせてパレスチナ自治区という。

［3］

問1(1)　う，え　　う．誤り。九十九里浜は，耳・くび・腕のあたりに広がる砂浜海岸である。え．誤り。伊能忠敬は『大日本沿海輿地全図』を作成させた。『解体新書』は杉田玄白らが著した。

⑵　千葉県…お　神奈川県…か　　県庁所在都市が政令指定都市になっているのは神奈川県横浜市，埼玉県さいたま市，千葉県千葉市の３県である。「え」「お」「か」のうち，漁業生産量が少ない「え」は内陸県の埼玉県，漁業生産量と農業産出額が多い「お」は銚子港がある千葉県，最も県庁所在都市人口が多い「か」が神奈川県である。

問２　か　　蔵王山は，宮城県と山形県の県境，有珠山は，北海道洞爺湖の南に位置する。浅間山は群馬県と長野県の県境，箱根山は神奈川県西部に位置する。雲仙岳は長崎県，霧島山は宮崎県と鹿児島県の県境に位置する。

問３⑴　い，え　　あ．誤り。オーストラリアはオーストラリア大陸にある。い．正しい。う．誤り。サウジアラビアはユーラシア大陸にある。え．正しい。お．誤り。南スーダンはアフリカ大陸にある。か．誤り。北極海には大陸はない。　⑵　C，い　　日本海に面する福井県福井市では，暖流の対馬海流上空で季節風が大量の水分を含み，山地を越えるときに大雪を降らせるため，12 月～１月にかけて降水量が多い。また，積雪で外での農作業ができないため，冬場の農家の副業として，各地で伝統的工芸品の生産がさかんになっている。福井県の鯖江市は，メガネフレームの生産で知られている。Aと「う」は青森県，Bと「あ」は岩手県。

問４⑴　ア＝プラスチック　イ＝セメント　ウ＝インド　エ＝核実験　　「自然ではなかなか分解できない」とあることからプラスチックごみを考える。「石灰岩からつくられ」からセメントと判断する。山口県や福岡県などのカルスト地形で石灰岩がとれる。これまで中国が人口１位であったが，2023 年にインドが世界１位になった。

⑵　【１】＝え　【２】＝あ　　「い」は紙パルプ，「う」は鉄鋼，「お」は自動車の生産が盛んな都市群である。

［４］

問１　き　　A．正しい。国民が選んだ大統領選挙人によって大統領が選ばれるので，大統領は国民から選ばれるといってよい。B．正しい。アメリカ議会は上院と下院からなる。C．正しい。アメリカの連邦最高裁判所には，違憲審査権がある。

問２　え　　こども家庭庁の説明である。

問３　あ　　市長にも市議会を解散する権利はある。市議会が市長の不信任の議決をしたとき，市長は通知を受けてから 10 日以内に市議会を解散することができる。

問４　い　　A．誤り。農耕が始まった弥生時代には，紙と文字の文化はまだ日本になかった。B．正しい。C．誤り。生成ＡＩが作成した読書感想文をそのままコンクールに提出することは不適切であるとしている。

問５　え　　水俣病はメチル水銀が原因であったことから考える。パリ協定は，すべての国に温室効果ガスの削減目標の設定を義務付けたことに意義がある。

問６　う　　国債費を除いた支出は支出合計の 78％で，公債金を除いた収入は収入合計の 69％だから，支出が収入を上回っているので，まかなえていない。

問７　う　　人間らしく生き，文化的な生活を営むための権利を社会権（生存権）という。すべての子どもが教育を受ける権利も社会権に属する。「あ」は納税の義務，「い」は参政権，「え」は自由権に属する。

問８　お　　Xは被災した市，Yは国，Zは都道府県のリーダーである。

問９　イスラム教徒には，１日に５回，メッカの方角を向いて礼拝する習慣がある。

問10　い，う，き　　バイデン大統領はアメリカ，マクロン大統領はフランス，スナク首相はイギリスの首脳。ショルツ首相はドイツ，メローニ首相はイタリア，トルドー首相はカナダの首脳。核兵器保有国は，国連安全保障理事会の常任理事国であるアメリカ，イギリス，フランス，中国，ロシアと，インド，パキスタン，イスラエル，北朝鮮である。

広島学院中学校

《国　語》

一　問一．A．ア　B．オ　C．ウ　D．イ　E．エ　問二．なぜ勝てる見込みがない戦争を仕掛けたのかということ。　問三．日本のような小国　問四．Ⅰ．昔の日本人は獰猛で、異常で、貪欲で、馬鹿だったから戦争をした　Ⅱ．「たしかに　問五．エ　問六．敗戦に至るまでの過程　問七．ウ　問八．それぞれの世代にしかできないやり方で過去の戦争と現代を接続し、八十年以上前の戦争を理解すること。　問九．国家が国民に、「もし負けたら」という条件を想像することを禁じた。

二　問一．ウ，キ　問二．A．エ　B．ア　C．ウ　D．イ　問三．(1)ウ　(2)イ　(3)オ　(4)エ　(5)ア
問四．ウ，エ　問五．イ　問六．ウ　問七．オ　問八．エ　問九．愛衣が求める友情は、時には嘘をついてでも相手に合わせ、心の一部を預け合うというようなものであり、珠紀が求める友情は、自分の思いを正直に言うというものである。　問十．①照明　②新刊　③看板　④内装　⑤一角　⑥貸　⑦快活　⑧包
⑨飼育　⑩素

《算　数》

[1]　(1)$\frac{10}{21}$　(2)42　(3)27　(4)54　(5)12　(6)5.72

※[2]　(1)18　(2)8　(3)19

[3]　(1)長針…6　短針…0.4　※(2)66.4　※(3)5，$18\frac{3}{4}$

[4]　(1)1：2　※(2)①9　②33

※[5]　(1)62.6　(2)55　(3)64

※の計算は解説を参照してください。

《理　科》

[1]　(1)桜島　(2)気象庁　(3)ウ　(4)①れき　②エ　(5)B→C→A　(6)ハザードマップ　(7)①イ　②エ
(8)マグマにとけていた水などが気体となって体積が増えたから。

[2]　(1)部分…気こう　現象…蒸散　(2)光合成でつくられるでんぷんの量より呼吸で使われるでんぷんの量の方が多くなるから。　(3)表面積　(4)ウ　(5)葉を落と　(6)④エ　⑤ア

[3]　(1)エ　(2)35　(3)0.4　(4)ウ　(5)7　(6)イ

[4]　(1)45　(2)い．28　引く力…900　(3)350　(4)イ　(5)①イ　②ウ　③ア　(6)①ウ　②カ
(7)Fの重さ…400　手が押す力…200　(8)ア，イ，ウ　(9)300　(10)①支点から同じ長さの位置でなければつりあわない　②同じ重さのものをそれぞれの板のどこにのせてもつりあう

《社　会》

［1］　問1．う　問2．記号…A　理由…大量の鉄砲を使っているから。〔別解〕馬防柵を用いているから。
問3．う　問4．え　問5．⑴う　⑵発生時間が昼頃で，昼食の準備のために火を使っていた家庭が多く，また，北陸地方にあった台風の影響で風が強かったため，大規模な火災が発生したから。　問6．朝鮮人狩りが行われるなか，朝鮮人とみなされたから。　問7．う　問8．い　問9．え　問10．え

［2］　問1．⑴(ア)法隆寺　(イ)十七条の憲法　(ウ)鑑真　(エ)寝殿造　(オ)東求堂同仁斎　⑵D　問2．豊臣秀吉
問3．徳川家光　問4．え　問5．う　問6．か　問7．⑴い　⑵う

［3］　A．問1．あ　問2．②い，え　③い，う，え　問3．G．え　H．か　問4．稲作／畜産
問5．A．秋田県　D．神奈川県　E．愛知県
B．問1．⑴う　⑵海田／熊野／坂　⑶記号…Y　理由…Yのほうが高齢者の割合が高いから。　問2．⑴く ⑵か

［4］　問1．⑴内閣　⑵え　問2．小麦　問3．⑴最高裁判所　⑵衆議院議員総選挙　問4．広島市
問5．お　問6．い　問7．あ，い，か　問8．う　問9．え　問10．2，10

《2023　国語　解説》

一　著作権上の都合により文章を掲載しておりませんので、解説も掲載しておりません。ご不便をおかけし、誠に申し訳ございません。

二　**問一**　ウの「ような」は例を挙げる意味で使われているので、比喩表現ではない。キの「ように」は、不確かな断定の意味で使われているので、比喩表現ではない。

問二　「ソレイユ」が何なのかわからなかった珠紀は、エ「なんだっけ、それ」と尋ね、愛衣はそれに対して、ア「このフロアの端っこにあるファンシーショップだよ」と答えた。珠紀はそれを聞いて、ウ「ああ、あのピンク色の店か」と、店の様子を思い出しながら言った。よって、Aにはエ、Bにはア、Cにはウ、残ったDにはイが入る。

問三　解きやすいところから順に考える。珠紀が漫画を手にしている場面は(2)(3)(4)であり、イとエはこのうちのどれかに入る。(3)の場面について考えると、珠紀は愛衣と目を合わせたまま会話をしているので、イもエも入らない。雅希は「家に一人でいるときはめちゃくちゃ暗」いキャラクターであるにもかかわらず、愛衣は雅希の明るいところが好きだと答えた。珠紀はその答えにおどろいて「二度瞬きをした」のである。よって、(3)にはオが入る。(2)は、漫画を読んでいた珠紀が愛衣と会話を始めた場面なので、イが入る。(4)は、珠紀が愛衣のついた嘘に気づき、会話をやめて「漫画に視線を戻し」た後の場面なので、エが入る。(5)の場面での珠紀は、嘘をついた愛衣とこれ以上話す気になれず、おそらく無言で自転車をこいでいたと考えられるので、アが入る。(1)には、残ったウが入る。

問四　文章の最後の方に、「愛衣はポケットの中の紙袋を握り締めた。珠紀と色違いのヘアピンで前髪を留めて、校内を並んで歩きたかった」とある。愛衣は、珠紀とおそろいでつけるウサギのヘアピンを買ったのである。よって、エが適する。また、――線部①の少し後に「ゴマに似ているこれならば、きっと気に入ってくれるだろう」とあるので、ウも適する。

問五　aでは、「おやつでも食べようよ」という珠紀の提案に乗り気なので、「喜び」が適する。cでは、まだ三巻を読み終わっていないのに、「五巻までの中で、どの話が一番よかった」かと聞かれ、「焦り」を感じている。よって、イが適する。

問六　2行前で、珠紀は「私はね～海に行くところが好き」と、嘘をついた。ウサギ小屋での場面で、珠紀は「もしかして(愛衣が漫画を)ちゃんと読んでないのかもしれないと思って、それで私、試したんだ」と言っている。珠紀は、「本当は漫画にない」場面を口にすることで、愛衣が自分に嘘をつくかどうか試そうとしたのである。よって、ウが適する。

問七　直後に「珠紀と仲良くなりたい」とあり、ウサギ小屋での場面に「自分が嘘を吐いたのは、珠紀のことが好きで、話を合わせたかったからだ」とある。よって、オが適する。

問八　愛衣は珠紀から、嘘を吐く子は嫌いだから友だちになれないと言われた。愛衣は珠紀が小屋を出て行ったあと、「心の一部を預け合うような友だちを、自分はずっと求めている。だって、それこそが真の友情でしょう？」と思っている。しかし一方で、「あれほどの悪臭を放っていた自分が、どうして珠紀と仲良くなれるだろう」とも感じている。愛衣は、仲良くなりたいと思っていた珠紀から嫌いだと言われたことで、自分が考える「真の友情」について考え直し始めた。また、「狭い密室に閉じ込められたように思え」たという部分から、愛衣が苦しんでいることが読み取れる。よって、エが適する。

問九　珠紀は愛衣に、嘘を吐く子は嫌いだから友だちになれないと言った。そして、「大島さん(＝愛衣)が正直に感想を言ってくれてるのか気になった」「大島さんは私に合わせてばっかりだよね。別々の人間なのに、そんなの変だよ」と言っている。珠紀は、別々の人間である以上、物事の感じ方や価値観が違うのは当たり前だと考えていて、友達に対しては嘘をつかないこと、正直であることを求めている。一方、愛衣は、「心の一部を預け合うような友だちを、自分はずっと求めている。だって、それこそが真の友情でしょう？」と思っている。

《2023　算数　解説》

［1］

(1)　与式$=\{\frac{1}{4}\times\frac{2}{3}+\frac{1}{5}\times(\frac{9}{18}-\frac{4}{18})\}\times\frac{15}{7}=(\frac{1}{6}+\frac{1}{5}\times\frac{5}{18})\times\frac{15}{7}=(\frac{3}{18}+\frac{1}{18})\times\frac{15}{7}=\frac{2}{9}\times\frac{15}{7}=\mathbf{\frac{10}{21}}$

(2)　**【解き方】Bの使用時間を①分とする。**

Aの使用時間は①×1.4＝$\textcircled{1.4}$(分)，Cの使用時間は($\textcircled{1.4}$＋6)分となるから，

①＋$\textcircled{1.4}$＋$\textcircled{1.4}$＋6＝120より$\textcircled{3.8}$＝114となる。よって，Aの使用時間は$114\times\frac{\textcircled{1.4}}{\textcircled{3.8}}=$**42**(分)

(3)　**【解き方】0より大きく1より小さい分数だから，(分子の数)＜(分母の数)となるような数を分母によって分け，具体的に考える。**

分母の数が素数(2，3，5，7)のとき，例えば5のとき分子は1，2，3，4の5－1＝4(個)考えられる。同様にして，分母が2のときは2－1＝1(個)，3のときは3－1＝2(個)，7のときは7－1＝6(個)考えられるから，分数の個数は全部で1＋2＋4＋6＝13(個)ある。

また，分母が4のときの分子は1，3の2個，6のときの分子は1，5の2個，8のときの分子は1，3，5，7の4個，9のときの分子は1，2，4，5，7，8の6個あるから，求める分数の個数は，13＋2＋2＋4＋6＝**27**(個)ある。

(4)　**【解き方】角×，角●は具体的に求められないが，角×＋角○と角●＋角○は求められる。**

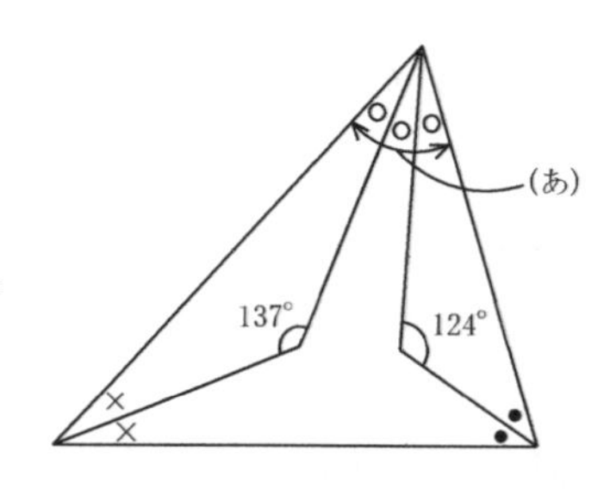

角×＋角○＝180°－137°＝43°，角●＋角○＝180°－124°＝56°

(角×＋角○)×2＋(角●＋角○)×2＝(角×)×2＋角●×2＋角○×4＝43°×2＋56°×2＝198°で，三角形の内角の和より角○だけ大きい。

よって，角○＝198°－180°＝18°だから，角(あ)＝18°×3＝**54°**

(5)　**【解き方】同じ道のりを進むのにかかる時間の比は，速さの比と逆比になることを利用する。**

A君は15分で2周するから，1周を15÷2＝7.5(分)で走る。よって，出発して20分後，A君が$20\div7.5=\frac{8}{3}$(周)走ってB君に追いつく。このとき，B君は出発して$(\frac{8}{3}-1)$周走っている。したがって，A君とB君の速さの比は$\frac{8}{3}:(\frac{8}{3}-1)=8:5$だから，同じ道のりを走るのにかかる時間の比は8：5の逆比の5：8になる。

よって，B君は1周するのに$7.5\times\frac{8}{5}=$**12**(分)かかる。

(6)　**【解き方】図ⅰのうすい色つき部分をふくめた面積を考える。図ⅱの「葉っぱ型の図形の面積」を利用する。**

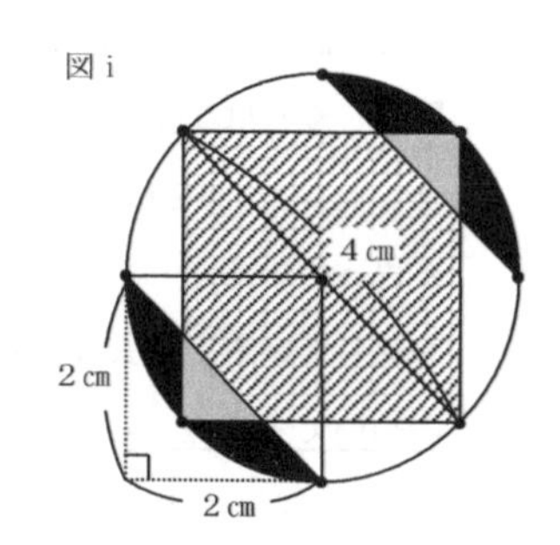

図ⅱ

葉っぱ型の図形の面積

右の斜線部分の面積は，

(円の$\frac{1}{4}$の面積)×2－(正方形の面積)＝

$(1\times1\times3.14\times\frac{1}{4})\times2-1\times1=0.57$だから，

(葉っぱ型の面積)＝(正方形の面積)×0.57

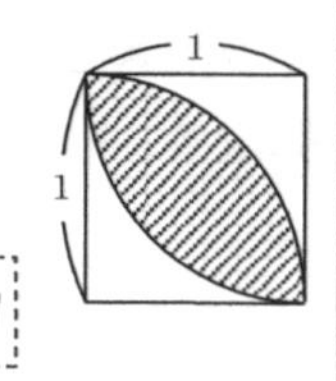

求める面積は，対角線の長さが4㎝の正方形の面積から，1辺の長さが2㎝の正方形の内部にできる葉っぱ型の図形の面積を引いた値である。よって，$4\times4\div2-2\times2\times0.57=8-2.28=$**5.72**(㎠)

［2］

⑴　**【解き方】2種類のお菓子を1個ずつ買ったときの金額の合計が2700円の約数であるかを考える。**

130円と220円のお菓子を1個ずつ買ったとき，合計金額は350円で2700円の約数ではないから，適さない。

170円と220円のお菓子を1個ずつ買ったとき，合計金額は390円で2700円の約数ではないから，適さない。

130円と170円のお菓子を1個ずつ買ったとき，合計金額は300円で2700円の約数である。このとき，$2700\div300=9$より，2種類のお菓子を9個ずつ買ったから，全部で$9\times2=$**18**(個)買った。

⑵　**【解き方】170円のお菓子を25個買ったとすると，$170\times25=4250$(円)となり，5100円より安くなる。220円のお菓子を25個買ったとすると，$220\times25=5500$(円)となり，5100円より高くなるから，2種類のうち1種類は220円のお菓子だとわかる。また，つるかめ算を利用して解く。**

220円のお菓子を25個買ったときの金額は，実際よりも$5500-5100=400$(円)高い。もう1種類のお菓子が130円のお菓子だったとすると，220円と130円の差額は90円であり，90は400の約数ではないから適さない。もう1種類のお菓子が170円のお菓子だったとすると，220円と170円の差額は50円だから，170円のお菓子を$400\div50=$**8**(個)，220円のお菓子を$25-8=$**17**(個)買えば条件に合う。

⑶　**【解き方】買ったお菓子すべてが130円だとしたときの合計金額は$4320-550=3770$(円)である。また，170円と220円のお菓子をすべて130円のお菓子におきかえたときの差額の合計が550円となる。**

買ったお菓子の個数の合計は$3770\div130=29$(個)である。また，170円と130円の差額は40円，220円と130円の差額は90円となる。よって，220円のお菓子を買った個数，130円のお菓子におきかえたときの差額の合計，550円と差額の合計の差は右表のようになる。差額の合計と550円との差が約数に40円を持つのは，220円のお菓子を3個買ったときの280円(下線部)のみだから，170円のお菓子は$280\div40=7$(個)買ったことになる。

220円のお菓子(個)	1	2	3	4	5	6
差額の合計(円)	90	180	270	360	450	540
550円との差(円)	460	370	<u>280</u>	190	100	10

よって，一番安い130円のお菓子は$29-(7+3)=$**19**(個)買った。

［3］

⑴　1時間は60分のままだから，長針は1時間に60目もり進むので，1分間に$360°\div60=$**6°**進む。

また，短針は1時間に$360°\div15=24°$進むので，1分間に$24°\div60=$**0.4°**進む。

⑵　**【解き方】4時から4時29分までの29分間で長針と短針がどれだけ進むかを考える。**

4時の時点で長針と短針の間の小さい方の角度は，$24°\times4=96°$である。ここから29分間で，長針は$6°\times29=174°$，短針は$0.4°\times29=11.6°$進む。よって，長針と短針の間の小さい方の角度は，$174°-(96°+11.6°)=$**66.4°**

⑶　**【解き方】長針と短針が同じ時間に進む角度の比は，$6:0.4=15:1$となることを利用する。**

5時から長針と短針の間の角度が図3のような角度になるまでに，短針が進んだ角度を①とする。このとき，長針は⑮だけ進んだことになり，あと①だけ進むと「5」を指すことになる。よって，⑮＋①＝⑯が，$4\times5=20$(分)にあたるので，5時から図3のような角度になるまでに，$20\times\frac{⑮}{⑮+①}=\frac{75}{4}=18\frac{3}{4}$(分)経った。

よって，求める時刻は**5時$18\frac{3}{4}$分**である。

［4］

⑴　**【解き方】右図の三角形ＥＢＦと三角形ＤＣＧは底辺をそれぞれＢＦ，ＣＧとしたときの高さが等しく，ＢＦ＝ＣＧだから，面積が等しい。**

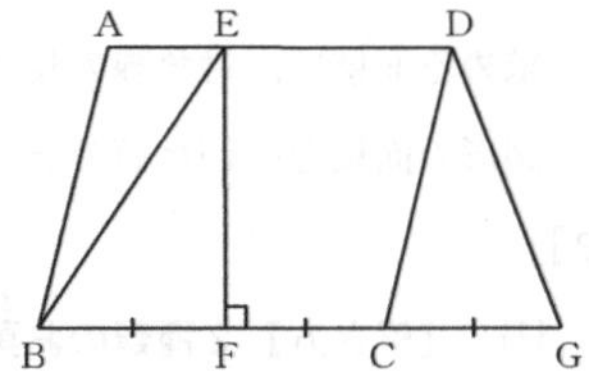

三角形ＥＢＦと三角形ＤＣＧの面積が等しいから，(台形ＥＦＧＤの面積)＝(台形ＥＢＣＤの面積)であり，平行四辺形ＡＢＣＤの面積を△6とすると，

(三角形ＡＢＥの面積)＝(平行四辺形ＡＢＣＤの面積)－(台形ＥＦＧＤの面積)＝△6－△5＝△1となる。

また，(三角形ＡＢＤの面積)＝(平行四辺形ＡＢＣＤの面積)÷２＝△3であり，三角形ＡＢＥと三角形ＡＢＤで，底辺をそれぞれＡＥ，ＡＤとしたときの高さは等しいから，ＡＥ：ＡＤ＝１：３

よって，ＡＥ：ＥＤ＝１：(３－１)＝**１：２**である。

⑵①　**【解き方】台形ＥＦＣＤの周の長さは台形ＡＢＦＥの周の長さより３㎝長く，ＢＦ＝ＦＣ，ＥＦは共通している辺，平行四辺形の対辺よりＡＢ＝ＣＤだから，ＡＥ＋３＝ＥＤが成り立つ。**

ＡＥ：ＥＤ＝１：２であり，３㎝が比の数の２－１＝１にあたるから，ＡＤ＝$３\times\frac{1+2}{1}$＝**９**(㎝)である。

②　**【解き方】三角形ＣＤＥの面積を，高さをＥＦとする場合とＥＨとする場合の２通りで表す。**

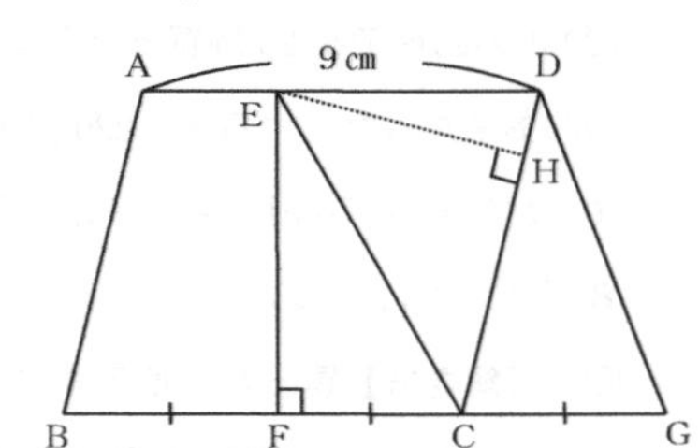

ＥＦ：ＥＨ＝５：４より，ＥＦ＝□5，ＥＨ＝□4とする。

三角形ＣＤＥの面積について，底辺をＥＤ，高さをＥＦとすると，

$(9\times\frac{2}{3})$×□5÷２＝□15となる。

底辺をＣＤ，高さをＥＨとすると，ＣＤ×□4÷２＝ＣＤ×□2となる。

よって，ＣＤを□2倍した値が□15となるのだから，ＣＤ＝□15÷□2＝7.5(㎝)となる。

したがって，平行四辺形ＡＢＣＤの周の長さは，(９＋7.5)×２＝**33**(㎝)である。

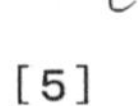

［5］

⑴　**【解き方】(合計点)＝(平均点)×(人数)で求められる。**

Ａ君を除く上位 10 人の合計点は 81.5×10＝815(点)，残り 15 人の合計点は 50×15＝750(点)だから，Ａ君を除く 25 人の合計点は 815＋750＝1565(点)である。よって，平均点は，$\frac{1565}{25}$＝**62.6**(点)である。

⑵　Ｂ君を除く 25 人の合計点は 64.8×25＝1620(点)である。

(Ａ君とＢ君の点数の差)＝(Ｂ君以外の合計点)－(Ａ君以外の合計点)と表せるから，1620－1565＝**55**(点)である。

⑶　**【解き方】Ａ君の点数をａ点として式を作る。**

Ｂ君の点数は(ａ－55)点だから，全体の平均点はＡ君とＢ君の平均点より 7.5 点低いので，

{ａ＋(ａ－55)}÷２－7.5＝ａ－35(点)となる。よって，全体の合計点は(ａ－35)×26＝26×ａ－910(点)である。

また，全体の合計点は(Ａ君の点数)＋(Ａ君以外の点数の合計)＝ａ＋1565(点)と表すことができるから，２つの式を比べると，26×ａとａの差 25×ａが 910 と 1565 の和 2475 に等しいので，ａ＝2475÷25＝99(点)である。

よって，全体の平均点は 99－35＝**64**(点)である。

《2023　理科　解説》

［1］

⑶　ア○…小笠原諸島にある西之島などがあてはまる。　イ○…富士山などがあてはまる。　エ○…桜島などがあてはまる。

⑷①　つぶの大きさが2mm以上のものをれき，0.06mm～2mmのものを砂，0.06mm以下のものをどろという。

②　火山灰には様々な色をした鉱物(こうぶつ)がふくまれる。また，火山灰にふくまれるつぶは，れきなどのように流れる水のはたらきを受けていないため，角張っている。

⑹　災害が発生したときにどれだけ危険があるかを示した地図はハザードマップであり，災害の種類ごとに作られている。なお，防災マップは避難(ひなん)場所や避難経路などの情報をまとめたものである。

⑺　智子さんが最近読んだ本の記述の最後の段落に着目する。

⑻　智子さんが最近読んだ本の記述の3段落目に着目する。

［2］

⑴　蒸散が起こることで根からの水の吸い上げが盛んになったり，植物の体の温度が上がりすぎるのを防いだりすることができる。

⑵　植物の葉に光が当たると，二酸化炭素と水を材料にしてでんぷんがつくられる。このはたらきを光合成という。植物が生きていくには呼吸をする必要があるが，呼吸に必要なでんぷんがなくなれば，植物は生きていけなくなる。

⑷　⑵からわかるように，植物は光合成によって十分なでんぷんをつくらなければ生きていけない。周りに他の植物が生えているような場所では日光のうばい合いになるため，葉をより高い位置につけることが生きていくうえで有利になる。周りに背の高い植物が生えていない場所に生えているタンポポやキソウテンガイでは，日光を受けるために高い位置に葉をつける必要がない。

［3］

⑴　セッケン水の膜の位置が変化するのは，フラスコ内の空気の体積が変化するためである。空気は温められると体積が大きくなり，冷やされると体積が小さくなる。よって，空気の温度が温める前より低くなれば，空気の体積は温める前より小さくなり，セッケン水の膜の位置は温める前の位置より下がる。

⑵　表1より，水の温度が1℃上がるごとにゼリーの移動距離(きょり)が0.8cmずつ大きくなることがわかる。ゼリーがガラス管から完全に出るのは，ゼリーの移動距離がガラス管の長さである8cmになったときだから，水の温度が25℃から$1\times\frac{8}{0.8}=10$(℃)上がって35℃になったときである。

⑶　ゼリーの移動は空気の体積の変化によるものである。また，⑵解説より，空気の温度が1℃上がるとガラス管内のゼリーが0.8cm移動する。ガラス管の長さ1cmあたりの内部の体積は0.5mLだから，空気の温度が1℃上がったときの体積の増加は$0.5\times\frac{0.8}{1}=0.4$(mL)である。

⑷　ウ×…表2より，AとCのガラス管の穴の直径の比は0.8：0.4＝2：1だから，ガラス管の断面積の比は(2×2)：(1×1)＝4：1である。また，表3より，AとBで水の温度が1℃上がったときのゼリーの移動距離(増えた空気の高さ)の比は0.4：1.6＝1：4だから，増えた空気の体積の比は(4×1)：(1×4)＝1：1である。AとCは内部に入っている25℃の空気の体積が同じだから，同じだけ温度が上がったときに増える空気の体積も同じになるはずである。

⑸　表2と表3より，ガラス管の穴の直径が同じ図2の装置とAとBを比べると，水の温度が1℃上がったときのゼリーの移動距離は内部に入っている空気の体積に比例することがわかる。空気の体積が120mLの図2の装置で空

気の温度が1℃変化したときのゼリーの移動距離は0.8㎝だから，空気の体積が130mLの図3の装置で温度が1℃変化したときのゼリーの移動距離は$0.8\times\frac{130}{120}=\frac{13}{15}$(㎝)である。よって，図3のようにゼリーの移動距離が15.6㎝になるのは，温度が$15.6\div\frac{13}{15}=18$(℃)変化したときであり，25－18＝7(℃)が正答となる。

⑹　イ○…内部に入っている空気の体積が同じAとC，またはBとDを比べると，水の温度が1℃上がったときのゼリーの移動距離とガラス管の穴の直径を2回かけた値には反比例の関係があることがわかる。これと⑸解説を合わせると，フラスコは大きく(空気の体積は大きく)，ガラス管は細いほど，同じ温度変化でのゼリーの移動距離が大きくなるから，より小さな温度変化がわかると考えられる。

[4]

⑴　棒を回転させるはたらき〔おもりの重さ(g)×支点からの長さ(㎝)〕が時計回りと反時計回りで等しくなるとつりあう。150gのおもりが棒を反時計回りに回転させるはたらきは150×30＝4500だから，支点から100gのおもりをぶら下げた位置までの長さは4500÷100＝45(㎝)である。

⑵　糸1には200＋300＝500(g)のおもりがぶら下げられていると考えればよい。400gのおもりが棒を反時計回りに回転させるはたらきは400×35＝14000だから，支点から糸1までの長さは14000÷500＝28(㎝)である。また，長い棒を支えているのは糸2だけだから，長い棒にかかる重さはすべて支点Mにかかる。よって，支点Mで長い棒が糸2を下向きに引く力は400＋500＝900(g)である。

⑶　200gのおもりが棒を反時計回りに回転させるはたらきは200×30＝6000だから，ある重さのおもりは6000÷40＝150(g)である。⑵と同様に考えて，ピンにかかる重さは200＋150＝350(g)である。

⑷　棒を回転させるはたらきが時計回りと反時計回りで等しくなるとき，おもりの重さの比は支点からの長さの逆比と等しくなる。よって，「え」を長くすると，手で加える力を小さくしても，くぎにはたらく力を一定に保つことができる。

⑸　AはPを反時計回りに，BはPを時計回りに回転させようとする。ここでは，AがPを反時計回りに回転させるはたらきが200×30＝6000で一定だから，①～③のときのBがPを時計回りに回転させるはたらきと比べる。①では100×40＝4000だからイ，②では100×60＝6000だからウ，③では300×25＝7500だからアである。

⑹　CとDは支点であるピン1に直接付けたから，Pを回転させるはたらきはない。表2より，Cの重さは常にAの重さ(ピン1に下向きにはたらく力)と等しく，Dの重さは常にBの重さ(ピン1に左向きにはたらく力)と等しいことがわかる。

⑺　Eが棒を反時計回りに回転させるはたらきは300×40＝12000だから，棒の支点から右に30㎝の位置にかかる重さ(下向きの力)は12000÷30＝400(g)である。この下向きの力はFの重さによるものだから，Fの重さは400gである。図11で，Aの重さと同じ大きさの下向きの力がピン1にはたらいていることと同様に考えればよい。また，FがQを反時計回りに回転させるはたらきは400×10＝4000だから，手がQをおす力は4000÷20＝200(g)である。

⑻　てこが右を下にしてかたむくのは，棒を反時計回りに回転させるはたらき小さくなるときや，棒を時計回りに回転させるはたらきが大きくなるときが考えられる。FをQ上で動かしてもピンにはたらく下向きの力の大きさは変化せず，棒を時計回りに回転させるはたらきも変化しないので，Eを棒上で右に動かして棒を反時計回りに回転させるはたらきが小さくなるアとイとウが正答となる。

⑼　⑺解説と同様に考えて，QとSにのせたおもりの重さは，それぞれのピンにそのままの大きさでかかる。よって，支点からピンまでの長さが同じであれば，QとSにのせるおもりの重さを同じにすればつりあう。

《2023　社会　解説》

［1］

問1　う　「江戸から西に向かって…柵が張りめぐらされていて，柵を乗り越えよう…」とあることから，箱根と判断する。箱根の関所は，芦ノ湖から山の上までずっと柵が張りめぐらされていて，関所破りができないようになっていた。

問2　A　1575年の長篠の戦いを描いた絵である。長篠は愛知県東部に位置する。

問3　う　「この前年には国民全員を戦争に協力させることを定めた法律」＝国家総動員法(1938年成立)より，この年は1939年だから，第二次世界大戦の開戦を選ぶ。日中戦争の開戦は1937年，太平洋戦争の開戦は1941年，大学生の兵士としての動員(学徒出陣)は1943年。

問4　え　財閥解体は，太平洋戦争終了後に行われた。

問5(1)　う　B(1910年)→A(1923年)→C(1925年)　**(2)**　地震は，発生時の状況によって被害は異なる。昼前に起きた関東大震災では火災，就寝中に起きた阪神・淡路大震災では倒壊による圧死，東日本大震災では，沿岸がリアス海岸であったことなどから，津波が巨大化し，水死が多かった。

問6　行商の集団15人のうちの9人が殺害される惨事となった。

問7　う　1884年に起きた秩父事件の内容である。秩父事件をはじめとする激化事件では，政府の弾圧や不況下の重税に対する反発から自由党員や農民が暴動を起こした。

問8　い　A(1956年)→C(資本主義国第2位　1968年)→B(1972年)

問9　え　太陽暦の採用は，明治時代初頭の1872年の出来事である。日本国憲法の制定は1946年，大日本帝国憲法の制定は1889年,『解体新書』の出版は1774年,『学問のすゝめ』の出版は1872年。

問10　え　バブル期には，土地・建物・絵画・宝石・ゴルフ会員権などが高値で取引された。

［2］

問1(1)　ア＝法隆寺　イ＝十七条の憲法　ウ＝鑑真　エ＝寝殿造　オ＝東求堂同仁斎　A．聖徳太子が奈良県に建てた法隆寺は，現存する最古の木造建築物であり，世界文化遺産に登録されている。また，家がらや身分に関係なく，能力に応じて豪族を役人に取り立てる冠位十二階を制定し，豪族に役人としての心構えを教えるための十七条の憲法を制定した。B．鑑真は，六度目の航海で日本に到着した。C．藤原頼通によって建てられた平等院鳳凰堂は，平安時代に栄えた国風文化を代表する建築物だから，当時の貴族の屋敷の建築様式である寝殿造と考える。D．東求堂は，銀閣と同じ敷地内にある，阿弥陀如来像を安置するための持仏堂で，そのうちの1室が足利義政の書斎として使われた同仁斎である。　**(2)**　D　写真は龍安寺の枯山水である。

問2　豊臣秀吉　2度の朝鮮出兵を文禄・慶長の役という。

問3　徳川家光　写真は日光東照宮である。徳川家康を祀るために徳川秀忠が建てた日光東照宮を，徳川家光が現在の形に改修したと言われている。

問4　え　大正時代になると，バスガール・タイピストなどの職業婦人が社会進出した。あ．誤り。日本初の鉄道は，新橋駅と横浜駅の間に開通した。い．誤り。広島に初めて路面電車が開通したのは原爆投下よりはるかに前の1912年のことである。う．誤り。日本初の乗り合いバスは京都で開通した。

問5　う　琉球王国→琉球藩→沖縄県　薩摩藩の支配下にあった琉球王国は，日本と中国の二重支配を受けていた。そのため，政府は琉球を日本の領土とするため，一度琉球藩とし，廃藩置県を断行して沖縄県とした。これを琉球処分という。

問6　か　　A．誤り。沖縄返還は1972年だから，1972－1945＝27(年)と，30年は続かなかった。B．正しい。C．誤り。日米安全保障条約第6条で，アメリカ軍基地の使用が認められている。条約は法より上位に位置するため，法による取り決めと考えてよい。

問7⑴　い　　あ．誤り。琉球国王の代替わりごとに派遣されたのは謝恩使である。う．誤り。島津氏が琉球に侵攻したのは江戸時代のことである。また，当時の島津氏は戦国大名ではなく外様大名に分類される。え．誤り。琉球王国は，島津氏に征服されてからも日本と中国の二重支配を受けていた。　⑵　う　　冊封＝中国皇帝から国王として認められること。当時の琉球王国は明と冊封関係にあり，同じく明と冊封関係にある朝鮮への攻撃を支援することは，日本の朝鮮支配を肯定(＝朝鮮と明の間の冊封関係を否定)することになる。

［3］

A問1　あ　　Aは秋田県，Bは青森県だから十和田湖を選ぶ。宍道湖は島根県，猪苗代湖は福島県，諏訪湖は長野県にある。

問2　Cは東京都，Dは神奈川県だから②が属する工業地帯は京浜工業地帯，Eは愛知県，Fは三重県だから③が属する工業地帯は中京工業地帯である。あ．北九州工業地帯の説明である。い．復興から1998年までは京浜工業地帯，1999年からは中京工業地帯が日本最大の製造品出荷額となっている。う．中京工業地帯に属する三重県で四日市ぜんそくが発生した。え．中京工業地帯にはTOYOTA，京浜工業地帯にはNISSANの工場がある。
お．阪神工業地帯の説明である。

問3　G＝え　H＝か　　Gは広島県，Hは山口県である。広島県にはMAZDAの工場がある。山口県東部の周南市や岩国市に石油化学コンビナートがあり，化学工業製品を生産する企業が集中している。

問4　Iは宮崎県，Jは鹿児島県である。鹿児島県は豚の生産が全国一であり，宮崎県はブロイラーの生産が全国一である。

B問1⑴　う　　人口密度が高いa，b，c，fの値が小さいことから考える。人口密度が高い＝都市部と考えれば，第一次産業で働く人の割合は低くなると判断できる。　⑵　海田町／熊野町／坂町　　Xにaが入っていることから，Xグループは都市部のb，c，fである。広島県では沿岸部に発達した都市部があり，内陸部ほど過疎化が進んでいる。aが全国で最も人口が多い町である府中町であるとわかれば，残りは解答例のようになる。
府中町にMAZDAの本社がある。　⑶　Y　　問題文に「新型コロナワクチンは，重症化が心配される高齢者を優先して摂取されました。」とあることから考える。

問2⑴　く　　町の数が多いことから，面積が広い北海道と判断する。　⑵　か　　市の数が全国で最も少ない＝人口が最も少ないと考える。鳥取県には鳥取市・倉吉市・米子市・境港市の4市がある。

［4］

問1⑴　内閣　　内閣が作成した予算を国会で審議する。　⑵　え　　衆議院の優越によって，予算審議は必ず衆議院から先に行われる。委員会や公聴会は，本会議より前に開かれる。

問2　小麦　　4位にフランスがあることから小麦と判断する。

問3⑴　最高裁判所　　最高裁判所長官は，内閣が指名し，天皇が任命する。最高裁判所の裁判官は，内閣が任命し，天皇が認証する。
⑵　衆議院議員総選挙　　最高裁判所裁判官についての国民審査は，裁判官に任命されて初めての衆議院議員総選挙のときに同時に行われる。

問4　広島市　　2023年広島サミットには，G7や招待国の首脳，招待機関のトップ以外にウクライナのゼレンスキー大統領が参加した。

問5　お　　A．誤り。参議院の定数(248)は衆議院(465)より少ないが，解散はない。B．正しい。C．正しい。

問6　い　　1989年，地中海にあるマルタ島で，アメリカのブッシュ大統領とソ連のゴルバチョフ書記長が会談し，冷戦の終結を宣言した。ゴルバチョフ氏は，1990年から1991年までソ連の大統領を務めた。

問7　あ，い，か　　宮島訪問税は，増加する訪問者(観光客)に対応するための行政サービスや，観光客の受け入れ環境の整備に使われる。

問8　う　　A．誤り。円安になると，海外旅行に行くための費用が高くなる。海外旅行に行くための費用は，ドルを基準として考える。海外旅行費用が 1000 ドル必要だった場合，1ドル＝120 円のときの旅行費用は，1000×120＝120000(円)，1ドル＝130円のときの旅行費用は，1000×130＝130000(円)になる。

B．正しい。日本から輸出した自動車は日本円を基準として考える。自動車価格が1560000円の場合，1ドル＝120円のときは1560000÷120＝13000(ドル)，1ドル＝130円の場合は1560000÷130＝12000(ドル)で販売される。

問9　え　　渋沢栄一が2024年から発行される1万円札の肖像にデザインされる。**あ**は北里柴三郎，**い**は新渡戸稲造，**う**は板垣退助。

問10　2月／10月　　ウクライナとロシアはどちらも産油国であり，農産物の輸出国でもある。日本は，ほとんどのガソリンと多くの食料品を海外からの輸入に依存しているため，円安が進むと輸入価格が上昇する。

★広島学院中学校

《国　語》

一　問一．白人社会で暮らし、ときに伝統意識とぶつかるアボリジニの悩みや苦しみを知った経験。　問二．ア．カミを侮り　イ．リアリティ　問三．壮大な秩序／生活規範　問四．オ　問五．Ⅰ．伝統的な生活や言語は失われ、知識として学ぶものになっているという　Ⅱ．オ　問六．ア．『法』のかけら　イ．伝統的な土地への帰属意識の問題　問七．反対　問八．個人の感情や人権を大切にする　問九．人の魂が属しているとされる世界そのもの　問十．ア　問十一．かつて自分たちを律していたカミガミの制約　問十二．ア．感じる　イ．思いこんでいる

二　問一．1．エ　2．ア　3．イ　4．ウ　問二．A．ウ　B．エ　C．イ　D．ア　問三．a．ア　b．ウ　c．エ　問四．にんまりと笑みを浮かべ　問五．興奮〔別解〕本気　問六．エ　問七．異なる立場や考えを持つ者を怖がったり、受け入れがたく感じたりする自分。　問八．イ，カ　問九．1．気絶　2．吸　3．額　4．簡単　5．屋根　6．寄　7．訓練　8．一皮　9．意外　10．宣言

《算　数》

［1］　(1)$1\frac{4}{5}$　(2)3.6　(3)225　(4)16　(5)50　(6)10

［2］　(1)54　※(2)65　※(3)18

［3］　(1)12：5　※(2)60　※(3)57.2

※［4］　(1)628　(2)$16\frac{2}{3}$　(3)21

※［5］　(1)5：6　(2)12　(3)48000

※の計算は解説を参照してください。

《理　科》

［1］　(1)エ　(2)右図　(3)エ　(4)月の見え方の変化…イ　時刻…X　(5)A
(6)月の見え方の変化…エ　時刻…X　(7)イ　(8)①P，R　②Q　(9)ウ

［2］　(1)二酸化炭素　(2)①イ　②ウ　(3)右グラフ
(4)実験7…エ　実験10…キ　(5)1.8

［3］　(1)①胃　②小腸　③大腸　(2)ウ，エ　(3)温度が高いほどよくはたらく。／35℃で最もよくはたらく。　(4)ダイコン片をお湯で煮ると，冷ましても酵素ははたらかない。　(5)Bで酸素が発生した原因が砂によるものではないことを確かめるため。
(6)オキシドールを加えることで，再び酸素が発生するようになること。　(7)体温が低くなると酵素がはたらきにくくなり，食べ物を養分に分解して，生きていくためのエネルギーを作るのが難しくなるから。

［4］　(1)1.5　(2)70　(3)J　(4)ア　(5)1　(6)①支点　②反比例　(7)G，H　(8)O，S　(9)6　(10)25
(11)移動させる方向…右　理由…支点から作用点までの長さが短くなると作用点に加わる力が大きくなり，支点から力点までの長さが長くなると作用点に加わる力が大きくなるから。

《社　会》

[1]　問1．⑴近畿地方　⑵ヤマト王権〔別解〕大和朝廷　　問2．聖武　　問3．阿倍仲麻呂　　問4．⑴日宋　⑵厳島神社　　問5．あ，い　　問6．写真ア…もみ殻や異物の選別　写真イ…米の脱穀　　問7．う，か　問8．お　　問9．⑴特産物　⑵市

[2]　問1．⑴う　⑵①日米和親　②下田　⑶え　　問2．工場に労働者を集め，機械によって製品を大量生産する方式。　問3．⑴徴兵令　⑵下関　　問4．お　　問5．アメリカ軍が上陸したことで，殺されたり，自殺したりした現地の民間人が多かったから。　　問6．連合軍の占領下であった　　問7．A．台湾　B．樺太　　問8．え　問9．う

[3]　A．問1．え　　問2．う　　問3．⑴[記号／語句]　[う／衆議院]　[お／公布]　[か／15]　⑵投票率を上げ，より多くの国民の意見を選挙に反映させるため。　⑶お

B．問1．⑴あ．原爆投下　い．放射性物質　⑵え　　問2．あ　　問3．う　　問4．い　　問5．う

[4]　問1．A．×　B．い　C．あ　　問2．か　　問3．ア．お　イ．い　ウ．え　　問4．愛媛…お　長崎…い　鹿児島…う　　問5．う　　問6．い　　問7．買った商品の情報をもとにして，ＡＩが個々の趣向性を分析する。

2022 解説 令和4年度 広島学院中学校

《2022 国語 解説》

【一】

著作権に関係する弊社の都合により本文を非掲載としておりますので、解説を省略させていただきます。ご不便をおかけし申し訳ございませんが、ご了承ください。

【二】

問一1 4～5行後の「いつしか会場が一体となって～手拍子をしている」という雰囲気に合うエが適する。 **2** この場面で、修平は「弟を助けるために、自分が犠牲になることを決め」て、隆太に別れの言葉をかけている。悲しくも感動的な場面なので、観客が泣いている様子を表現したアが適する。 **3** 強力たちがやってきたことで、修平の命は助かることになった。観客はほっとしていると考えられるので、イが適する。 **4** 直前に「事故の原因を作った悪役の登場に」とある。それまでの楽しげだった雰囲気が一変し、一気に緊張感が増す場面である。よって、ウが適する。

問二A この部分は、選択肢をもとに消去法で考えた方が解きやすい。ウにあるように良仁が隆太役で声を出しているのは、Aだけである。直前の2行が良仁の台詞。 **B** 将太は、突然台本を外れてしゃべり出し、修平役の中沢の台詞をさえぎり、打ち消してしまった。将太の行動は唐突で、良仁は驚くとともにその意図をつかみかね、芝居はこの先どうなるのかと緊張している。よって、エが適する。 **C** 将太は、修平役の中沢の台詞を何度もさえぎり、黙らせてしまった。また、本調子でない実秋を即興の芝居へと引きずりこみ、追い詰めていった。一方、畳みかけられた実秋は「一層しどろもどろに」なった。こうした状況を見た良仁は、芝居がどんどん悪い方向へと進んでいるように感じているので、イが適する。 **D** 前後に「そのとき、強い声が響いた」「実秋の表情が明らかに変わっていた」とある。突然実秋の様子が変わったことで、良仁は実秋を見て驚いている。よって、アが適する。

問四 ──線部②のあとで、実秋は将太の即興を受けて立ち、本来の調子を取り戻した。祐介の一言で流れが台本に戻ったあと、将太は「にんまりと笑みを浮かべ」て「台本の台詞に戻った」。「にんまりと笑みを浮かべ」たのは、実秋が本来の調子を取り戻したことに満足したからだと考えられる。将太はおそらく、実秋の様子がおかしいことに気づき、あえて実秋を追い詰めることで調子を取り戻させたのである。

問五 将太に追い詰められた実秋は、「即興を受けて立」ち、このあと「丁々発止のやり取り」を続けた。調子が悪かった実秋は、将太の言葉や態度に反応して興奮し、本気を出したのだと考えられる。

問六 「巻き」とは、映画などの業界用語で、仕事を早く切り上げたり、進行を早めたりすること。牛山は時間管理を行うスタッフなので、台本から外れたやりとりが続いて、時間内に劇が終わらなくなることを心配し、気が気でない。一方、脚本の菊井は、かつて光彦に「君は自分の物語を書きなさい」と言ったことがある。菊井は、劇を演じる子どもたちが自分の物語を持つことを望んでいると思われる。そんな菊井は、台本を外れた二人が進める劇の内容に強い興味を示した。そのため、二人の即興をじゃまするのはもったいないと思い、「全身をぶつけるようにして」牛山を制止したのである。よって、エが適する。

問七 「それ」が指すのは、「誰の心の中にでもいる」ものである。それは「実秋の昌夫」である。「実秋の昌夫」は、「意地悪をしたのは、君たちが怖かったからだ～得体が知れないから、怖かったんだ」と言っている。この怖さは、自分とは異なる者に対する無知からくる恐怖である。──線部④の直後には「ぼろぼろの煮しめたようなシャツを着た将太と並ぶことを、きまり悪く感じた自分がいたことを、良仁は思い出していた」とある。この時良仁が将太に対して感じていたのは、自分とは異なる者に対する受け入れがたい思いである。つまり、「それ」が指す「実秋の昌夫」とは、「誰の心の中にでもいる」、下線部のような思いをいだく自分である。

問八　4～7行前に「多かれ少なかれ、たくさんの人たちが、たくさんの大切なものを失ってきたことだけは理解できる。その心の傷を少しでも埋めるために、物語はあるのかもしれない」とある。よって、アはふさわしい。また、「放送劇は、物語は、きっと祈りなのだ。昨日よりも、今日よりも、明日はもっと幸せに」とあることから、エもふさわしい。菊井は、かつて光彦に「君は自分の物語を書きなさい」と言った。それは、自分の物語を書くことで心の傷を少しでも埋められると考えたからだと思われる。このようにして書く物語には、自身の経験や思いがこめられる。そして、それを読む人や聞く人に影響を与え、その人たちの生活に関わっていく。また、今演じている劇は戦争や浮浪児をあつかっている。この劇もまた、実際に生きている人の思いや人生を集めて作られていて、それを観たり聴いたりする人に影響を与えていく。よって、ウとオもふさわしい。残ったイとカが正解。

《2022　算数　解説》

［1］

(1)　与式 $=\frac{10}{7}\times\{\frac{7}{10}+\frac{7}{5}\div(\frac{11}{9}-\frac{1}{4})\times\frac{7}{18}\}=\frac{10}{7}\times\{\frac{7}{10}+\frac{7}{5}\div(\frac{44}{36}-\frac{9}{36})\times\frac{7}{18}\}=\frac{10}{7}\times(\frac{7}{10}+\frac{7}{5}\times\frac{36}{35}\times\frac{7}{18})=$
$\frac{10}{7}\times(\frac{7}{10}+\frac{14}{25})=\frac{10}{7}\times\frac{7}{10}+\frac{10}{7}\times\frac{14}{25}=1+\frac{4}{5}=1\frac{4}{5}$

(2)　半分の道のりである 4.8÷2＝2.4(km)を時速6kmで行くと，2.4÷6＝0.4(分)，つまり 0.4×60＝24(分)かかるが，実際は 24＋16＝40(分)，つまり $\frac{40}{60}=\frac{2}{3}$(時間)かかったので，
実際の速さは，時速 $(2.4\div\frac{2}{3})$ km＝時速 3.6 km

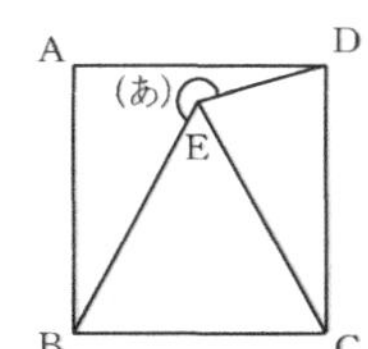

(3)　三角形ＢＣＥは正三角形だから，角ＢＥＣ＝角ＢＣＥ＝60°
三角形ＥＣＤは二等辺三角形で角ＥＣＤ＝90°－60°＝30°だから，
角ＣＥＤ＝(180°－30°)÷2＝75°　　よって，角(あ)＝360°－60°－75°＝225°

(4)　**【解き方】和が偶数になるのは，奇数どうし，または偶数どうしのときである。右の「組み合わせの数の求め方」を利用する。**

奇数は1，3，5，7，9の5枚あるから，奇数2枚の組み合わせは，$\frac{5\times4}{2\times1}=10$(通り)できる。
偶数は2，4，6，8の4枚あるから，偶数2枚の組み合わせは，$\frac{4\times3}{2\times1}=6$(通り)できる。
よって，和が偶数になる組み合わせは，10＋6＝16(通り)

組み合わせの数の求め方
異なる10個のものから順番をつけずに3個選ぶときの組み合わせの数は，
全体の個数　選ぶ個数
$\frac{⑩\times9\times8}{③\times2\times1}=120$(通り)
選ぶ個数　選ぶ個数
つまり，異なるn個からk個選ぶときの組み合わせの数の求め方は，$\frac{(n個からk個選ぶ並べ方の数)}{(k個からk個選ぶ並べ方の数)}$

(5)　**【解き方】1辺が6cmの正方形の空白には，1辺が1cmの正方形の色紙が6×6＝36(枚)並ぶから，120＋36＝156(枚)あると，図の長方形を作ることができる。この長方形は縦も横もどちらの長さも6cmより長いことに気をつけて，縦と横の長さを考える。**

156の約数のうち6より大きい最小の数は12で，156＝12×13だから，長方形の縦と横の長さは12cmと13cmである。この長方形の周囲の長さと問題の図の図形の周囲の長さは同じだから，求める長さは，(12＋13)×2＝50(cm)

(6)　**【解き方】$\frac{1}{11}$から操作をくり返していき，一度出た数が現れるところを探す。**
$\frac{1}{11}$から操作をくり返すと，2回目…$1-\frac{1}{11}\times2=\frac{9}{11}$　　3回目…$\frac{9}{11}\times2-1=\frac{7}{11}$　　4回目…$\frac{7}{11}\times2-1=\frac{3}{11}$

5回目…$1-\frac{3}{11}\times 2=\frac{5}{11}$　　6回目…$1-\frac{5}{11}\times 2=\frac{1}{11}$

したがって，5回の操作ごとに，$\frac{1}{11}$，$\frac{9}{11}$，$\frac{7}{11}$，$\frac{3}{11}$，$\frac{5}{11}$がくり返される。

22回の操作では，22÷5＝4余り2より，4回くり返されたあと，$\frac{1}{11}$，$\frac{9}{11}$と並ぶ。

よって，求める数の合計は，$(\frac{1}{11}+\frac{9}{11}+\frac{7}{11}+\frac{3}{11}+\frac{5}{11})\times 4+\frac{1}{11}+\frac{9}{11}=10$

［2］

⑴　B君は3勝2敗だから，B君のコインは，50＋2×3－1×2＝54(枚)

⑵　**【解き方】1回じゃんけんをするごとに，2人のコインの合計枚数は，2－1＝1(枚)増える。**

12回じゃんけんをすると，2人のコインの合計枚数は，50×2＋12＝112(枚)になるから，B君のコインの枚数は，112－47＝65(枚)

⑶　**【解き方】⑵より，2人のコインの合計枚数は50×2＋32＝132(枚)になっている。つるかめ算を利用して，コインの枚数からA君が勝った回数を求める。**

A君の持っているコインは，$132\times\frac{6}{6+5}=72$(枚)である。もし32回負けたとするとコインは50－1×32＝18(枚)になり，1回の負けを勝ちにおきかえると枚数は2＋1＝3(枚)増えるから，A君が勝った回数は，

(72－18)÷3＝18(回)

［3］

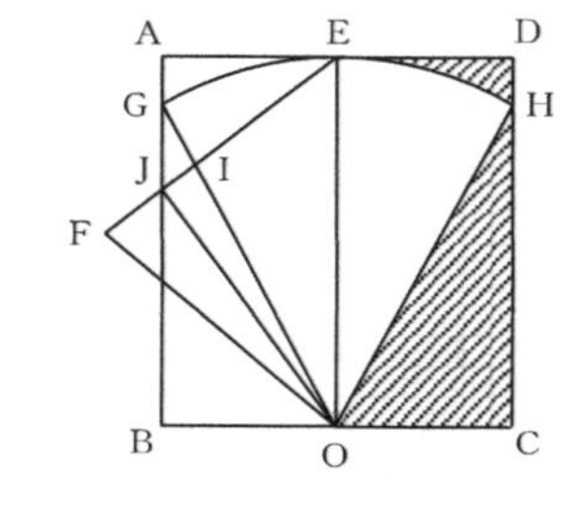

⑴　**【解き方】EIとJFがそれぞれEFの何倍の長さかを求める。**

EI：IF＝3：2より，$EI=EF\times\frac{3}{3+2}=EF\times\frac{3}{5}$

EJ：JF＝3：1より，$JF=EF\times\frac{1}{3+1}=EF\times\frac{1}{4}$

よって，$EI:JF=(EF\times\frac{3}{5}):(EF\times\frac{1}{4})=12:5$

⑵　**【解き方】三角形OEJと三角形OIFの面積の差が28㎠で，三角形OIJは共通の部分なので，三角形OEIと三角形OJFの面積の差は28㎠である。**

この2つの三角形の面積比から三角形OEIの面積を求める。次に，EI：EJから三角形OEJの面積を求める。

(三角形OEIの面積)：(三角形OJFの面積)＝EI：JF＝12：5で，この比の数の12－5＝7が28㎠にあたるから，三角形OEIの面積は，$28\times\frac{12}{7}=48$(㎠)

⑴より，$IJ=EF\times(1-\frac{3}{5}-\frac{1}{4})=EF\times\frac{3}{20}$だから，$EI:IJ=(EF\times\frac{3}{5}):(EF\times\frac{3}{20})=12:3$

(三角形OEIの面積)：(三角形OEJの面積)＝EI：EJ＝12：(12＋3)＝4：5だから，

(三角形OEJの面積)＝(三角形OEIの面積)$\times\frac{5}{4}=48\times\frac{5}{4}=60$(㎠)

⑶　**【解き方】三角形OEJの面積は長方形ABOEの面積の$\frac{1}{2}$だから，三角形OEJの面積から正方形ABCDの面積を求めることができる。正方形ABCDの面積から，OE×OEの値(あたい)を求められるので，おうぎ形OHEの面積も求められる。**

長方形ABOEの面積は，60×2＝120(㎠)だから，正方形ABCDの面積は，120×2＝240(㎠)

したがって，OE×OE＝240である。角EOH＝60°÷2＝30°だから，おうぎ形OHEの面積は，

$OE\times OE\times 3.14\times\frac{30°}{360°}=240\times\frac{1}{12}\times 3.14=62.8$(㎠)

長方形EOCDの面積は120㎠だから，斜線部分の面積は，120－62.8＝57.2(㎠)

［4］

⑴　**【解き方】容器を横にたおしたときに水面がちょうど半分の高さになったのだから，水とおもりの体積の和は，**

容器の容積のちょうど半分である。

容器の容積のちょうど半分は，容器を立てたときの高さ34÷２＝17(㎝)分だから，おもりの体積は高さ17－15＝２(㎝)分である。よって，おもりの体積は，10×10×3.14×２＝200×3.14＝628(㎤)

(2)　**【解き方】水の体積→容器の底面積とおもりの底面積の差→水面の高さ，の順で求める。**

容器の底面積は，10×10×3.14＝100×3.14(㎠)だから，水の体積は，100×3.14×15＝1500×3.14(㎤)

おもりの底面積は，(200×3.14)÷20＝10×3.14(㎠)だから，容器とおもりを立てたとき，水が入っている部分の底面積は，100×3.14－10×3.14＝90×3.14(㎠)　　よって，求める水面の高さは，$\frac{1500\times3.14}{90\times3.14}=\frac{50}{3}=16\frac{2}{3}$(㎝)

(3)　**【解き方】(水の体積)÷(おもりの高さ)を計算することで，水が入っている部分の底面積が何㎠以下になれば，水面の高さが20㎝以上になるかがわかる。(1)より，おもりの体積は容器の高さ２㎝分と等しいことを利用する。**

(水の体積)÷(おもりの高さ)＝(1500×3.14)÷20＝75×3.14(㎠)だから，おもりが完全に水中に入ったとき，水が入っている部分の底面積は75×3.14(㎠)以下である。水が入っている部分の底面積はおもりを１本入れるたびに，100×3.14(㎠)→90×3.14(㎠)→80×3.14(㎠)→70×3.14(㎠)と変化するから，おもりは３本入っている。

よって，求める水面の高さは，15＋２×３＝21(㎝)

［５］

(1)　**【解き方】10分間という時間に関係なく，同じ時間に印刷する枚数の比を求めればよい。**

Ａは毎秒$\frac{32}{15}$枚，Ｂは毎秒$\frac{64}{25}$枚印刷できるから，求める比は，$\frac{32}{15}:\frac{64}{25}$＝５：６

(2)　**【解き方】Ａ１台とＢ１台が同じ時間に印刷する枚数の比が５：６だから，これが１：１になるようにするには，ＡとＢの台数の比を５：６の逆比の６：５にすればよい。**

ＡとＢの台数の比が６：５で，この比の数の６－５＝１が２台にあたるから，Ａの台数は，２×$\frac{6}{1}$＝12(台)

(3)　**【解き方】「Ａ数台とＢ数台が同じ時間に印刷する枚数の比」を「Ａ１台とＢ１台が同じ時間に印刷する枚数の比(５：６)」で割れば，ＡとＢの台数の比を求められる。**

「Ａ数台とＢ数台が同じ枚数を印刷するのにかかった時間の比」は，$37\frac{30}{60}:12\frac{30}{60}$＝３：１だから，

「Ａ数台とＢ数台が同じ時間に印刷する枚数の比」はこの逆比の１：３である。

したがって，ＡとＢの台数の比は，$\frac{1}{5}:\frac{3}{6}$＝２：５で，この比の数の５－２＝３が15台にあたるから，

Ａは15×$\frac{2}{3}$＝10(台)ある。よって，Ａが印刷した枚数は，$\frac{32}{15}\times10\times(37\frac{30}{60}\times60)$＝48000(枚)

《2022　理科　解説》

［１］

(1)　月は自ら光を発することなく，太陽の光を反射させることで光って見える。月が地球の周りを公転することで，地球から見た月と太陽の位置関係が変化し，月の光って見える部分の形が変化する。

(2)(5)　図１で，４つの月はすべて太陽がある左半分が光っている。よって，地球からＨにある月を見ると，右半分が光って見える。この位置にある月を上弦(じょうげん)の月といい，ここから反時計回り(Ａの向き)に90度回転するごとに，満月→下弦の月(南の空で左半分が光って見える)→新月→次の上弦の月…というように形が変化していく。

(3)　月の形は約29.5日の周期で変化する。月が地球を公転する周期もこれとほぼ等しい(公転する周期の方が少し短く約27.3日である)。

(4)　満月は，右側から少しずつ欠けていって下弦の月になり，さらに大きく欠けていって新月になる。満月が真南に見えるのは午前０時ごろ，下弦の月が真南に見えるのは午前６時ごろだから，真南に見える時刻は少しずつおそくなっていく。なお，アやウの左から２番目のような欠け方は，月食のときに見られる欠け方である。

⑹　同じ日であれば，月の光っている部分は地球のどの地点から見ても同じだから，図２で左半分が光っているとき，図３では右半分が光っていることになる。よって，イと比べて欠け方が上下左右反対になるエが正答となる。

⑺　角度は，新月のときが０度，上弦の月と下弦の月のときが90度，満月のときが180度である。また，上弦の月と下弦の月のときの明るく見える部分の面積は満月のときの半分だから，明るく見える部分の割合は新月のときが０，上弦の月と下弦の月のときが0.5，満月のときが１である。

⑻　太陽，地球，月(満月)の順に一直線にならび，月が地球のかげに入ることで，月が欠けて見える現象を月食という。図６で，北極と南極を通る太陽光の進み方を考えると，ＰとＲは地球のかげに入らず(太陽光があたり)，Ｑは地球のかげの入ることがわかる。

⑼　図５で，月は地球の周りを反時計回りに公転しているので，地球から見て月の左側から少しずつ欠けていく。このとき，暗くなる部分には地球のかげが映っていることになるので，エではなくウのような欠け方になる。

［２］

⑵　①表１の実験１～５の結果から考える。　②表２の実験６～10の結果から考える。

⑶　ふたを開けておくことで，発生した気体が空気中へ出ていったと考えればよいから，気体発生前後の全体の重さの差が発生した気体の重さである。よって，実験６で発生した気体は41.32－41.1＝0.22(ｇ)である。同様に考えると，実験７では0.44ｇ，実験８では0.66ｇ，実験９では0.80ｇ，実験10では0.80ｇである。

⑷⑸　表２より，石灰石が0.5ｇ反応すると気体が0.22ｇ発生し，塩酸30mLがすべて反応すると気体が0.80ｇ発生することがわかる。よって，塩酸30mLと過不足なく反応する(0.80ｇの気体を発生させるのに必要な)石灰石は0.5 $\times\frac{0.80}{0.22}$＝1.81…→1.8ｇである。つまり，石灰石がこれより少ない実験６～８では石灰石が残ることはなく，石灰石がこれより多い実験９と10では反応しきれなかった石灰石が残る。

［３］

⑴　食べ物の通り道である，口→食道→胃→小腸→大腸→こう門という一続きの管を消化管という。

⑵　かん臓では，脂肪(しぼう)の分解を助ける胆汁(たんじゅう)がつくられ，胆汁は小腸の入り口の十二指腸に送られる(と中に胆汁をたくわえるための胆のうがある)。すい臓では，でんぷん・たんぱく質・脂肪を分解するすい液がつくられ，すい液は十二指腸に送られる。

⑷　ダイコン片をふっとうしたお湯で煮(に)ていないＢでは酸素が発生した温度があるが，ダイコン片をふっとうしたお湯で煮たＣではどの温度でも酸素が発生していないことに着目する。

⑸　Ｂにはダイコン片だけでなく砂を混ぜて入れたので，Ｂで酸素が発生した原因がダイコン片によるものか砂によるものか判断ができない。

⑺　Ⅰの文章に，「動物は酵素のはたらきで食べ物を養分に分解して，生きていくためのエネルギーを作ることができる」とある。また，Ⅱの実験結果より，生物の体にあるカタラーゼは温度が低いとはたらきにくくなる(０度でははたらかない)ことがわかる。

［４］

⑴　このばねは20ｇで１㎝伸(の)びるから，30ｇでは $1\times\frac{30}{20}$＝1.5(㎝)伸びる。

⑵　同じ重さによって伸びる長さと縮む長さは同じだから，差が７㎝のとき，伸びた長さと縮んだ長さはどちらも７÷２＝3.5(㎝)である。よって，3.5㎝伸ばすのに必要な重さを求めると，20×3.5＝70(ｇ)となる。

⑶　支点の左右で棒をかたむけるはたらき〔おもりの重さ(ｇ)×支点からの長さ(㎝)〕が等しくなると，棒は水平になる。ここでは支点からの長さを支点からの点の数に置きかえて考える。支点から５個目の点であるＢにつるした30ｇのおもりが棒を左にかたむけるはたらきは30×５＝150だから，50ｇのおもりは支点から右に150÷50＝３

(個目)の点であるＪにつるせばよい。

(4)　イ×…ＨからＪへ２個分右側に移動させたときには伸びが５cm減り，ＪからＬへ２個分右側に移動させたときには伸びが１cm減っている。　ウ×…ばねの伸びは，ばねをつける位置によって異なる。　エ×…おもりをつるす位置を左に移動させる操作をしていないので，表１の結果からはわからない。なお，実際には，おもりをつるす位置を左に移動させると，棒を左にかたむけるはたらきが大きくなるので，ばねの伸びは大きくなる。

(5)　おもりが棒を左にかたむけるはたらきは30×４＝120だから，ばねを引く力は120÷６＝20(ｇ)である。よって，ばねは１cm伸びる。

(6)　力点がＡのときは支点から力点までの長さが点12個分であり，力点がＥのときは支点から力点までの長さが点８個分である。よって，支点から力点までの長さが$\frac{8}{12}=\frac{2}{3}$(倍)になると，ばねの伸び(力点がばねを引く力)は$\frac{3}{2}$倍になる。力点がＡのときとＩのときについても同様に考えると，支点から力点までの長さが$\frac{4}{12}=\frac{1}{3}$(倍)になると，ばねの伸びが$\frac{6}{2}=3$(倍)になっていることがわかる。$\frac{2}{3}\times\frac{3}{2}=1$，$\frac{1}{3}\times 3=1$より，反比例の関係がある。

(7)　ばねの縮みが３cmになるのは20×３＝60(ｇ)，４cmになるのは20×４＝80(ｇ)の重さがかかるときだから，ばねにかかる重さが60ｇ以上80ｇ以下になるときを考えればよい。(6)の関係から，作用点にかかる重さと力点にかかる重さの比は，支点から作用点までの長さ(Ｘとする)と支点から力点までの長さ(Ｙとする)の逆比と等しくなると考えることができる。Ｍを支点，Ｅを作用点，おもりをつるす点を力点と考えると，Ｅにかかる重さが60ｇになるのは，Ｘ：Ｙ＝100：60＝５：３のときであり，Ｘは点８個分の長さだから，Ｙは点$8\times\frac{3}{5}=4.8$(個分)の長さになる。Ｅにかかる重さが80ｇになるときについて同様に考えると，Ｘ：Ｙ＝100：80＝５：４より，Ｙは点$8\times\frac{4}{5}=6.4$(個分)の長さである。この範囲(はんい)にあるのは，Ｍから５個目のＨと６個目のＧである。

(8)　板１では，Ｎが力点，Ｏが作用点，Ｐが支点である。板２では，Ｑが支点，Ｒが力点，Ｓが作用点である。

(9)(10)　Ｎに加わる力を[1]として(7)解説と同様に考えると，ＮＰ：ＯＰ＝(50＋10)：10＝６：１より，ＮとＯに加わる力の比は１：６だから，Ｏにかかる力は[6]となる。さらに，Ｒに加わる力はＯに加わる力と同じ[6]だから，ＱＲ：ＱＳ＝50：(50＋25)＝２：３より，Ｓに加わる力は[6]$\times\frac{2}{3}=$[4]となる。よって，Ｓに取り付けたばねが５cm縮んだとき，Ｓに加わる力は20×５＝100(ｇ)だから，Ｎに加わる力はその$\frac{1}{4}$倍の25ｇである。

(11)　例えば，図10で，棒(ＯＲ)を５cm右に動かして(10)と同じ力を加えると，ＮＰ：ＯＰ＝60：５＝12：１より，Ｏ(Ｒ)に加わる力は25×12＝300(ｇ)になり，ＱＲ：ＱＳ＝55：75＝11：15より，Ｓに加わる力は$300\times\frac{11}{15}=220$(ｇ)になる。これは(10)でＳに加わる力(100ｇ)よりも大きい。なお，Ｒに加わる力が(10)と同じであったとしても，Ｒを右に移動させたときの方がＳに加わる力は大きくなる。

《2022　社会　解説》

［１］

問１(1)　前方後円墳は近畿地方を中心に各地に広がった。　**(2)**　古墳時代，大和(現在の奈良県)の豪族が強い勢力をほこり，やがてヤマト王権(大和朝廷)を中心にまとまり，九州から関東北部まで支配した。

問２　聖武天皇は，奈良時代に仏教の力で世の中を安定させようとして全国に国分寺を，奈良の都に東大寺と大仏をつくらせた。

問３　阿倍仲麻呂は奈良時代に遣唐使として派遣された後，中国で一生を終えた。

問４　平清盛は，平安時代末期に大輪田泊(兵庫の港)を整備し，厳島神社に海路の安全を祈願して，日宋貿易を進めた。

問５　「あ」と「い」が誤り。「あ」について，「京都所司代」ではなく「六波羅探題」である。京都所司代は江戸幕府によって設置された。「い」について，「足利義政」ではなく「足利義満」である。足利義満は，南北朝の統一，室町に花の御所の建設，日明貿易の開始，金閣の建立などで知られる。

問６　選別農具の唐箕（とうみ），脱穀機の千歯こきの他，揚水機の踏車，田起こしのための備中ぐわなども発明された。

問７　幕末の「う」と「か」を選ぶ。「う」は19世紀後半の尊王攘夷運動，「か」は1837年の大塩平八郎の乱。「あ」は1615年，「い」は1613年，「え」は17世紀末，「お」は17世紀前半。

問８　「お」が正しい。藤原清衡などの奥州藤原氏は平安時代後半に平泉で栄えた。「あ」について，菅原道真の提案で遣唐使の派遣は停止された。「い」について，「紫式部」ではなく「清少納言」である。紫式部は『源氏物語』などの長編小説を書いた。「う」について，「奈良」の平城京から「京都」の平安京に遷都された。「え」について，「藤原道長」ではなく「藤原頼通」である。

問９⑵　鎌倉時代以降に定期市が開かれるようになり，中国から輸入された宋銭や明銭が使われていた。

［２］

問１⑴　五稜郭は中世ヨーロッパの城塞都市をモデルにつくられたから，「う」を選ぶ。　**⑵**　1853年にペリー率いる黒船が浦賀に来航し，翌年の日米和親条約締結で，寄港地として下田・函館の２港を開かせた。

⑶　「え」が正しい。明治政府は四民平等をスローガンに士農工商の身分差別を廃止した。「あ」について，五箇条の御誓文は明治天皇が神に誓う形式であらわされた。「い」について，廃藩置県では，府知事・県令が政府によって派遣された。「う」について，学制で満６歳以上の男女全てが小学校で初等教育を受けることとされたが，授業料の負担が重く，子どもは大切な働き手であったため，当初は就学率（特に女子）が伸びなかった。

問２　殖産興業政策として，生糸の品質や生産技術の向上を目的に，フランス製機械を輸入し，フランス人技師を雇って富岡製糸場をつくった。世界で最初に産業革命が起こり工場制機械工業のさかんになったイギリスは，安く良質な綿織物などの工業製品を大量に輸出したので，世界の工場と呼ばれた。

問３⑴　徴兵令では，満20歳以上の男子に兵役の義務が負わされた。　**⑵**　日清戦争の講和条約である下関条約で，日本は多額の賠償金や台湾・澎湖諸島・遼東半島（後に三国干渉で清に返還）を獲得した。

問４　「お」が正しい。　Ａ．日英同盟は，ロシアの南下政策に対抗するために結ばれた。　Ｂ．日露戦争の講和条約であるポーツマス条約では，賠償金が得られなかったために日比谷焼打事件につながった。

問５　1945年３月末，沖縄島にアメリカ軍が上陸すると，多数の民間人を巻きこむ地上戦が繰り広げられた。沖縄戦の激戦地となった糸満市には，平和祈念公園やひめゆりの塔がある。

問６　戦後の日本は戦後連合国によって占領されていた。連合国軍最高司令部（ＧＨＱ）は言論の自由を認めつつも，新聞やラジオを検閲していた。

問７（Ａ）　問３⑵の解説参照。　**（Ｂ）**　日露戦争後のポーツマス条約では，南樺太が日本に割譲された。

問８　「え」が誤り。日本は，アメリカが石油の供給をストップしたことで資源の確保が必要となり，石油，スズ，ニッケル，ゴムなどが豊富な東南アジアへ進攻した。

問９　「う」が誤り。1972年に日中共同声明が発表され，1978年に日中平和友好条約が結ばれた。

［３］

Ａ－問１　「え」が正しい。「あ」について，18歳になる年は大学受験などに重なるので成人式の開催時期が検討されている。「い」について，健康被害やギャンブル依存症への懸念から，飲酒や喫煙，競馬や競輪は20歳の基準が維持される。「う」について，女性が結婚できる年齢は16歳から18歳に引き上げられる。「お」について，少年法の適用年齢を20歳未満から18歳未満と変更すべきかが議論されている。

問２　「う」が正しい。両院の議決が異なる場合には，衆議院が出席議員３分の２以上で再可決すれば法律となる。

問３⑴　「う」と「お」と「か」が誤り。「う」について，貴族院は皇族・華族のほか，天皇が任命した議員で構成されたため，選挙では選ばれなかった。「お」について，日本国憲法は 1946 年 11 月 3 日に公布され，1947 年 5 月 3 日に施行された。「か」について，第 1 回衆議院議員総選挙のとき，直接国税 15 円以上を納める満 25 歳以上の男子は国民の 1.1%程度であった。　(2)　用事があって当日投票所に行けない人でも，期日前投票が利用できる。
(3)　「お」が正しい。Aは「50 の州」「大統領」「二つの政党(民主党・共和党)」からアメリカ，Bは「一つの政党(中国共産党)が中心となって国家の政治を指導」から中国，Cは「同じ民族(朝鮮民族)が二つの地域に分断された」から韓国，「D」は「イスラム教」「男性が中心」からサウジアラビアと判断する。また，サウジアラビアでは国王だけが選挙権を持つ。

B-問 1(1)　1945 年 8 月 6 日の広島への原爆投下後，巨大なきのこ雲が発生して，放出された放射性物質が風で北西の方角に広まった後，雨によって地上に降下した。　(2)　「え」が正しい。「あ」について，「黒い雨」を浴びた人たちが原告側，国・県・市が被告側となった。「い」について，「黒い雨」訴訟は民事裁判だが，裁判員制度は重大な刑事裁判の第一審に導入されている。「う」について，国の行政組織や地方自治・通信などに関する仕事を行うのは総務省である。

問 2　「あ」が誤り。ユニバーサルデザインは，すべての人が使いこなせるようにつくられた製品や施設などのデザインであり，観光客を増やすためのものではない。

問 3　東京電力が運転する福島第一原子力発電所で起こった事故だから，「う」を選ぶ。

問 4　「い」が正しい。北海道旧土人保護法による同化政策でアイヌ語やアイヌ文化が消滅の危機にあったため，1997 年にアイヌ文化振興法が制定された。クマソは九州地方の先住民である。

問 5　イスラム教を信仰する少数民族で，人権問題に発展していることから，ウィグル族と判断して「う」を選ぶ。

[4]

問 1 A　屋久島は鹿児島県にあるので「×」を選ぶ。　B　白神山地は秋田県にあるので「い」を選ぶ。
C　知床半島は北海道にあるので「あ」を選ぶ。「う」は熊本県・大分県・福岡県・佐賀県，「え」は新潟県・福島県・群馬県にある。

問 2　「か」が正しい。Aは長野県と新潟県で川の名前が変わることから，日本最長の信濃川と判断してウを選ぶ。Bは「坂東太郎」と呼ばれることから，日本で二番目に長い利根川と判断してイを選ぶ。Cは輪中が作られたことから，標高約 2500m 地点を源流とする木曽川と判断してアを選ぶ。

問 3　A→Bは石狩平野→日高山脈→十勝平野なので図 1，C-Dは日本アルプスを通るので図 3，E-Fは中央に瀬戸内海があるので，中央に 0 m のある図 2 と判断する。よって，アは北海道の気候なので冬の寒さが厳しい「お」，イは瀬戸内の気候なので比較的に温暖で一年を通して降水量が少ない「い」，ウは内陸の気候なので，冬の気温が低く一年を通して降水量が少ない「え」を選ぶ。「あ」は日本海側の気候，「う」は太平洋側の気候。

問 4　海岸線の長い「あ」と「い」は北海道と長崎県で，農業産出額の高い「あ」を北海道，「い」を長崎県と判断する。残ったうち，農業産出額の高い「う」は畜産業の盛んな鹿児島県，海岸線が長い「え」は島の多い沖縄県，漁業漁かく量の多い「お」は愛媛県と判断する。

問 5　「う」が正しい。農業人口が減少するにつれて耕作放棄地の面積が増加していったことから，同時期に減少し続けているBを農業人口，増加し続けているCを耕作放棄地と判断する。残ったAは漁かく量となる。

問 6　Cのみ誤りだから「い」を選ぶ(右図参照)。

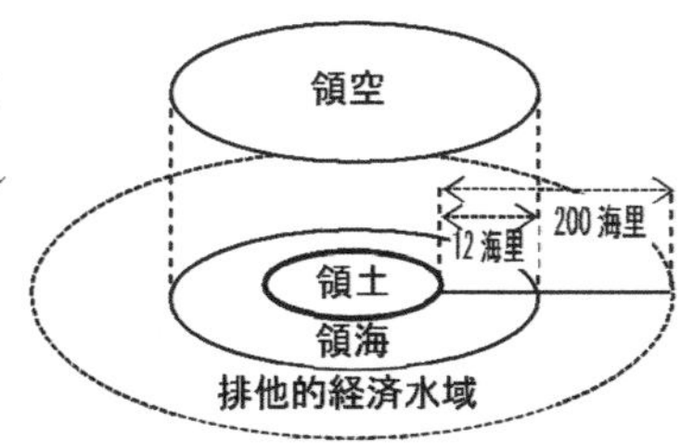

問 7　商品の購入履歴やサイトの訪問履歴などのユーザーデータから，A I が属性や行動履歴を分析して，抽出されたターゲットに対して広告を表示している。

★広島学院中学校

《国　語》

一　問一．①通勤する時の様子　②満員電車〔別解〕大勢がすきまなく乗った電車　問二．Ⅰ．ぶつかりながら歩くからという意外な答えにおどろく気持ち。　Ⅱ．6　問三．エ　問四．A．エ　B．ア　C．イ　D．オ　E．ウ　F．カ　問五．7，9，15　問六．世界や他人／世界を感受　問七．もんどり打って尻もちついた私に　問八．Ⅰ．しめったマッチ棒　Ⅱ．火打ち石　問九．ア．娘さん　イ．孤立した心　ウ．やさしさ
問十．1．不意　2．評判　3．構内　4．領域

二　問一．息　問二．A．イ　B．オ　C．ア　D．エ　問三．他人からどう思われてもいいと思いきることで、すっきりしたかったから。　問四．ウ　問五．エ　問六．イ　問七．千羽鶴を散らしたみたい
問八．原爆で失われた町や命に思いを寄せながら歩くということ。　問九．オ
問十．1．改札　2．補強　3．縮　4．気配

《算　数》

［１］　(1)$\frac{5}{24}$　(2)102　(3)1.35　(4)8　(5)1015　(6)4

※［２］　(1)23　(2)52，30　(3)86，20

※［３］　(1)18　(2)24　(3)34.5

※［４］　(1)96　(2)17　(3)26

※［５］　(1)10　(2)13　(3)20

※の計算は解説を参照してください。

《理　科》

［１］　(1)ウ　(2)エ　(3)イ　(4)イ　(5)イ

［２］　(1)イ　(2)エ　(3)ウ　(4)エ　(5)イ

［３］　(1)ア，ウ　(2)エ　(3)エ　(4)ウ　(5)①B．蒸発　C．840　②57　(6)ウ

［４］　(1)エ　(2)①C　②A　③B　最も明るい場所の結果…A　(3)イ，ウ，エ　(4)上がる　理由…Bの面積が大きくなると，Aに集まる光の量が増えるから。
(5)88　(6)18　(7)65　(8)①イ　②×　③エ
(9)右図　(10)右図

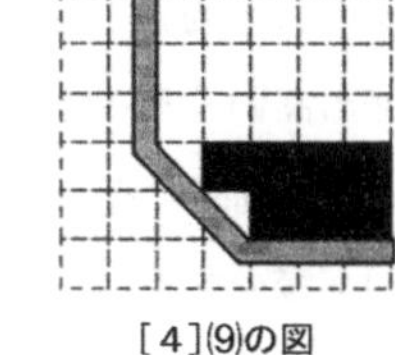
［４］(9)の図

［４］(10)の図

《社　会》

［1］　問1．広島平和記念都市建設法　問2．い　問3．え　問4．⑴持続可能な開発目標〔別解〕ＳＤＧｓ
⑵あ　問5．う

［2］　問1．い　問2．⑴え　⑵い　問3．⑴調　⑵女性に比べて男性の税負担が重かったから。　問4．藤原
問5．田楽　問6．う，か

［3］　問1．え　問2．う→あ→え→い　問3．⑴ヨーロッパ　⑵第一次世界大戦　問4．あ
問5．Ａ．え　Ｂ．い　問6．太平洋戦争による戦中戦後の食料不足で十分な食事がとれなかったから。
問7．⑴冷戦　⑵1990年から2019年にかけて，核兵器保有国の数は増えています　問8．核の傘

［4］　問1．⑴え　⑵い　問2．①大分　②福岡　③佐賀　問3．Ａ．あ　Ｂ．う

［5］　問1．75　問2．⑴アメリカ軍による空爆が始まったから。　⑵①Ｆ　②Ｄ　③Ｅ　問3．Ａ．き　Ｂ．お

広島学院中学校

←解答例は前のページにありますので，そちらをご覧ください。

《2021　国語　解説》

一　問二Ⅰ　一人で通勤するのは大変ではないかと問われた娘さんは「大変は大変ですけれど～ぶつかりながら歩きますから、なんとか……」とぶつかることが助けになるような言い方をした。一般的にぶつかるのは嫌なことなので、≪文章≫で筆者は「思いもかけない返辞」と感じ、「(司会者の)奈良和さんも、ちょっと、あっけにとられたふう」だった。　Ⅱ　6に、目の見える人は、「人や物を　避けるべき障害」と感じると書かれている。

問三　「無遠慮に不作法にぶつかりあって」いるというのは、「ぶつかる」ということについて考えてみたことがなかった、今までの筆者の感じ方なので、エが答え。アは、≪文章≫全体の内容と一致する。イは、「他人とぶつかること～意味深さなどを感じたことはそれまで一度もありませんでした」などから、≪文章≫の内容と合う。ウは、［F］の1～2行後の『『ぶつかる』ということの持つ値打ちが、目の見える人の場合とは比べようもなく大きいのです」と一致する。オは、――線部⑥をふくむ、「『ぶつかる』ということが、目の不自由な娘さんにとっては、見えない世界と～絶えず結ばれてゆくための不可欠の条件」と一致する。

問五　7の「ぶつかってくる人や物を　世界から差しのべられる荒っぽい好意として」、9の「それは～彼女を生き生きと緊張させるもの　したしい障害　存在の肌ざわり」、15の「物たちが　ひしめいていた～したしい聖歌隊のように」を参照。「好意」や「したしい」という言葉から「いやなだけではないもの」だとわかる。

問六　「ぶつかる」ことが目の不自由な娘さんにとってどういうことなのかが書かれた部分を探す。══線部3の1行後の「ぶつかることで世界や他人とのふれあいを意味あるものとして意識する」と、［F］の直後の「ぶつかることを通じて世界を感受し所有し、その中で生きるための位置を見つけている」からぬき出す。

問七　目の見えない人にとっては「ぶつかる」ことが、世界とつながるために必要だということを娘さんの言葉によって教えられ、私は「強い衝撃」を受けた。その娘さんとの出会いを「ぶつかってきた彼女」と「ぶつかる」というイメージで表し、衝撃を受けたことも「避けようもなく　もんどり打って尻もちついた私」と比ゆで表現している。

問八　「ぶつかる」ことで世界とふれあっている娘さんを、打ち合わせることで火花をちらして火をつける「Ⅱ火打ち石」に、ぶつかることを嫌悪し、避けてきた(火をつけることのない)「私たち」を「Ⅰしめったマッチ棒」にたとえている。

問九　≪文章≫の「金を、たぐいないやさしさに置き変え、手でふれられるものを、孤立している私たちになぞらえてみたい」と「娘さんは、無愛想な人のとげとげした心に、手をふれ、それらを孤立から解放しやさしく結び合わせながら過ぎてゆくように思えます」から、「ふれる」主語である[ア]には、「娘さん」が入る。また、娘さんによってふれられるものは、「孤立している私たち」(「無愛想な人」)の「とげとげした心」だから、[イ]は「孤立した心」などとするのがよい。[ウ]は「金を、たぐいないやさしさに置き変え」から、「やさしさ」が適する。

二　著作権に関係する弊社の都合により本文を非掲載としておりますので、解説を省略させていただきます。ご不便をおかけし申し訳ございませんが、ご了承ください。

《2021　算数　解説》

［1］

(1)　与式$=(\frac{3}{10}+\frac{4}{27}\times\frac{3}{5})\times(\frac{9}{7}-\frac{3}{4})=(\frac{3}{10}+\frac{4}{45})\times(\frac{36}{28}-\frac{21}{28})=(\frac{27}{90}+\frac{8}{90})\times\frac{15}{28}=\frac{7}{18}\times\frac{15}{28}=\frac{5}{24}$

(2)　**【解き方】つるかめ算を利用するために，1200個すべてをこわさずに運ぶと仮定する。**

1200個すべてをこわさずに運ぶと，30×1200＝36000(円)もらうことができ，27840円より36000－27840＝8160(円)多くなる。1個こわすごとにもらえる金額は30＋50＝80(円)少なくなるから，求める個数は，8160÷80＝102(個)

(3)　**【解き方】(水が入る部分の底面積)×(深さ)で水の体積を求める。**

水が入る部分の底面は，縦が 130－2.5×２＝125(cm)，横が 140－2.5×２＝135(cm)の長方形だから，底面積は，125×135＝16875(cm²)である。水の深さが 80 cmとなるのは，16875×80＝1350000(cm³)の水を入れたときである。1 m³＝１m×１m×１m＝100 cm×100 cm×100 cm＝1000000 cm³だから，求める水の体積は，$\frac{1350000}{1000000}$＝1.35(m³)

(4) 和が 20 になる３つの数の組み合わせは，(１，９，10)(２，８，10)(３，７，10)(３，８，９)(４，６，10)(４，７，９)(５，６，９)(５，７，８)の８通りある。

(5) **【解き方】求める４けたの整数は，34 の倍数に１～33 のいずれかの数を足した数だから，まずは 1000 に最も近い３けたの 34 の倍数を探す。**

1000 に最も近い３けたの 34 の倍数は，1000÷34＝29 余り 14 より，34×29＝986 である。求める数はこれに 29 を加えた，986＋29＝1015

(6) **【解き方】４つの異なるものから２つを選ぶ組み合わせは６通りだから，４つの整数はすべて異なる。４つの整数を小さい順にａ，ｂ，ｃ，ｄとすると，２つの数の和について右表のようにまとめられる。**

大きい方から		
１番目	ｃ＋ｄ	
２番目	ｂ＋ｄ	
３番目	ａ＋ｄかｂ＋ｃ	47
４番目	ａ＋ｄかｂ＋ｃ	40
５番目	ａ＋ｃ	28
６番目	ａ＋ｂ	

ｃ＋ｄとｂ＋ｄの差が８なので，ｂとｃの差は８である。

ｂとｃの和は 47 か 40 である。ｂとｃの和が 47 だとすると，

ｃ＝(47＋８)÷２＝27.5 となり整数ではなくなる。したがって，ｂとｃの和は 40 で，ｃ＝(40＋８)÷２＝24

ａ＋ｃ＝28 だから，ａ＝28－24＝４

[２]

(1) **【解き方】ポンプＡは３＋２＝５(分)ごとに８×３＝24(Ｌ)の水をくみ出すことができる。**

５分ごとの運転を 120÷24＝５(回)くり返すとタンクが空になる。しかし，最後の２分間はポンプＡが休んでいただけの時間だから，タンクが空になるのにかかった時間は，25－２＝23(分)

(2) (1)をふまえる。260÷24＝10 余り 20 より，５分ごとの運転を 10 回くり返すと残りが 20Ｌになる。

ここからは１分ごとで考えて，あと 20÷８＝2.5(分)，つまり２分(0.5×60)秒＝２分 30 秒でタンクは空になる。

よって，求める時間は，５分×10＋２分 30 秒＝52 分 30 秒

(3) **【解き方】ポンプＢは８＋２＝10(分)ごとに４×８＝32(Ｌ)の水をくみ出すことができる。したがって，ポンプＡとＢを同時に動かすと，10 分ごとに 24×$\frac{10}{5}$＋32＝80(Ｌ)の水をくみ出すことができる。**

700÷80＝８余り 60 より，10 分ごとの運転を８回くり返すと残り 60Ｌになる。このあと５分経過すると，ポンプＡが 24Ｌ，ポンプＢが４×５＝20(Ｌ)くみ出すから，残り 60－24－20＝16(Ｌ)になる。ここからは１分ごとで考える。１分で８＋４＝12(Ｌ)くみ出すことができるから，16÷12＝$1\frac{1}{3}$(分)，つまり１分($\frac{1}{3}$×60)秒＝１分 20 秒でタンクが空になる。よって，求める時間は，10 分×８＋５分＋１分 20 秒＝86 分 20 秒

[３]

(1) **【解き方】ＰよりＱの方が速いのだから，ＱがＰの真下にくるまではＰＱの長さは短くなり続ける。そのあとはどちらかが止まるまでＰＱの長さが長くなり続け，右図のように四角形ＡＢＱＰが等脚台形になったとき，ＡＢ＝ＰＱとなる。**

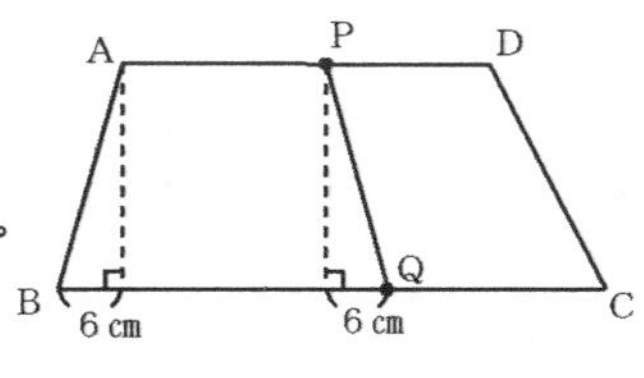

図のようになるのは，ＱがＰよりも６＋６＝12(cm)多く進んだときだから，

12÷(２－$\frac{4}{3}$)＝18(秒後)である。

(2) **【解き方】30 秒の時点での台形ＡＢＱＰの面積から，高さにあたる(あ)の長さを求められる。**

グラフは 30 秒になるまで面積が一定の割合で増えているので，30 秒まではＰとＱが両方とも動いていたとわかる。

30 秒の時点で，ＡＰ＝$\frac{4}{3}$×30＝40(cm)，ＢＱ＝２×30＝60(cm)だから，ＡＰ＋ＢＱ＝40＋60＝100(cm)である。

このときの台形ＡＢＱＰの面積が 1200 cm²だから，(あ)＝1200×２÷100＝24(cm)

(3) **【解き方】四角形ＰＱＣＤが平行四辺形となるのは，右図のように**

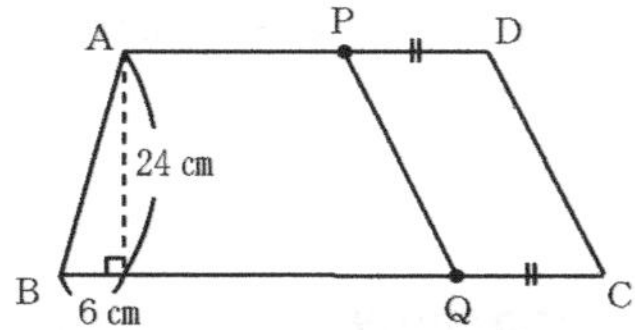

ＰＤ＝ＱＣとなるときである。Ｑの方が速いのだから，このあとはＰがＤに着くよりも先にＱがＣに着き，それは出発してから 30 秒後のことである。

四角形ＰＱＣＤが平行四辺形になるとき，ＰＤ＝ＱＣ＝432÷24＝18(cm)

このあとＰがＤに着くまでにかかる時間は，$18\div\frac{4}{3}$＝13.5(秒)，ＱがＣに着くまでにかかる時間は，18÷２＝９(秒)である。したがって，ＱがＣに着いた 13.5－９＝4.5(秒後)にＰがＤに着く。

よって，ＰがＤに着く時間，つまり，グラフの(い)の値(あたい)は，30＋4.5＝34.5(秒)

［４］　**【解き方】整数Ａに整数Ｂを次々に加えてつくったＣ個の数の列は，等間隔(とうかんかく)で並ぶ数の列になる。ｍからｎまで等間隔に並ぶｐ個の数の和は，$\frac{(m+n)\times p}{2}$で求められることを利用する。**

⑴　等間隔に並ぶ５個の数の和が 500 だから，最初の数と最後の数の和は，500×２÷５＝200

また，最後の数は最初の数に２×(５－１)＝８を加えた数だから，最初の数と最後の数の差は８である。

よって，[あ]＝(200－８)÷２＝96

⑵　等間隔に並ぶ 10 個の数の和が 795 だから，最初の数と最後の数の和は，795×２÷10＝159

よって，最後の数は 159－３＝156 で，最初の数との差は 156－３＝153 だから，[い]＝153÷(10－１)＝17

⑶　**【解き方】[う]＝①とし，([う]，１，３)の 10 倍と([う]，１，９)の３倍をそれぞれ丸数字を使って表す。**

([う]，１，３)は，①から①＋１×(３－１)＝①＋２までの３個の数の和だから，$\frac{\{①+(①+2)\}\times 3}{2}$＝③＋３

([う]，１，９)は，①から①＋１×(９－１)＝①＋８までの９個の数の和だから，$\frac{\{①+(①+8)\}\times 9}{2}$＝⑨＋36

したがって，(③＋３)×10＝㉚＋30 と(⑨＋36)×３＝㉗＋108 が等しいので，㉚－㉗＝③は 108－30＝78 にあたる。よって，[う]＝①＝$78\times\frac{①}{③}$＝26

［５］

⑴　**【解き方】２つの正方形の１辺の長さの和と差がそれぞれわかるから，１辺の長さを求められる。**

２つの正方形の１辺の長さは和が 25 cmで差が５cmだから，小さい正方形の１辺の長さは，(25－５)÷２＝10(cm)

よって，ＡＢ＝10 cm

⑵　⑴よりＢＣ＝25－10＝15(cm)だから，２つの正方形の面積の和は，10×10＋15×15＝325(cm²)

よって，三角形ＡＣＤの面積の２倍が 325 cm²だから，ＣＤ＝325÷25＝13(cm)

⑶　**【解き方】右のように作図する。２つの正方形の面積の和は三角形ＥＧＨの面積の２倍だから，長方形ＥＧＨＫの面積と等しい。したがって，長方形ＬＭＮＫと長方形ＮＨＩＪは面積が等しい。**

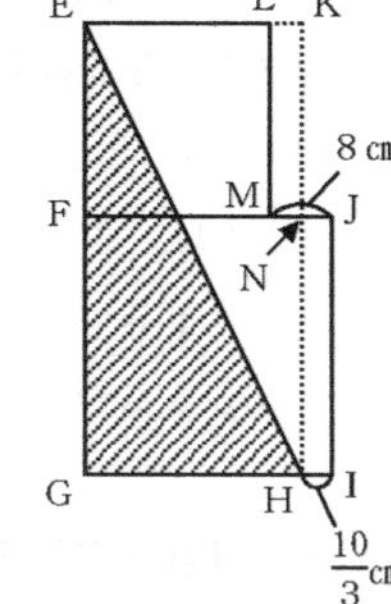

長方形ＬＭＮＫと長方形ＮＨＩＪは，横の長さの比がＭＮ：ＨＩ＝$(8-\frac{10}{3}):\frac{10}{3}$＝７：５で面積が等しいから，縦の長さの比は５：７である。したがって，２つの正方形の１辺の長さの比は５：７であり，この比の数の７－５＝２が８cmにあたるから，ＥＦ＝$8\times\frac{5}{2}$＝20(cm)

━━《2021　理科　解説》━━

［１］

⑴　Ａ×…ふっとうしている水の温度は 100℃で一定である。

⑵　Ａ×…すき通った液体は，色がついていても水溶液である。　Ｂ×…茶色の水溶液は，ろ過しても茶色のままである。

⑶　Ｂ×…塩酸にアルミニウムをとかした後に水を蒸発させると，アルミニウムとは別の物質(塩化アルミニウムという)が取り出せる。

⑷　Ａ○…塩酸と炭酸水は酸性，食塩水は中性，水酸化ナトリウム水溶液はアルカリ性である。酸性の水溶液は青

色リトマス紙を赤色に変え，アルカリ性の水溶液は赤色リトマス紙を青色に変える。中性の水溶液はどちらのリトマス紙の色も変えない。　B×…塩酸に水酸化ナトリウム水溶液を加えても，酸性のままだったときには，水を蒸発させると食塩が残る。食塩水は中性である。

(5)　A○…ミョウバンと食塩では，10℃でも30℃でも食塩の方が溶ける重さが重いので，20℃でも食塩水の方が重い。　B×…食塩は10℃と30℃で水に溶ける重さが同じなので，つぶを取り出すことはできない。また，ミョウバンは10℃の水150mLに $4\times\frac{150}{50}=12$ (g)溶けるので，つぶを取り出すことはできない。

［2］

(1)　イ×…メダカのオスとメスは背びれとしりびれで見分けることができる。

(2)　エ×…ヒトの子どもの血液は，母親の血液と混ざらずに酸素などを交かんする。

(3)　ウ×…モンシロチョウの幼虫は，たまごから出てきたときはうすい黄色をしている。

(4)　エ×…インゲンマメの発芽には，光は必要ない。

(5)　イ×…ヒトのはく息の中で最も多い気体はちっ素である。

［3］

(1)　ア，ウ○…川によるけずり取るはたらきをしん食という。しん食によるはたらきは，川の水が多いほど強く，川の曲がった所の外側にいくほど強い。

(2)　ア，イ×…川の上流ほど，より角張った石がたい積し，川の下流ほど，より小さな石や砂がたい積する。　ウ×…大雨などによって川の水量が増えると，川によってけずられたり運ばれたりする土砂は増え，流れがおそいところにたい積する。

(3)　エ○…このダムは洪水を防ぐためのものである。大雨のときに，ダムで水をためることで，川の水が一気に下流に流れて洪水が起こらないようにする。

(4)　ウ○…直前にダムが土砂をせき止めることが書かれているので，たい積する土砂が少なくなるような内容のものを選ぶ。

(5)①　C．540＋285＋120－105＝840(億㎥)　②　ここでは川の合流地点の割合で考える。540÷(840＋105)×100＝57.1…→57％となる。

(6)　ウ○…PとR，QとRの間の川の長さはどちらも3600㎞，川の流れる速さはどちらも平均で時速3㎞だから，PとR，QとRの間の川を流れるのにかかる時間はどちらも3600÷3＝1200(時間)→50日となる。したがって，図1と図2の降水量の合計が最も多い7月の50日後(9月ごろ)に水量が最も多いウが正答となる。

［4］

(1)　エ×…自分で測定した温度から1℃ずつ低くすると，自分で測定したとは言えなくなる。

(2)　3人ともAの温度が最も高く，Bの温度が最も低い。鏡を2枚使って太陽光を重ねて当てた部分の温度が最も高くなり，最も明るくなるので，②がA，日かげのままの部分の温度が最も低いので，③がB，残りの①がCである。

(3)　イ×…Aの面積が小さくなると，Bの面積は大きくなる。　ウ×…Aの面積が小さくなると，より狭い部分に光が集まるので，Aの温度は上がる。　エ×…明るい順に並べるとA，C，Bとなる。

(5)　表2より，流れる電流の大きさは光電池がつくる影の面積に比例することがわかる。影のたての長さが20㎝，横の長さが22㎝だから，影の面積は20×22＝440(㎠)であり，流れる電流は $40\times\frac{440}{200}=88$ (mA)となる。

(6)　流れる電流が96mAのとき，影の面積は $200\times\frac{96}{40}=480$ (㎠)である。影のたての長さは20㎝だから，影の横の長さは480÷20＝24(㎝)である。直角三角形の2辺の比が24：30＝4：5だから，右下の三角形の辺の比を参考にして，高さは $24\times\frac{3}{4}=18$ (㎝)となる。

(7)　反射した光は分度器の155°を通っているので，反射角の大きさは155－90＝65(°)である。

(8)　次ページ図Ⅰのように，レーザー光を鏡に反射させながら的に当てる。どの点に当てても②には当たらない。

(9)　次ページ図Ⅱのように，鏡のななめの部分で反射した光は，90°向きを変えて右に進むので，上からの光と鏡で反射して進む左からの光が当たる場所で，物体は最も熱くなる。

⑽　図Ⅲのように，鏡のななめの部分で反射した光は，左右に 90° 向きを変えて進む。上からの光と鏡で反射して進む左右からの光が当たる場所で，物体は最も熱くなる。

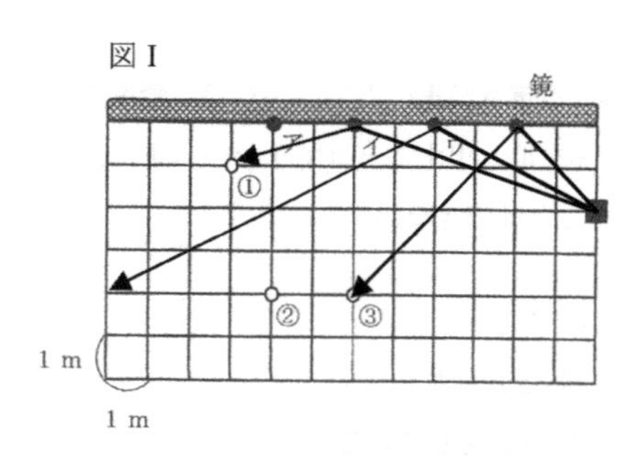

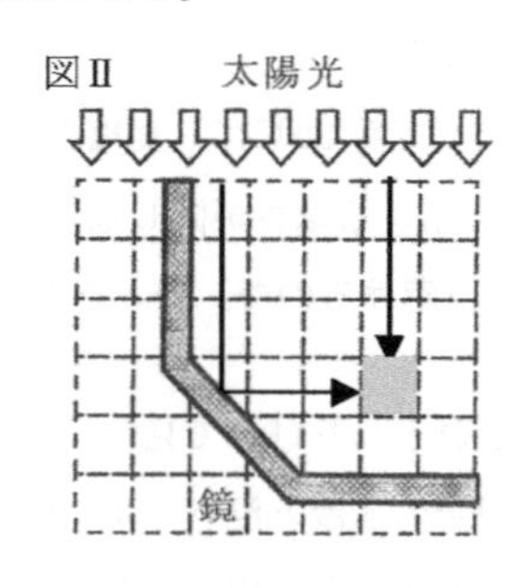

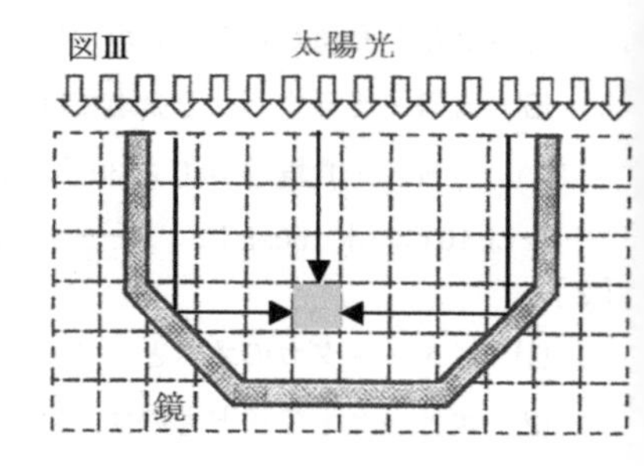

《2021　社会　解説》

［1］

問１　1945 年８月６日に広島に原子爆弾が投下された。その壊滅的な被害により，広島ではほとんど税収が上がらなかったため，広島平和記念都市建設法が制定された。

問２　「い」が正しい。大阪市と大阪府の二重行政を解消する「大阪都構想」は，住民サービスの低下などを理由に反対派が多数となった。「あ」のアメリカ大統領選挙では民主党のジョー＝バイデン氏が，共和党のドナルド＝トランプ氏に勝利した。「う」の内閣総理大臣は，自由民主党に所属する菅義偉のことである。「え」の国家安全維持法は，香港での反政府的な動きを取り締まる法律である。

問３　Aは国会，Bは裁判所，Cは内閣，①は選挙，②は最高裁判所裁判官の国民審査，③は世論があてはまる。よって，②の「すべての裁判官」と③の「憲法改正のための国民投票」を誤りと判断し，「え」を選ぶ。

問４⑴　持続可能な世界を実現するため，17 の目標の「ＳＤＧｓ」が掲げられ，環境・経済・人間社会のバランスがとれた社会を取り戻し継続していくことが目指されている。　⑵　「あ」が正しい。「い」は洪水ハザードマップ，「う」は地球温暖化防止の取組，「え」は電子行政サービスについての記述である。

問５　アフガニスタンの「う」を選ぶ。2001 年９月 11 日の同時多発テロを受けて，アメリカ軍はアフガニスタンを攻撃してタリバン政権を倒し，2003 年にイラク戦争を強行した。「あ」はコンゴ民主共和国，「い」はシリア，「え」はミャンマー。

［2］

問１　『古事記』がつくられた奈良時代の「い」が正しい。「あ」は弥生時代，「う」は飛鳥時代，「え」は古墳時代。

問２⑴　「邪馬台国」から中国の歴史書『魏志』倭人伝と判断できるから，「え」が正しい。邪馬台国の女王である卑弥呼が魏に使いを送り，「親魏倭王」の称号のほか，銅鏡を授かったことなども記されている。　⑵　弥生時代の「い」を選ぶ。弥生時代には，米づくりのための土地や用水をめぐってむら同士の争いがあった。「あ」は縄文時代，「う」は古墳時代，「え」は飛鳥時代に天智天皇が作ったと言われている。

問３⑴　☆には「租」，★には「防人」が当てはまる。　⑵　税負担を逃れるため，調や庸などの課されない女性の数が異常に多い戸籍が作成された。

問４　藤原氏は摂関政治(娘を天皇のきさきとし，生まれた子を次の天皇に立て，自らは天皇の外戚として摂政や関白となって実権をにぎる政治)によって勢力をのばした貴族で，藤原道長・頼通親子の頃に最も栄えた。道長の詠んだ，世の中すべてが自分の思い通りになるという意味の「望月の歌」が『小右記』に記されている。

問５　田楽は能に発展し，観阿弥・世阿弥親子によって室町時代に大成された。

問６　「う」と「か」が誤り。「う」の「富嶽三十六景」は葛飾北斎が描いた。歌川広重は「東海道五十三次」などを描いた。「か」の「寺子屋」には百姓や町人の子どもが通った。武士の子のうち男子のみが通えたのは「藩校」である。

［3］

問1　BとCが正しいから，「え」を選ぶ。　A．生糸は，蚕がくわの葉を食べて成長しさなぎになるときにつくる繭からとれる。　D．紡績業では，輸入した綿花を原材料として，綿糸を製品化していた。

問2　「う(1871年)」→「あ(1879年)」→「え(1886年)」→「い(関税自主権の完全回復／1911年)」。

問3　ヨーロッパを主戦場とした第一次世界大戦(1914～1918 年)中，軍需品の大量輸出により，日本は好景気(大戦景気)となった。

問4　○で示されている地域は遼東半島だから，「あ」が誤り。日中戦争は，北京近くでの日本軍と中国軍の衝突(盧溝橋事件)をきっかけに始まった。

問5　Aは「え」，Bは「い」を選ぶ。満洲国の建国(1932年)→五・一五事件(1932年)→B．国際連盟脱退(1933～35年)→二・二六事件(1936年)→国家総動員法の制定(1938年)→A．日独伊三国同盟の締結(1940年)→米の配給制開始(1941年)→学徒出陣の開始(1943年)→日ソ中立条約の破棄・ソ連による日本侵攻(1945年)。

問6　戦時体制下では軍需品の生産が優先され，日本国内では生活必需品が不足した。国家総動員法により，食料は配給制であった。

問7(1)　冷戦とは，第二次世界大戦後，アメリカを中心とする資本主義諸国とソ連を中心とする社会主義諸国の2つの陣営の間で1989年まで続いた，実際の戦火をまじえない対立のこと。アメリカとソ連は，競い合ってより威力の大きい核兵器を次々に開発した。　(2)　核兵器不拡散条約により，国連安全保障理事会で常任理事国を務めるアメリカ，ロシア，イギリス，フランス，中国の5か国には核兵器を保有することが認められている。

問8　日本は，唯一の被爆国として核兵器を持たない立場を明らかにしているが，アメリカの核の傘に守られる安全保障政策などを理由に核兵器禁止条約に賛成しなかった。

［4］

問1(1)　Aは熊本県だから，「え」を選ぶ。「あ」は福岡県，「い」は佐賀県，「う」は長崎県，「お」は鹿児島県，「か」は宮崎県，「き」は大分県。　(2)　Bは桜島だから，「い」が正しい。「あ」の「タタラ製鉄」は桜島周辺ではなく，鹿児島県の南部で行われていた。「う」は霧島山，「え」は阿蘇山についての記述である。

問2　①は，宿泊施設のうち温泉地にかかわるものの割合が高いから，別府温泉がある大分県である。残ったうち，宿泊施設数が多い②を福岡県，少ない③を佐賀県と判断する。

問3 A　「あ」の宮崎県のシラス台地では，豚や肉用牛などの家畜を育てる畜産が盛んである。　**B**　「う」の山梨県ではぶどうや桃，愛媛県ではみかんなどの果実の産出額が最大となる。Cは「え」，Dは「い」が当てはまる。

［5］

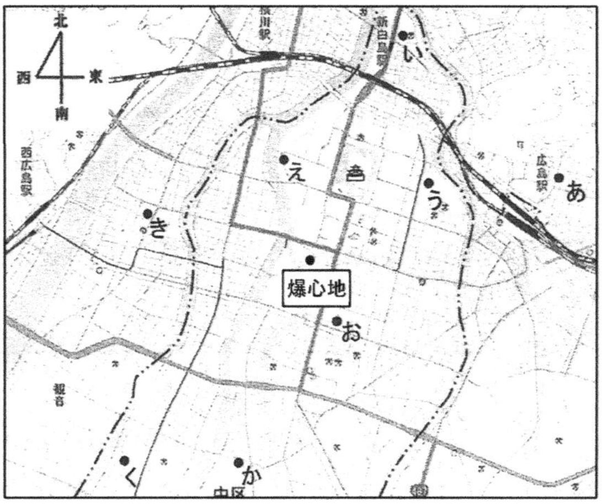

問1　2020－1945＝75(年)である。

問2(1)　1942年のミッドウェー海戦での敗北後，サイパン島が陥落したことで，アメリカ軍の攻撃が本土に到達することになり，1945年3月には東京大空襲により多数の犠牲者を出した。　(2)①　F．旧陸軍被服支廠支廠(ししょう)についての記述である。　②　D．震度5以上の芸予地震が1905年と2001年に発生した。
③　E．世界文化遺産に認定されることと備蓄倉庫としての活用に関連性がない。

問3　爆心地については右図参照。　**写真A**　「き」を選ぶ。西向きに撮影時，亀裂・熱傷・木の傾きは，「あ」「う」では反対，「い」「え」では左，「お」「か」「く」では右側となる。　**写真B**　「お」を選ぶ。北東向きに撮影時，木の傾き・枝が少ないのは，「あ」「い」「う」では手前，「え」「き」では右，「か」「く」では反対側となる。

■ ご使用にあたってのお願い・ご注意

（1）問題文等の非掲載

著作権上の都合により，問題文や図表などの一部を掲載できない場合があります。
誠に申し訳ございませんが，ご了承くださいますようお願いいたします。

（2）過去問における時事性

過去問題集は，学習指導要領の改訂や社会状況の変化，新たな発見などにより，現在とは異なる表記や解説になっている場合があります。過去問の特性上，出題当時のままで出版していますので，あらかじめご了承ください。

（3）配点

学校等から配点が公表されている場合は，記載しています。公表されていない場合は，記載していません。
独自の予想配点は，出題者の意図と異なる場合があり，お客様が学習するうえで誤った判断をしてしまう恐れがあるため記載していません。

（4）無断複製等の禁止

購入された個人のお客様が，ご家庭でご自身またはご家族の学習のためにコピーをすることは可能ですが，それ以外の目的でコピー，スキャン，転載（ブログ，ＳＮＳなどでの公開を含みます）などをすることは法律により禁止されています。学校や学習塾などで，児童生徒のためにコピーをして使用することも法律により禁止されています。
ご不明な点や，違法な疑いのある行為を確認された場合は，弊社までご連絡ください。

（5）けがに注意

この問題集は針を外して使用します。針を外すときは，けがをしないように注意してください。また，表紙カバーや問題用紙の端で手指を傷つけないように十分注意してください。

（6）正誤

制作には万全を期しておりますが，万が一誤りなどがございましたら，弊社までご連絡ください。
なお，誤りが判明した場合は，弊社ウェブサイトの「ご購入者様のページ」に掲載しておりますので，そちらもご確認ください。

■ お問い合わせ

解答例，解説，印刷，製本など，問題集発行におけるすべての責任は弊社にあります。

ご不明な点がございましたら，弊社ウェブサイトの「お問い合わせ」フォームよりご連絡ください。迅速に対応いたしますが，営業日の都合で回答に数日を要する場合があります。

ご入力いただいたメールアドレス宛に自動返信メールをお送りしています。自動返信メールが届かない場合は，「よくある質問」の「メールの問い合わせに対し返信がありません。」の項目をご確認ください。

また弊社営業日（平日）は，午前９時から午後５時まで，電話でのお問い合わせも受け付けています。

2025 春

教英出版

株式会社教英出版
〒422-8054　静岡県静岡市駿河区南安倍３丁目 12-28
TEL　054-288-2131　　FAX　054-288-2133
URL　https://kyoei-syuppan.net/
MAIL siteform@kyoei-syuppan.net

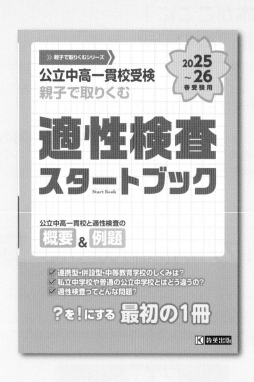

教英出版　2025年春受験用　中学入試問題集

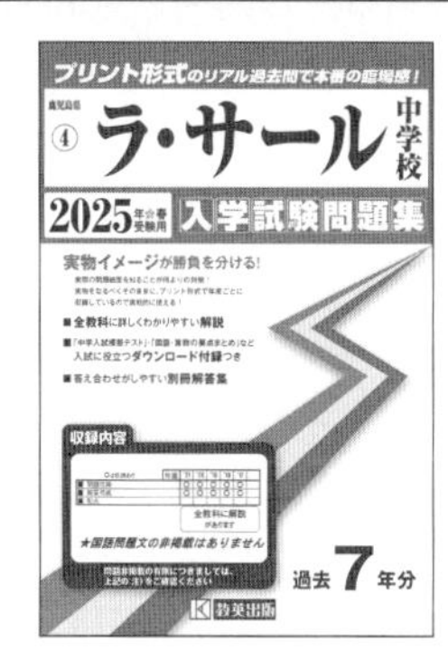

学校別問題集

✿はカラー問題対応

北海道

①[市立]札幌開成中等教育学校
②藤女子中学校
③北嶺中学校
④北星学園女子中学校
⑤札幌大谷中学校
⑥札幌光星中学校
⑦立命館慶祥中学校
⑧函館ラ・サール中学校

青森県

①[県立]三本木高等学校附属中学校

岩手県

①[県立]一関第一高等学校附属中学校

宮城県

①[県立]宮城県古川黎明中学校
②[県立]宮城県仙台二華中学校
③[市立]仙台青陵中等教育学校
④東北学院中学校
⑤仙台白百合学園中学校
⑥聖ウルスラ学院英智中学校
⑦宮城学院中学校
⑧秀光中学校
⑨古川学園中学校

秋田県

①[県立] 大館国際情報学院中学校／秋田南高等学校中等部／横手清陵学院中学校

山形県

①[県立] 東桜学館中学校／致道館中学校

福島県

①[県立] 会津学鳳中学校／ふたば未来学園中学校

茨城県

①[県立]
日立第一高等学校附属中学校
太田第一高等学校附属中学校
水戸第一高等学校附属中学校
鉾田第一高等学校附属中学校
鹿島高等学校附属中学校
土浦第一高等学校附属中学校
竜ヶ崎第一高等学校附属中学校
下館第一高等学校附属中学校
下妻第一高等学校附属中学校
水海道第一高等学校附属中学校
勝田中等教育学校
並木中等教育学校
古河中等教育学校

栃木県

①[県立] 宇都宮東高等学校附属中学校／佐野高等学校附属中学校／矢板東高等学校附属中学校

群馬県

① [県立]中央中等教育学校／[市立]四ツ葉学園中等教育学校／[市立]太田中学校

埼玉県

①[県立]伊奈学園中学校
②[市立]浦和中学校
③[市立]大宮国際中等教育学校
④[市立]川口市立高等学校附属中学校

千葉県

①[県立] 千葉中学校／東葛飾中学校
②[市立]稲毛国際中等教育学校

東京都

①[国立]筑波大学附属駒場中学校
②[都立]白鷗高等学校附属中学校
③[都立]桜修館中等教育学校
④[都立]小石川中等教育学校
⑤[都立]両国高等学校附属中学校
⑥[都立]立川国際中等教育学校
⑦[都立]武蔵高等学校附属中学校
⑧[都立]大泉高等学校附属中学校
⑨[都立]富士高等学校附属中学校
⑩[都立]三鷹中等教育学校
⑪[都立]南多摩中等教育学校
⑫[区立]九段中等教育学校
⑬開成中学校
⑭麻布中学校
⑮桜蔭中学校
⑯女子学院中学校
✿⑰豊島岡女子学園中学校
⑱東京都市大学等々力中学校
⑲世田谷学園中学校
✿⑳広尾学園中学校（第2回）
✿㉑広尾学園中学校（医進・サイエンス回）
㉒渋谷教育学園渋谷中学校（第1回）
㉓渋谷教育学園渋谷中学校（第2回）
㉔東京農業大学第一高等学校中等部（2月1日 午後）
㉕東京農業大学第一高等学校中等部（2月2日 午後）

神奈川県

①[県立] 相模原中等教育学校／平塚中等教育学校
②[市立]南高等学校附属中学校
③[市立]横浜サイエンスフロンティア高等学校附属中学校
④[市立]川崎高等学校附属中学校
✿⑤聖光学院中学校
✿⑥浅野中学校
⑦洗足学園中学校
⑧法政大学第二中学校
⑨逗子開成中学校(1次)
⑩逗子開成中学校(2·3次)
⑪神奈川大学附属中学校(第1回)
⑫神奈川大学附属中学校(第2·3回)
⑬栄光学園中学校
⑭フェリス女学院中学校

新潟県

①[県立] 村上中等教育学校／柏崎翔洋中等教育学校／燕中等教育学校／津南中等教育学校／直江津中等教育学校／佐渡中等教育学校
②[市立]高志中等教育学校
③新潟第一中学校
④新潟明訓中学校

石川県

①[県立]金沢錦丘中学校
②星稜中学校

福井県

①[県立]高志中学校

山梨県

①山梨英和中学校
②山梨学院中学校
③駿台甲府中学校

長野県

①[県立] 屋代高等学校附属中学校／諏訪清陵高等学校附属中学校
②[市立]長野中学校

岐阜県

①岐阜東中学校
②鶯谷中学校
③岐阜聖徳学園大学附属中学校

静岡県

①[国立]静岡大学教育学部附属中学校(静岡·島田·浜松)
② [県立]清水南高等学校中等部／[県立]浜松西高等学校中等部／[市立]沼津高等学校中等部
③不二聖心女子学院中学校
④日本大学三島中学校
⑤加藤学園暁秀中学校
⑥星陵中学校
⑦東海大学付属静岡翔洋高等学校中等部
⑧静岡サレジオ中学校
⑨静岡英和女学院中学校
⑩静岡雙葉中学校
⑪静岡聖光学院中学校
⑫静岡学園中学校
⑬静岡大成中学校
⑭城南静岡中学校
⑮静岡北中学校
⑯ 常葉大学附属常葉中学校／常葉大学附属橘中学校／常葉大学附属菊川中学校
⑰藤枝明誠中学校
⑱浜松開誠館中学校
⑲静岡県西遠女子学園中学校
⑳浜松日体中学校
㉑浜松学芸中学校

愛知県

①[国立]愛知教育大学附属名古屋中学校
②愛知淑徳中学校
③ 名古屋経済大学市邨中学校／名古屋経済大学高蔵中学校
④金城学院中学校
⑤椙山女学園中学校
⑥東海中学校
⑦南山中学校男子部
⑧南山中学校女子部
⑨聖霊中学校
⑩滝中学校
⑪名古屋中学校
⑫大成中学校
⑬愛知中学校
⑭星城中学校
⑮名古屋葵大学中学校(名古屋女子大学中学校)
⑯愛知工業大学名電中学校
⑰海陽中等教育学校(特別給費生)
⑱海陽中等教育学校(I·II)
⑲中部大学春日丘中学校
新刊⑳名古屋国際中学校

三重県

①[国立]三重大学教育学部附属中学校
②暁中学校
③海星中学校
④四日市メリノール学院中学校
⑤高田中学校
⑥セントヨゼフ女子学園中学校
⑦三重中学校
⑧皇學館中学校
⑨鈴鹿中等教育学校
⑩津田学園中学校

滋賀県

①[国立]滋賀大学教育学部附属中学校
②[県立] 河瀬中学校／守山中学校／水口東中学校

京都府

①[国立]京都教育大学附属桃山中学校
②[府立]洛北高等学校附属中学校
③[府立]園部高等学校附属中学校
④[府立]福知山高等学校附属中学校
⑤[府立]南陽高等学校附属中学校
⑥[市立]西京高等学校附属中学校
⑦同志社中学校
⑧洛星中学校
⑨洛南高等学校附属中学校
⑩立命館中学校
⑪同志社国際中学校
⑫同志社女子中学校(前期日程)
⑬同志社女子中学校(後期日程)

大阪府

①[国立]大阪教育大学附属天王寺中学校
②[国立]大阪教育大学附属平野中学校
③[国立]大阪教育大学附属池田中学校

④[府立]富田林中学校
⑤[府立]咲くやこの花中学校
⑥[府立]水都国際中学校
⑦清風中学校
⑧高槻中学校（A日程）
⑨高槻中学校（B日程）
⑩明星中学校
⑪大阪女学院中学校
⑫大谷中学校
⑬四天王寺中学校
⑭帝塚山学院中学校
⑮大阪国際中学校
⑯大阪桐蔭中学校
⑰開明中学校
⑱関西大学第一中学校
⑲近畿大学附属中学校
⑳金蘭千里中学校
㉑金光八尾中学校
㉒清風南海中学校
㉓帝塚山学院泉ヶ丘中学校
㉔同志社香里中学校
㉕初芝立命館中学校
㉖関西大学中等部
㉗大阪星光学院中学校

兵庫県

①[国立]神戸大学附属中等教育学校
②[県立]兵庫県立大学附属中学校
③雲雀丘学園中学校
④関西学院中学部
⑤神戸女学院中学部
⑥甲陽学院中学校
⑦甲南中学校
⑧甲南女子中学校
⑨灘中学校
⑩親和中学校
⑪神戸海星女子学院中学校
⑫滝川中学校
⑬啓明学院中学校
⑭三田学園中学校
⑮淳心学院中学校
⑯仁川学院中学校
⑰六甲学院中学校
⑱須磨学園中学校（第1回入試）
⑲須磨学園中学校（第2回入試）
⑳須磨学園中学校（第3回入試）
㉑白陵中学校
㉒夙川中学校

奈良県

①[国立]奈良女子大学附属中等教育学校
②[国立]奈良教育大学附属中学校
③[県立] 国際中学校 / 青翔中学校
④[市立]一条高等学校附属中学校
⑤帝塚山中学校
⑥東大寺学園中学校
⑦奈良学園中学校
⑧西大和学園中学校

和歌山県

①[県立] 古佐田丘中学校 / 向陽中学校 / 桐蔭中学校 / 日高高等学校附属中学校 / 田辺中学校
②智辯学園和歌山中学校
③近畿大学附属和歌山中学校
④開智中学校

岡山県

①[県立]岡山操山中学校
②[県立]倉敷天城中学校
③[県立]岡山大安寺中等教育学校
④[県立]津山中学校
⑤岡山中学校
⑥清心中学校
⑦岡山白陵中学校
⑧金光学園中学校
⑨就実中学校
⑩岡山理科大学附属中学校
⑪山陽学園中学校

広島県

①[国立]広島大学附属中学校
②[国立]広島大学附属福山中学校
③[県立]広島中学校
④[県立]三次中学校
⑤[県立]広島叡智学園中学校
⑥[市立]広島中等教育学校
⑦[市立]福山中学校
⑧広島学院中学校
⑨広島女学院中学校
⑩修道中学校
⑪崇徳中学校
⑫比治山女子中学校
⑬福山暁の星女子中学校
⑭安田女子中学校
⑮広島なぎさ中学校
⑯広島城北中学校
⑰近畿大学附属広島中学校福山校
⑱盈進中学校
⑲如水館中学校
⑳ノートルダム清心中学校
㉑銀河学院中学校
㉒近畿大学附属広島中学校東広島校
㉓AICJ中学校
㉔広島国際学院中学校
㉕広島修道大学ひろしま協創中学校

山口県

①[県立] 下関中等教育学校 / 高森みどり中学校
②野田学園中学校

徳島県

①[県立] 富岡東中学校 / 川島中学校 / 城ノ内中等教育学校
②徳島文理中学校

香川県

①大手前丸亀中学校
②香川誠陵中学校

愛媛県

①[県立] 今治東中等教育学校 / 松山西中等教育学校
②愛光中学校
③済美平成中等教育学校
④新田青雲中等教育学校

高知県

①[県立] 安芸中学校 / 高知国際中学校 / 中村中学校

福岡県

①［国立］福岡教育大学附属中学校（福岡・小倉・久留米）
②［県立］育徳館中学校／門司学園中学校／宗像中学校／嘉穂高等学校附属中学校／輝翔館中等教育学校
③西南学院中学校
④上智福岡中学校
⑤福岡女学院中学校
⑥福岡雙葉中学校
⑦照曜館中学校
⑧筑紫女学園中学校
⑨敬愛中学校
⑩久留米大学附設中学校
⑪飯塚日新館中学校
⑫明治学園中学校
⑬小倉日新館中学校
⑭久留米信愛中学校
⑮中村学園女子中学校
⑯福岡大学附属大濠中学校
⑰筑陽学園中学校
⑱九州国際大学付属中学校
⑲博多女子中学校
⑳東福岡自彊館中学校
㉑八女学院中学校

佐賀県

①［県立］香楠中学校／致遠館中学校／唐津東中学校／武雄青陵中学校
②弘学館中学校
③東明館中学校
④佐賀清和中学校
⑤成穎中学校
⑥早稲田佐賀中学校

長崎県

①［県立］長崎東中学校／佐世保北中学校／諫早高等学校附属中学校
②青雲中学校
③長崎南山中学校
④長崎日本大学中学校
⑤海星中学校

熊本県

①［県立］玉名高等学校附属中学校／宇土中学校／八代中学校
②真和中学校
③九州学院中学校
④ルーテル学院中学校
⑤熊本信愛女学院中学校
⑥熊本マリスト学園中学校
⑦熊本学園大学付属中学校

大分県

①［県立］大分豊府中学校
②岩田中学校

宮崎県

①［県立］五ヶ瀬中等教育学校
②［県立］宮崎西高等学校附属中学校／都城泉ヶ丘高等学校附属中学校
③宮崎日本大学中学校
④日向学院中学校
⑤宮崎第一中学校

鹿児島県

①［県立］楠隼中学校
②［市立］鹿児島玉龍中学校
③鹿児島修学館中学校
④ラ・サール中学校
⑤志學館中等部

沖縄県

①［県立］与勝緑が丘中学校／開邦中学校／球陽中学校／名護高等学校附属桜中学校

もっと過去問シリーズ

北海道

北嶺中学校
7年分（算数・理科・社会）

静岡県

静岡大学教育学部附属中学校
（静岡・島田・浜松）
10年分（算数）

愛知県

愛知淑徳中学校
7年分（算数・理科・社会）
東海中学校
7年分（算数・理科・社会）
南山中学校男子部
7年分（算数・理科・社会）
南山中学校女子部
7年分（算数・理科・社会）
滝中学校
7年分（算数・理科・社会）
名古屋中学校
7年分（算数・理科・社会）

岡山県

岡山白陵中学校
7年分（算数・理科）

広島県

広島大学附属中学校
7年分（算数・理科・社会）
広島大学附属福山中学校
7年分（算数・理科・社会）
広島学院中学校
7年分（算数・理科・社会）
広島女学院中学校
7年分（算数・理科・社会）
修道中学校
7年分（算数・理科・社会）
ノートルダム清心中学校
7年分（算数・理科・社会）

愛媛県

愛光中学校
7年分（算数・理科・社会）

福岡県

福岡教育大学附属中学校
（福岡・小倉・久留米）
7年分（算数・理科・社会）
西南学院中学校
7年分（算数・理科・社会）
久留米大学附設中学校
7年分（算数・理科・社会）
福岡大学附属大濠中学校
7年分（算数・理科・社会）

佐賀県

早稲田佐賀中学校
7年分（算数・理科・社会）

長崎県

青雲中学校
7年分（算数・理科・社会）

鹿児島県

ラ・サール中学校
7年分（算数・理科・社会）

※もっと過去問シリーズは国語の収録はありません。

教英出版
〒422-8054
静岡県静岡市駿河区南安倍3丁目12−28
TEL 054-288-2131
FAX 054-288-2133
詳しくは教英出版で検索
教英出版　検索
URL https://kyoei-syuppan.net/

令和六年度

広島学院中学校入学試験問題

国語【六十分】

◎試験開始まで、問題用紙にも解答用紙にも手をふれてはいけません。
次の注意を読みなさい。

注意

一、問題用紙
この問題用紙は、2ページから19ページまでで、問題は二問あります。

二、解答用紙
解答用紙は別の用紙1枚で、この問題用紙にはさんであります。

三、記入・質問などの注意
(一) 答えはすべて解答用紙のわくの中に、ていねいな字で記入しなさい。
(二) 印刷が悪くて字のはっきりしないところなどがあれば、手をあげて監督(かんとく)の先生に知らせなさい。

【一】次の文章を読んで、後の問いに答えなさい。

秋がくるとドングリ拾いが、子どもたちの大きな楽しみになる。今年も、「ドングリ拾いに行こう!」と［A］誘われたかわからない。散歩道で偶然ドングリが落ちていようものなら、［B］その場でドングリ拾いが始まる。［C］袋を持っていればいいが、そうでなければ、たちまちみんなのポケットがパンパンになる。

近くの山を歩いていても、彼らにとっては、ドングリが落ちている道こそ、いい山道なのだ。［D］針葉樹が植えられているエリアでは、少し退屈そうになってしまう彼らも、シイやコナラが見えるあたりまでくると、パッと表情が明るくなる。

ドングリの何が、そこまで彼らの1心をくすぐるのか。

つるっとしたきれいな表面。

すっとした細長いフォルム。

未来をめがけて大地にふりまかれる生命の贈り物。落ち葉の上に、コケの上に、石の上に落ちる「かさ、とん、こつん」という音は、人類が生まれるずっと前から、この地球のあちこちで響き続けてきたのである。

木は子どもたちを喜ばせようとはしていない。人がほしいというから、ドングリが落ちるのではない。人間の願いよりもずっと大きなときの流れのなかで、季節がくれば、ドングリが落ちる。

ほしいとねだって買ってもらったものよりも、子どもたちはさらに嬉しそうにドングリを拾う。2わけもなく恵まれているということが、彼らを幸せにしているのである。

自分が立派だから、あるいは努力したから、ドングリが落ちてくるのではない。何もしていないのに、ただそこにいるだけなのに、次々とドングリは落ちてくるのだ。

無条件の祝福——木が生きて、いのちをつないでいく❶イトナみが、そこを通りがかる子どもたちまで、幸せにしてしまうのである。

かつてドングリは、人間にとって貴重な食料であった。縄文人は拾ったドングリを、地面に掘った貯蔵穴に入れたり、住居の中につくられた棚の上のカゴに入れたりして保存したという。

生きるためにドングリを集めることは、無邪気な遊びとは違うかもしれない。それでも、秋がきて、ドングリを拾い集めるときに、彼らもまた自然の「無条件の祝福」を感じ、喜び、感謝したのではないだろうか。

正当な❷タイカを金銭で支払い、「商品」を「購入」するという習慣が身についてしまった僕たちにとって、自然の恵みを拾うという経験は、すでに3希少になってきてしまっている。

街中では4無闇にものを拾ってはいけない。だれかの庭に実った果実に手をのばしてはいけない。だから、子どもが何かを摑もうとするたびに、そばにいるだれかが「触ってはいけない」「拾ってはいけない」と注意しなければならないのだ。

だが、5人間が作り出すルールの外では、生命はたがいに、たがいの生み出したものを拾い合って生きている。自然のなかには本来「拾っていけないもの」などない。

ドングリの場合、だれかに拾われることを、そもそも6端からあてにしている。リスやネズミがドングリを拾って土に埋める。冬を越すための餌を蓄えておく。このうち、土に忘れられたドングリのいくつかが、次の春に芽を出すことができるのである。

ドングリは木のためだけでなく、リスやネズミのためにもなっている。そうして、思わぬだれかに拾われることによって、ドングリはますます、いのちをつなぐ種子となることができる。

7偶然に任せて、種子を蒔く植物たちのかわりに、人間はあるときから、計画的に種子を土に蒔くようになった。最初に意図的にだれがこれをしたのか、それがいつのことだったかいまとなってはわからないが、自分の蒔いた種子が芽を出して育つ様子に、往古の人々もまた、深く感動したにちがいない。

8自分の蒔いた種子が芽生えたときの喜びは、なにごとにも代えがたい。＊カーソンが言う通り、その喜びを味わうためには、「キッチンの窓辺の、ポットの土に植えられた種子」でもいいのだ。種子が芽生え、育っていくことの不思議――それは何度経験しても色褪せることがない。

子どもたちと一緒に、最初に土に種を蒔いたのは、忘れもしない二〇二〇年の春のことである。新型コロナウイルスによる全校一斉休校で、僕たちは自宅で過ごすことを余儀なくされていた。

このとき、友人の畑から土を少し分けてもらい、そこにベビーリーフの種を蒔いた。
　数日後には、最初の小さな芽が顔を出した。そのあと、続々とたくさんの芽が出てきた。このとき最初に出てきた芽の写真を、僕はいまも大切に保存している。
　9農業のことを何も知らない自分たちのもとにも、蒔いた種子がちゃんと芽生えてきてくれた。このことが嬉しくて、ありがたくてたまらなかったのである。
　その後、僕たちは裏庭の一画を❸タガヤし、そこにトマトやバジルの苗を植えた。トマトは春から夏にかけて、驚くべき勢いで育っていった。
　赤く実ったトマトを最初に収穫したときのことは、いつまでも忘れないと思う。最初に赤く❹ジュクした一粒のトマトを長男が収穫し、それを四つにわけて家族みんなで食べた。
　このときのトマトは、本当に美味しかった。これまで何ヶ月もともにときを過ごしてきたからこそ、こんなに美味しくて、ありがたいのだと思った。
　あの小さな種子から、自分の背丈を超えるトマトが育つ。それは本当に驚くべきことである。野菜や果実の生長と実りもまた、自然からの無条件の祝福である。
　嬉しい。ありがたい。
　ただ腹を満たし、栄養を得るだけでなく、食べることは自然からの無条件の祝福に驚き、感謝することである。

（中略）

　食べることのありがたさに目覚める一つの道は、自分で食べるものを育ててみることである。小さな菜園でもいいし、野菜の出来・不出来にこだわらなくてもいい。まずは種を蒔き、いろいろな植物を育ててみる。そうして、何が起こるかを試み、観察し、感じてみるのだ。結果よりも大切なことは、［　　］を試みることである。
　友人にもらったレモンの種を、長男が三年前に裏庭に植えた。いまは、小さなレモンの木がそこに育ち、青々とした葉を広げている。まだ果実がなったことはないが、それでも、晩夏になるとこのレモンをアゲハチョウが訪れ、葉の上に卵を産みつけていくのだ。

卵から生まれたイモムシを自宅で飼い、チョウになるまで育ててから放す。これが、晩夏から秋にかけての子どもたちの楽しみになった。

農家として❺セイケイを立てていくのでないなら、気楽に、遊ぶように菜園と付き合うのもいい。裏庭でもベランダでも「キッチンの窓辺」でもいいのだ。植物の育つ力に驚き、自然の無条件の祝福に感謝しながら、自分のいのちを支える植物の一つ一つが、どんな生を紡(つむ)いでいるのか、目の前で学ばせてもらうのだ。

庭に新たな植物を植えると、それまで見たことのなかった虫がやってくる。虫を求めて鳥がくる。トンボやカエルも訪問してくる。

庭の小さな❻セイタイ系が賑(にぎ)わっていくのを見ていると、人間が植物を育てていくことが、人間のためだけではないのだと気づく。

なにかの存在が、ほかのだれかを助ける。

ドングリがそこに落ちていること。レモンの木が育ち始めていること。土を手入れする人間がいること。それを必要とするものたちがいる。

ドングリを拾う動物たち、レモンに産卵(さんらん)するチョウたち、人の手を借りて育っていく植物たちが、そのことを教えてくれる。

10 そこにいて、ただ生きていることが、いかに「ありがたい」ことなのか、僕たちは、たがいに学び合い、教え合っているのである。

(森田真生(もりたまさお)「僕たちの『センス・オブ・ワンダー』」による)

＊注　カーソン……レイチェル・カーソン。アメリカの海洋生物学者。環境(かんきょう)保護をうったえた。

※　問いで、字数制限のあるものについては、すべて　、や　。や「　」なども字数にふくみます。

問一　A　～　D　に入ることばを、それぞれ次のア～オから選んで、記号で答えなさい。

ア　ただちに　　イ　ちょっぴり　　ウ　何度　　エ　たまたま　　オ　もっぱら

問二　――線部1「心をくすぐる」は、どのようなことばで言いかえられますか。もっともふさわしいことばを次のア～オから選んで、記号で答えなさい。

ア　好奇心（こうきしん）を試（ため）す　　イ　喜びで満たされる　　ウ　気をそらせる　　エ　興味をかきたてる　　オ　退屈から逃（のが）れる

問三　――線部2「わけもなく恵まれている」とは、「子どもたち」にとってどういう状況（じょうきょう）を言っていますか。その状況が書いてある一文を文章中からぬき出して、初めの五字を答えなさい。

問四　――線部3「希少」・4「無闇に」・6「端から」を、別のことばで答えなさい。

問五　――線部5「人間が作り出すルールの外では、生命はたがいに、たがいの生み出したものを拾い合って生きている」について、答えなさい。

Ⅰ　「人間が作りだすルール」とはどのようなものですか。その説明としてもっともふさわしいものを次のア～オから選んで、記号で答えなさい。

ア　どんなものも、その持ち主にお金をはらって手に入れるべきであるから、街中では落ちているものを勝手に拾ってはいけない。
イ　街中ではすべてのものの値段が高いため、さまざまなものを購入するために十分な金銭をかせがないといけない。
ウ　自然のものを何でも拾うようになると、けがをしたりかぶれたりすることがあるから、どんなものでも勝手に拾ってはいけない。
エ　自然の恵みをみんなが拾うようになると、ものが売れなくなるので、勝手にものを拾わずに、きちんと購入しないといけない。
オ　街中でものを自由に拾えるようになると、自然の恵みのありがたさがわからなくなるので、街中ではものを拾ってはいけない。

Ⅱ　「生命はたがいに、たがいの生み出したものを拾い合って生きている」とは具体的にはどういうことですか。「ドングリは」という書き出しで、六十字以内で説明しなさい。

問六　――線部7「偶然」と対比されていることばを、文章中から二つぬき出して答えなさい。

問七　――線部8「自分の蒔いた種子が芽生えたときの喜び」とありますが、筆者の「喜び」が表現された行動が書いてある一文を文章中からぬき出して、初めの五字を答えなさい。

問八　――線部9「農業のことを何も知らない自分たちのもとにも、蒔いた種子がちゃんと芽生えてきてくれた」とありますが、これを筆者はどのようなことばで表現していますか。文章中から六字でぬき出して答えなさい。

問九　文章中の［　　］に入ることばとしてもっともふさわしいものを次のア～オから選んで、記号で答えなさい。

ア　子供への感謝　　イ　環境保護の取り組み　　ウ　限界への挑戦(ちょうせん)　　エ　親子の協働　　オ　自然との対話

問十　――線部10「そこにいて、ただ生きていることが、いかに『ありがたい』ことなのか」とありますが、ここで筆者はどのようなことを言おうとしていますか。次の文の［　　］に二十字以内でことばを入れ、説明を完成させなさい。

どんな生き物も、［　　　　　　　　　　］。それは、とても不思議で感謝すべきことだということ。

問十一　――線部❶～❻のカタカナを、それぞれ漢字に直しなさい。（一点、一画をていねいに書きなさい。）

【二】次の文章を読んで、後の問いに答えなさい。

シンジュの提案で、「ぼく」（＝坪内品）の家で鮎川、権藤あゆみ、南優香ら同級生たちと小学校の音楽祭の打ち上げを開くことになった。

家に着いてもぼくはだいぶ舞い上がっていて、お酒をのんで酔っ払う気持ちって、こんな感じなのではないか？　と思った。どうぞ、と大人のようにドアを開け、ベランダから見える景色や、心地いいクッションの使い方を紹介したり、いつも＊マムカが言う「《　A　》」を代わりに言ったりして、みんなを❶ゾンブンにもてなした。その度に南優香は「きれい」とか「気持ちー」とか「《　B　》」と、かわいく返答をした。ぼくはそれが聞きたくて次に何を紹介しようかと考えたが、シンジュが「《　C　》」と騒ぎだしたので、しかたなく考えるのはやめにした。シンジュも、うちあげを楽しんでいるのだろう。

マムカが隠していたらしい箱は冷蔵庫の上にあった。いつも夕食後にどこからともなく現れるお菓子は、ここにあったのか。ぼくは箱の中のキャラメルコーンやポテトチップス、オレオのクッキーをリビングに持っていった。プレステを持っているらしい鮎川がゲームの準備をしてくれていて、南優香はいつもぼくが座る椅子に座っていた。

みんなでする人生ゲームは、父ちゃんと一緒にするときよりもゆっくりと、自分の人生と照らし合わせながら進んだ。父ちゃんは攻略法を言いながらプレイするので、ほんとにただのすごろくゲームとして進む。それはそれで楽しいのだけど、ぼくは今回はじめて1このゲームをプレイしているような気持ちになった。

将来を選ぶ時期になると、鮎川はお金がほしいから医者になるとか、南優香は行きたい大学があるから勉強するとか、権ちゃんはゲームが古すぎてユーチューバーが職業欄にないとか、それぞれ将来なりたい職業の話もした。
　ぼくは淡々(たんたん)とサイコロを振(ふ)りながら、自分は何になりたいのだろうかと考えた。父ちゃんみたいに、自分の作ったものが❷ザッシに載(の)るのはかっこいいけれど、それが何て名前の職業かは知らない。
　兄ちゃんが部屋から出てきたのはその頃(ころ)だった。
「あれ、お兄さん？　おじゃましてます！」
　そう溌溂(はつらつ)とした声で権ちゃんが言った。酔っ払っている気分のぼくは、兄ちゃんの姿を見てやっと、その存在に気がついた。
「あ」
　兄ちゃんは小さく会釈(えしゃく)した。ぼくはそれ以上動かないようにと、静かに願った。
「え、坪内くんと似てないー、ちょっと並んでよ」と権ちゃんがはしゃぐ。
「2いいよ、そういうのは」ぼくは言う。ギリギリ笑って言ったように聞こえたと思う。
「あ、でも❸コッカクは似てない？　おいくつなんですか？」
「あーっと」兄ちゃんは天井(てんじょう)を向いた。権ちゃんは、え、と戸惑(とまど)いながら同じように天井をみた。もちろん天井には何も書いていない。
「兄ちゃんいいから、じゃましてごめん」ぼくは兄ちゃんをリビングから追い出した。
「《　D　》」
　兄ちゃんがいなくなると、権ちゃんがすねたように言う。
　すると鮎川が「《　E　》」と気まずそうにぼくを見た。
不幸なことに鮎川のお姉さんとうちの兄ちゃんは、同じクラスであった。
「なんだよ」とぼくは笑う。それ以上話さなくていいようにオレオのクッキーを口にほおばった。
「てゆか学校、お休みなの？」権ちゃんが言った。
「休みではないよ」鮎川が答える。
「あれ？　鮎川くん知ってんだ」
「知ってるってか、俺(おれ)の姉ちゃん同じ学年だから。まぁ、人んちの話はいいじゃんか。晶だって大変なんだから」鮎川は、3あからさまにぼくをかばうような口調でそう言った。
「え、わけあり？」
　鮎川の目線がぼくに向いたことがわかった。その空気は、クラスで誰かの陰口を言っているときの空気にとても似ていた。別に自分が知りたいわけでもないけれど、仕方なく話すね、というような無責任な空気。兄ちゃんが学校に行っていないことは、陰口にされるくらいのことなのか。それって、あんまりじゃないか。ぼくは鮎川のほうを振り向かないように、奥歯にオレオがはさまったふりをして、a舌に集中した。

「ここまできたら、さすがに言わないほうが気まずいよな?」

鮎川が言う。

「家で勉強してるってだけだよ、受験も、あるし」ぼくは答える。

「あゆ、わかった。不登校だ」

権ちゃんが、bクイズに答えるように言う。鮎川はまたぼくを見たのかもしれない。

「まー俺が知ってる限りは、ね。いまはときどき行くんだっけ?」

「ううん、家で勉強してる」

なんだかこれじゃあ、南優香に*嘘をついたみたいじゃないか。ぼくは、バレないように南優香の顔を見た。南優香は、ぼくのことなんか見ていなかった。

「大変だね。あゆの学年にもいるよね、不登校」

権ちゃんが、心配そうに言う。さっきからみんな、大変大変ってうるさい。

「あー。斎藤だっけ」

「うん。わたしのクラス」南優香も口を開いた。

「なんで来ねーんだろうな。いじめとかじゃないっしょ?」

「うーん、どうだろ。でもちょっとだけ、気持ち悪いところはあるの。なんていうのかな……えんぴつの後ろ、噛んだりするんだよね」

「それはキモいな」

鮎川はそう言って、cフスと鼻だけで笑った。その仕草に、いやな空気が濃くなる。換気でもしてやろうと立ち上がると、兄ちゃんがトイレから戻ってきた。どれくらい、聞こえていたんだろうか。

兄ちゃんはいつもみたいに線のついてないイヤホンをしていたが、途中で片方がポロっと落ちた。4そばにいた鮎川は拾わずにイヤホンを見た。

「あ、すいません」

兄ちゃんはそう言って自分でイヤホンを拾った。イヤホンの左右を確認すると逆だったのか、左耳につけていたイヤホンを慌てて右耳に入れ、落としたほうを左耳に付け直した。
兄ちゃんの姿が見えなくなると、シンジュ以外の三人は何かを我慢するような顔で見つめ合っていた。誰か一人が噴き出したら、ほかの人もつられそうな顔。それを証明するために、ぼくが□ってやろうかと思った。
「なんかでもわたし、今のはちょっとかわいいと思ったかも」
数秒の沈黙のあと、南優香が突然言った。
「かわいいって、何が?」鮎川が言う。
「坪内くんのお兄さん。なんか動物みたいじゃない?」
「優香なに、年上好きなのー?」
「そういうのじゃなくて。犬みたい」
「優香のツボわかんなすぎー。あゆは同い年がいいー」
ぼくは南優香が何を言っているのか、よくわからなかった。もちろん、兄ちゃんやぼくをかばっているのとは全然違った。別に兄ちゃんはかわいく見せようとしてしゃべらなかったり、イヤホンを落としてしまったりしたのではない。
「いやあ、でも俺の姉ちゃんはけっこう――」
「鮎川の番だったから、進めといたよ」鮎川の言葉をさえぎって、シンジュが言った。
「え? あ、おい、何してんだよー。待って、知力すごい減ってんだけど!」
鮎川が慌ててコントローラーを奪う。シンジュは「だって遅いんだもん」と言って笑った。それから兄ちゃんが来るまえに戻ったかのように、人生ゲームが❹サイカイした。ぼくだけが、まだゲームに戻れずにいた。鮎川が兄ちゃんに向けた目。兄ちゃんの落としたイヤホンを、鮎川は少し避けたように見えた。それはいじめられていた女子の手荷物すべてに、「菌がついている」と言ってみんなが触らないようにしていたこと、触ってしまうと「きゃー」と言ってほかの人の肩で拭くこと、拭かれた人も「きゃー」と叫んでまた別の人につけること。その一連の流れを思い出させる目だった。そんなことをされた兄ちゃんのことを「かわいい」とd南優香は――
「晶! つぎ」
シンジュがぼくにコントローラーを渡した。ぼくははっとしてシンジュをみた。
「晶、宝くじ買えば?」
「え、ああ」

「うそだよ、これぼったくりの宝くじだよ」
「あ、そうなの」
それでもぼくはぼったくりの宝くじ屋でたくさんお金を使い、5圧倒的ビリでゲームを終えた。持ち主なのにビリになった、とみんな笑った。

（中略～この後、兄の行動が原因で晶の家族は別々に暮らすことになり、そのことについて教室でうわさになる～）

「みんな、なんでも知りたがるよな。そんな興味もないのにさ」校門を出ると、シンジュは言った。
「そうだね」
「心配だったら、ふつうそんな直接、きかないぜ」
「うん」
「直接、きけないぜ？」
「うん」
「だから、きけないって、直接は」6シンジュはぼくにぐんと顔を近づけた。
「うん。あ、心配してくれてるの？」

ぼくはシンジュとの近さに驚いて一歩下がった。シンジュはぼくをじっと見て、ぼくの背負っているランドセルをばしんと叩いた。背中まで衝撃がとどく。「いて」とぼくが言うのと同時に、
「そりゃ、するだろ！　晶おまえ、消えそうだぞ？」とシンジュはぼくをぐらぐらとゆすった。あまりに真剣な表情をするので、ぼくは笑った。気まずい空気のとき、ふざけたり踊ったりしていつも空気を壊すあのシンジュが、真面目な顔をしているのはやっぱりおかしい。
「消えねーよ」ぼくは言う。
「いや、このままだと危ない」シンジュはぼくの笑い顔につられず、まだ真剣な顔つきだった。
「なんだよ、それ」
「いや、これはマジ。周りにいろいろ言われてるって気にしすぎて、ほんとの晶が消える」
「どういうことだよ」
「噂を気にしすぎると、人から魂が抜けちゃうんだよ。これはおれのおばあちゃんが言ってたから、ほんと」
「魂？」

「人の目を気にしすぎたら、気にされないように行動する。そしたら、自分がなくなって透明になってしまうのだ」教わったことを暗記しているのか、シンジュは何かを読むように言った。「だからこのままだと晶はほんとの晶じゃなくて、他人がつくった晶になってしまうのだ」
「なにそれ」そう言いつつぼくは、シンジュの真面目な顔がもう笑えなくなっていた。
「そしたら、晶は人生もつまんなくなって、ほんとに消えちゃう」
「死ぬってこと?」
「最悪は」
「ふうん」
「まあ、最悪の話な。だから気にすんなってことだよ。権ちゃんとかもさ」
「うん、わかった。ありがと」
シンジュは、照れくさい顔をしてぼくを見る。ぼくはさっきシンジュがやったみたいにリュックをばしんと叩いた。
「痛！　おれいま、いいこと言ってたんだぞ！」そう笑ってぼくのランドセルを、今度は軽く叩く。
「は？」
「7もうちょっと強く叩いてよ」
「いいから」ぼくがランドセルをシンジュに向けると、「おまえ、Mになったのかよ」と腕をぐるぐるまわして、どすんとランドセルにパンチした。
「いって！」ぼくは前のめりに転びそうになった。だけど抜けそうになっていたぼくの魂は、いまのでしっかり戻ってきたような気がする。
「へんなやつ」シンジュは笑った。ぼくも笑った。すると二人で真面目な話をしていたのが面白くなってきて、ぼくらはひとしきり笑いあった。

（川上佐都『街に躍ねる』による）

＊注　マムカ…「ぼく」の母のこと。
　　　嘘…これ以前の場面での「ぼく」と「南優香」とのやりとりを指している。

※ 問いで、字数制限のあるものについては、すべて 、や 。や「 」なども字数にふくみます。

問一 文章中の《 A 》～《 E 》に入ることばを、それぞれ次のア～オから選んで、記号で答えなさい。

ア お菓子(かし)はどこだ イ お茶のむ? ウ まぁまぁ、な エ 飲むー オ なに、じゃまってさー

問二 ――線部1「このゲームをプレイしているような気持ち」とはどんな気持ちですか。その説明としてもっともふさわしいものを次のア～オから選んで、記号で答えなさい。

ア ゲームに負けたらきっと自分の人生もめちゃくちゃになってしまうと、はらはらしている。
イ ゲームでは父に歯が立たないので、時間をかければ勝てそうな友人と遊べることに、興奮している。
ウ ゲーム内の人物の人生が自分の人生そのものであるかのように感じられ、やる気になっている。
エ ゲーム内の人生は、もしや自分の人生の行く末を暗示しているのではないかと、こわくなっている。
オ 自分の人生を暗示するゲームであるが、うまくいかなくてもただのゲームであると、ほっとしている。

問三 ――線部2「いいよ、そういうのは」とありますが、ここでの「ぼく」の気持ちを説明しなさい。

問四　――線部3「あからさまにぼくをかばうような口調」とありますが、これに対して、打ち上げの場面で「あからさま」でなく「ぼく」を助けることになった発言があります。だれの、どの発言ですか。発言は初めの五字をぬき出して答えなさい。

問五　――線部a「舌に集中した」・b「クイズに答えるように言う」・c「フス、と鼻だけで笑った」・d「南優香は――」に込められた気持ちを、それぞれ次のア～オから選んで、記号で答えなさい。

ア　とまどう気持ち　　イ　おもしろがる気持ち　　ウ　関わりたくない気持ち
エ　さげすむ気持ち　　オ　いとしく思う気持ち

問六　――線部4「そばにいた鮎川は拾わずにイヤホンを見た」とありますが、「鮎川」のこの行動は、「ぼく」にはどう見えましたか。

問七　文章中の□に入る漢字一字を答えなさい。

問八 ――線部5「圧倒的ビリでゲームを終えた」とありますが、このときの「ぼく」についての説明としてもっともふさわしいものを次のア～オから選んで、記号で答えなさい。

ア 友だちにあわせて、兄をばかにするような発言をしてしまった自分を責め、自分に罰を与えようと思った。
イ 不登校の兄をおもしろがる発言を友だちがしてしまったことをどうすることもできず、なげやりになった。
ウ なにも悪いことをしていないのに友だちにからかわれる兄を見て、兄のことがなさけなくなってしまった。
エ 兄を笑いものにしたことを反省しない友だちに失望して、はやくゲームを終わらせてしまいたいと考えた。
オ 兄がからかわれているのに何もできなかった自分に腹が立って、せめてゲームだけでも勝ちたいと思った。

問九 ――線部6「シンジュはぼくにぐんと顔を近づけた」とありますが、「シンジュ」の気持ちとしてもっともふさわしいものを次のア～オから選んで、記号で答えなさい。

ア 「おいおい、ずいぶんと悩んでいるなあ。だいじょうぶか?」
イ 「みんな好きなことを言ってるけど、あまり気にするなよ!」
ウ 「おまえは兄ちゃんのことで大変だけど、しっかりしろよ!」
エ 「にぶいなあ、おれが心配していることにはやく気づけよ!」
オ 「興味もないのに知りたがるなんて、何考えてんだろうな!」

問十　――線部7「もうちょっと強く叩いてよ」とありますが、なぜそのようにたのんだのですか。このときの「ぼく」の気持ちを六十字以内で説明しなさい。

問十一　――線部❶～❹のカタカナを、それぞれ漢字に直しなさい。（一点、一画をていねいに書きなさい。）

令和６年度

広島学院中学校入学試験問題

理　　科

【４０分】

◎試験開始まで，問題用紙にも解答用紙にも手をふれてはいけません。
次の注意を読みなさい。

注　　意

1．問題用紙
この問題用紙は２ページから19ページまでで，問題は４問あります。

2．解答用紙
解答用紙は別の用紙１枚で，この問題用紙にはさんであります。

3．記入・質問などの注意
（1）答えはすべて解答用紙のわくの中に，ていねいな字で記入しなさい。
（2）印刷が悪くて字のはっきりしないところなどがあれば，手をあげて監督（かんとく）の先生に知らせなさい。

［1］次の会話文を読んで，後の問いに答えなさい。ただし，会話文中のＡ～Ｈにはヒトの臓器の名前が入ります。

学「お父さん，五臓六腑って何のことなの。」

父「おや，ずいぶん難しい言葉を知っているね。」

学「テレビで『五臓六腑にしみわたる…』って出てきたんだ。」

父「そうか，学はヒトの内臓にはどんなものがあるか知ってるかい。」

学「学校で習ったのはＡ・Ｂ・Ｃ・Ｄ・Ｅ・Ｆ・Ｇ・Ｈ…くらいかな。」

父「たくさん習ったね。西洋の医学で内臓といわれるものが，だいたい東洋の医学で五臓六腑にあたるよ。『五臓』は血液が関係して重要なはたらきをするＡ・Ｂ・Ｃ・Ｄと脾臓の五つ，『六腑』は中身がつまっていないＦ・Ｇ・Ｈ・膀胱・胆嚢と三焦の六つといわれているけど，三焦には様々な説があってお父さんにもよくわからないんだ。」

学「へえー，五臓にはＥじゃなくて脾臓という臓器が入ってるんだね。」

父「そうなんだ。ＥはＦの後ろ側にあって細長く，解剖したときには縮んであまり目立たなかったので最初は臓器とはみなされていなかったんだ。だからＥを忘れられた臓器と呼ぶこともあるよ。」

学「Ｅは色々なはたらきをする消化液を作る大切な臓器なのにね。ところで，体で胸と腹はどこで分かれているの。」

父「体の中にはＢをふくらませる役目をする横隔膜という筋肉があるんだけど，胸部は横隔膜よりも上で腹部は横隔膜より下を指すんだよ。」

学「なるほど。しゃっくりはその横隔膜のけいれんで起こるんだよね。」

父「同じはたらきをもつものを集めて器官系と呼ぶよ。Ａや血管は循環器系，Ｂや気管は呼吸器系，Ｄや膀胱は泌尿器系だね。消化器系には，食べた物が口から食道を通ってＦに入り，ＧからＨを通って肛門までつながる消化管と，それに付属するＣやＥがあるよね。Ｇの始めの大切な部分を特に十二指腸というよ。Ｃはとても大切な臓器で様々なはたらきをしていて，消化器系だけでなく，循環器系や泌尿器系にも深く関係しているんだ。」

学「器官系か…，小便も大便も便ってつくけど，小便は（ⅰ）系で大便は
（ⅱ）系でできるものなんだね。」

（1）次の①～④のはたらきをもつものをＡ～Ｈからそれぞれ選びなさい。

① 血液中の余分な水分や不要なものをろ過する。

② 消化管の一部で，おもに水分を吸収する。

③ 強い酸性の液体を出し，食べ物をどろどろに消化する。

④ 血液を送り出すポンプの役割をする。

（2）次の①～④にあてはまるものをＡ～Ｈからそれぞれ選びなさい。

① 一番重いもの

② 一番長いもの

③ 胸部にあるものすべて

④ ２つあるものすべて

（3）Ｃの消化器系・循環器系・泌尿器系としてのはたらきに最も関係の深いものはそれぞれａ～ｃのどれですか。表のア～カから選びなさい。

ａ．体内でできた有害なアンモニアを害の少ない尿素という物質に変える。

ｂ．胆汁（たんじゅう）を作って胆嚢へ送る。

ｃ．血液の中の古くなった赤血球をこわす。

	消化器系	循環器系	泌尿器系
ア	a	b	c
イ	a	c	b
ウ	b	a	c
エ	b	c	a
オ	c	a	b
カ	c	b	a

（4）空らん（ｉ），（ii）にあてはまる語を次のア～エからそれぞれ選びなさい。

ア．循環器　　イ．呼吸器　　ウ．泌尿器　　エ．消化器

（5）Ａ～ＨのうちＢとＧは，内側の表面積がとても大きい臓器です。それぞれについて，何の効率をよくするために表面積が大きくなっているのかを答えなさい。

（6）Ｄはヒトの体のどこにありますか。形や大きさを考えて解答らんの図にかき入れなさい。なお，図はヒトが正面を向いたもので横隔膜がえがかれています。

理科の問題は次ページに続く

［２］次の文章を読んで，後の問いに答えなさい。ただし，答えが小数になる場合は，小数第１位を四捨五入して整数で答えなさい。

ものが水にとける量には限度があります。ものが水にとける量は温度や水の量によって変化し，多くのものでは温度が高くなるほどとける量は多くなります。

Ａ～Ｃはどれも白色のつぶで，水にとかすことができます。表は，100ｇの水にとけるＡ～Ｃの重さと温度との関係を示したものです。

表

温度（℃）	20	40	60	80
Ａ（ｇ）	36	36	37	38
Ｂ（ｇ）	31	63	109	168
Ｃ（ｇ）	9	12	16	20

（１）次のア～エのうち，水よう液といえるものをすべて選びなさい。

ア．食塩を水に入れてよく混ぜると，無色のとう明な液体になった。

イ．デンプンを水に入れてよく混ぜると，白色のにごりのある液体になった。

ウ．きな粉を水に入れてよく混ぜると，色のついたにごりのある液体になった。

エ．コーヒーシュガーを水に入れてよく混ぜると，色のついたとう明な液体になった。

（２）20℃の水 150ｇにとかすことのできるＡは何ｇであると考えられますか。

（３）Ａ～Ｃを 50g ずつ用意しました。これらのうち，40℃の水 150ｇに全部とけると考えられるものをすべて選びなさい。

（4）80℃の水にAをとかせるだけとかした水よう液を150g作りました。
この水よう液にとけたと考えられるAは何gですか。

水にとけたものは，水よう液の温度を変化させたり水を蒸発させたりすることによって，再び取り出すことができます。

（5）80℃の水50gに50gのBをとかして作った水よう液を20℃まで冷やしたとき，何gのBを再び取り出すことができると考えられますか。

（6）60℃の水に50gのBをとかして作った水よう液130gから温度を変えずに水を蒸発させたところ，24gのBを再び取り出すことができました。蒸発させた水は何gであると考えられますか。

150gのBに10gのCが混ざってしまいました。混ざったものからBだけをできるだけ多く取り出す方法を考えます。混ざったものを一度すべて水にとかした後，温度を変化させることによって取り出します。

（7）次の文章の空らん（ⅰ）と（ⅱ）に当てはまる数字を，表の温度の中から選んで答えなさい。また，空らん（ⅲ）に当てはまる語句を答えなさい。ただし，水にBとCが混ざってとけていても，100gの水にとかすことのできる重さは表と変わらないものとします。

まず，（ⅰ）℃の水100gにBとCが混ざったものをすべてとかします。次に，とかした水よう液を（ⅱ）℃まで冷やしたとき，最も多くのBだけがとけきれずに出てきます。その後，（ⅲ）することによって，Bを取り出すことができます。

［３］月について，後の問いに答えなさい。

Ⅰ　月が図１のア～クの位置にあるとき，地球にいる人から見たときの月の形は変化します。はるか遠くから来た太陽の光に半分だけ照らされている月を地球から見る向きが変化することで，月の形がちがって見えます。図２の**あ**～**く**は，月が図１のア～クのいずれかにあるときに日本の南の空に見えている月の形をそれぞれ表したものです。月はいつも同じ面を地球に向けています。これは，月と地球の間の引き合う力のためです。この力は地球にも影響(えいきょう)をおよぼし，月と地球の間の距離(きょり)や，地球の１日の長さを，時間とともに変化させてきました。

図１

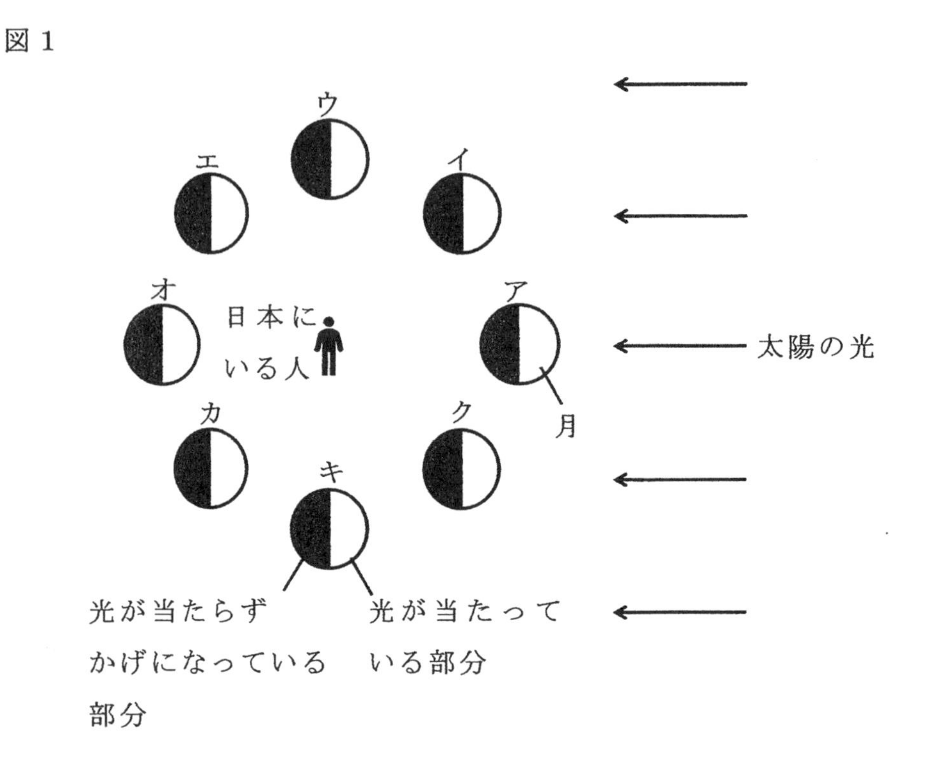

（１）月が図２の**う**のように見えるのは，月が図１のどの位置にあるときですか。図１のア～クから選びなさい。

図2

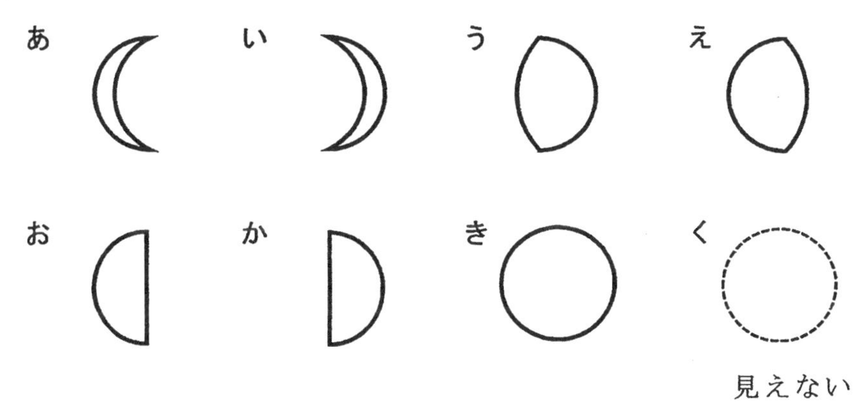

（2）月が図3の位置にあるときを考えます。図の矢印A～Hは，はるか遠くから来る太陽の光の向きを表しています。太陽の光が矢印Cの方向または矢印Fの方向から月を照らしているとき，日本の南の空に見える月はどのように見えますか。例にならって解答らんに月の形をそれぞれ書きなさい。ただし，暗い部分を黒くぬること。

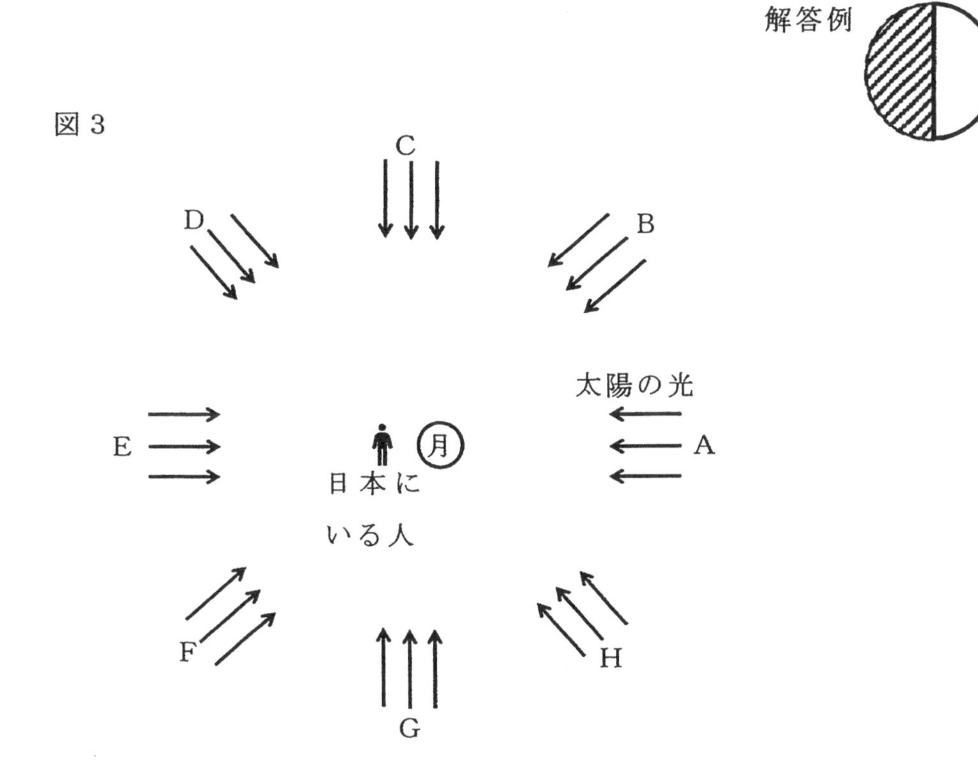

（３）地球から見ると，月と太陽は同じ大きさに見えます。次の文章は，このことを使って，月と地球の間の距離を計算する方法を説明したものです。

「太陽の直径は，月の直径の約（ｉ）倍です。月と太陽が同じ大きさに見えるのは，地球から太陽までの距離も，地球から月までの距離の（ｉ）倍であるためです。このことから，地球と月の間の距離は約（ⅱ）kmとわかります。」

表

	太陽	月
直径（km）	約 140 万	約 3500
地球からの距離（km）	約 1 億 5200 万	約（ ⅱ ）

① 表を使って，空らん（ｉ）にあてはまる数を整数で答えなさい。

② 表を使って，空らん（ⅱ）にあてはまるものを選びなさい。

ア．608 億　　イ．6080 万　　ウ．380 万　　エ．38 万

（４）文中の下線部について，次の問いに答えなさい。

① 現在，月は地球から１年間におよそ４cm ずつ遠ざかっています。３年８ヶ月後には月と地球は現在より何 cm はなれますか。小数第２位を四捨五入して答えなさい。

② 現在の地球での１日の長さは 24 時間ですが，昔はそうではありませんでした。昔の１日の長さは，サンゴなどの化石に刻まれた「年輪（ねんりん）」（１年ごとに作られるしわ）とその間にある「日輪（にちりん）」（１日に１本刻まれるしわ）をくらべて割り出すことができます。今から４億年前のサンゴ化石を調べてみると，１年あたり約 400 本の日輪が刻まれていました。一方，現在のサンゴには，１年あたり約 365 本の日輪が刻まれています。今から４億年前の１日の長さは約何時間ですか。小数第１位を四捨五入して整数で答えなさい。ただし，１年の長さは（１日の時間）×（１年の日数）であるとし，１年の時間は変わらないものとします。

（5）日本で太陽と月の動きを1時間ごとに観察すると，どちらも東の方からのぼって南の空の最も高いところを通り（これを南中（なんちゅう）といいます），西の方にしずんでいくことがわかります。これが毎日くり返されるので，図4のように月はある点Xのまわりをぐるぐる回っているように見えます。太陽も同じ点Xのまわりを回っているように見えます。このことについて，次の文章の（iii），（iv）にあてはまる数を整数で答えなさい。

「太陽が南中してから次に南中するまでの時間を調べると，ちょうど24時間でした。同じように，月が南中してから次に南中するまでの時間を調べると，およそ24.8時間でした。そこで，実際の時間とは少しちがいますが，この時間をちょうど24.8時間とします。このことから，月が1日（つまり24時間）で点Xのまわりを回る角度を分数を使って書くと，$360° \times \frac{30}{(\text{iii})}$となるので，月は南中した日の次の日の同じ時刻に南中の位置までもどりません。しかし，南中した日の（iii）日後には同じ時刻に再び南中の位置にもどります。この（iii）日間に月は点Xのまわりを（iv）回まわっていると考えられます。」

図4

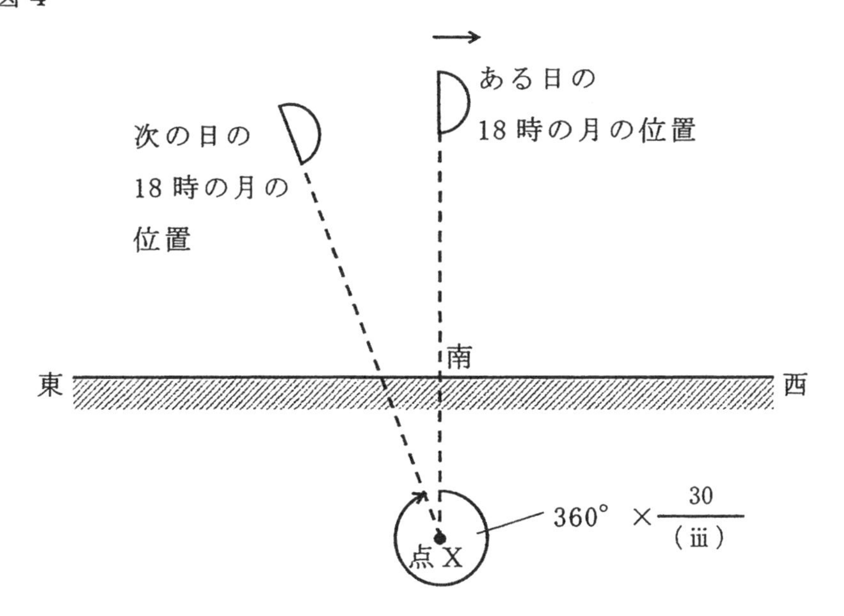

Ⅱ　地球から見ると，月の形は時間とともに変化しますが，月と地球の間の引き合う力のために，地球上のどの地点から見ても，見えている月の面は常に同じです。では逆に，月から見ると地球の形がどのように見えるかを考えます。図５は，あるとき月面にいる学くんが地球を見ているようすを表しています。地球上の日本列島はわかりやすいように大きくかかれています。

図５

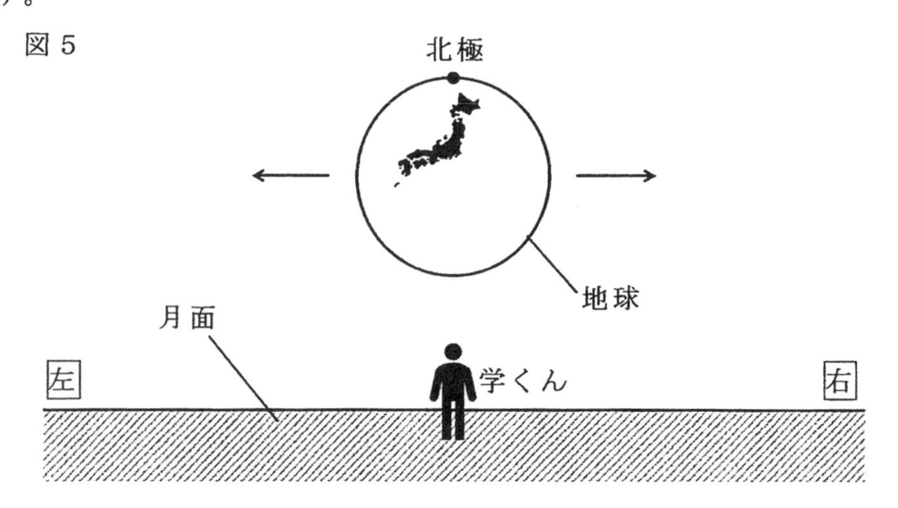

（６）月面にいる学くんから見て，地球の位置はどのように変化すると考えられますか。

ア．図５の左の方向に動く　　　イ．ほとんど動かない

ウ．図５の右の方向に動く

（７）月面にいる学くんから見て，地球の光っている部分が①，②のように見えました。図６は，月の位置（a～h）と，太陽の光がはるか遠くから来る方向（A～H）をそれぞれ表しています。①，②について，月の位置（図６のa～h）と太陽の光がはるか遠くから来る方向（図６のA～H）の組み合わせとして正しいものを表のア～クからそれぞれ選びなさい。

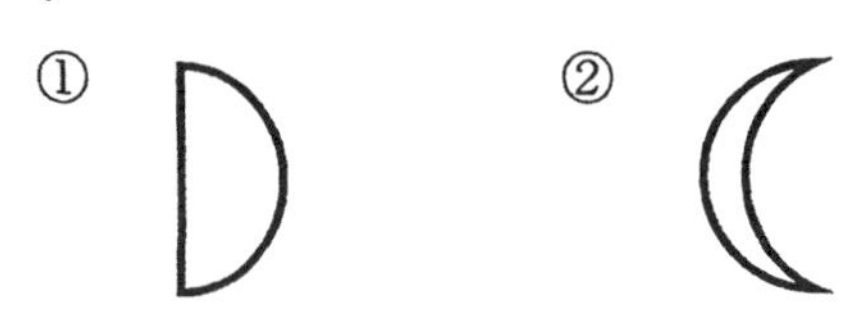

	月の位置	太陽の光が来る方向
ア	a	E
イ	b	B
ウ	c	A
エ	d	F
オ	e	F
カ	f	A
キ	g	D
ク	h	G

図6

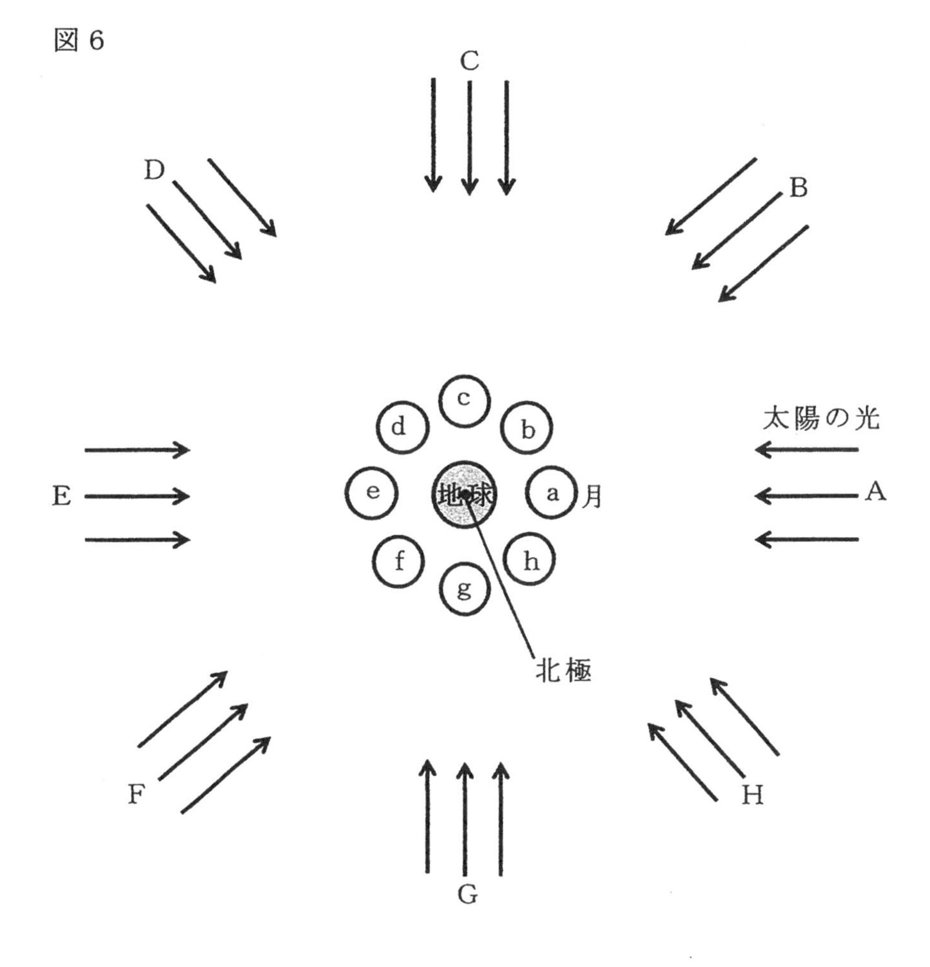

（８）次の文章は，図５の状態から時間が経過したとき，月面にいる学くんから見て太陽がどのような動きをするかを考えたものです。

「図４で，太陽や月が東から西に動くことから，図６で北極に立っている人から見て太陽や月は地球のまわりを（ⅴ）回りしていると考えられます。また，（５）で，太陽が24時間で１周するのに対し，月が24時間以上かけて１周することから，図６で太陽が回る速さは月（ⅵ）ことがわかります。以上のことから，図５の状態から時間が経過したとき，月面にいる学くんから見て太陽は（ⅶ）とわかります。」

① 文章中の空らん（ⅴ）にあてはまるものを選びなさい。

ア．時計　　イ．反時計

② 文章中の空らん（ⅵ）にあてはまるものを選びなさい。

ア．より速い　　イ．より遅い　　ウ．とほぼ同じ

③ 文章中の空らん（ⅶ）にあてはまるものを選びなさい。

ア．左からのぼってくる　　イ．ずっと見えない

ウ．右からのぼってくる　　エ．ずっと見えている

（９）月面にいる学くんから見て，太陽が最も高いところに来てから再び最も高いところに来るまで何日かかりますか。（５）から考えて整数で答えなさい。

［4］電流と回路について，後の問いに答えなさい。

（1）ある回路に電流を流し，電流計を使ってその大きさを調べたところ，電流計の針が図1のようになりました。このとき，電流計に流れている電流の大きさはいくらですか。単位とともに答えなさい。

図1

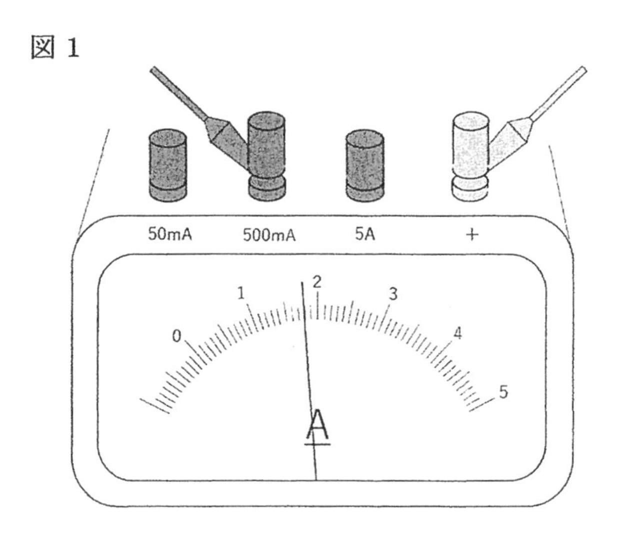

（2）電池を図2のようにつなぎ，四角の部分に①～④の各部品をつなぐと，部品はそれぞれ「動作：」の後に書かれているようになりました。その後，電池をつなぐ向きを変えると，どのようになると考えられますか。ア～ウからそれぞれ選びなさい。

図2

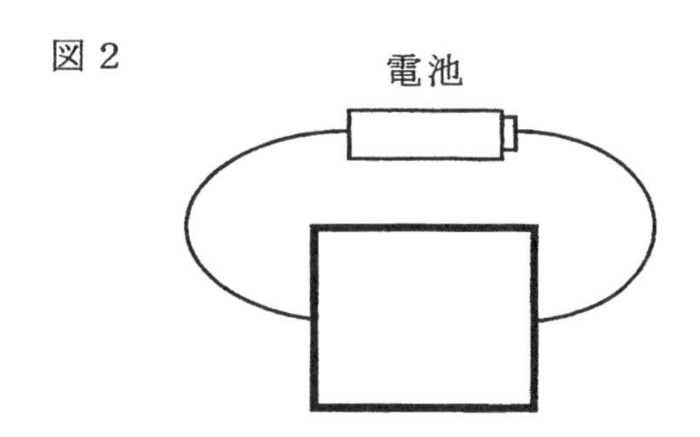

① 豆電球　動作：光った

ア．光った　　イ．光ったり消えたりした　　ウ．光らなかった

② 発光ダイオード　動作：光った

ア．光った　　イ．光ったり消えたりした　　ウ．光らなかった

③ モーター　動作：右回りに回った

ア．右回りに回った　　イ．左回りに回った　　ウ．回らなかった

④ コイル　動作：クリップを引きつけた

ア．クリップを引きつけた　　イ．クリップを遠ざけた

ウ．クリップは動かなかった

図３のようなコンデンサーと豆電球，発光ダイオードなどをいくつか使って，次の実験１，２をしたら，結果１，２のようになりました。ただし，それぞれの実験で別々に用意したコンデンサーなどを使います。

図３

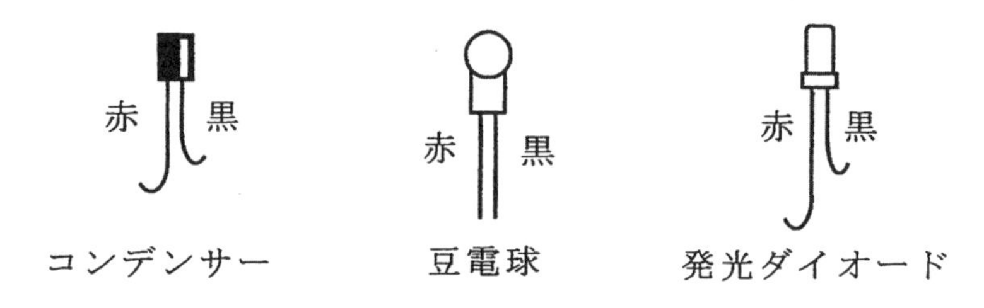

実験１：コンデンサーと豆電球をつないだ。

結果１：豆電球は少しの間光ってから消えた。

実験２：コンデンサーと発光ダイオードをつないだ。

結果２：発光ダイオードは少しの間光ってから消えた。

（３）結果１，結果２のように，「光って」から「消えた」理由として，どのようなことが考えられますか。解答らんの言葉につながるように答えなさい。

次に，実験１，２とは別のコンデンサーと豆電球，発光ダイオードなどをいくつか使って，次の実験３，４をしたら，結果３，４のようになりました。

実験３：コンデンサーと豆電球をつないだ。
結果３：豆電球はまったく光らなかった。

実験４：コンデンサーと発光ダイオードをつないだ。
結果４：発光ダイオードはまったく光らなかった。

（４）結果３の原因として考えられるものをすべて選びなさい。
ア．コンデンサーと豆電球の赤い導線どうし，黒い導線どうしをつないでいた
イ．コンデンサーの赤い導線と豆電球の黒い導線，コンデンサーの黒い導線と豆電球の赤い導線をつないでいた
ウ．コンデンサーに電気がたまっていた
エ．コンデンサーに電気がまったくたまっていなかった
オ．豆電球の導線が切れていた

（５）結果４の原因として考えられるものをすべて選びなさい。
ア．コンデンサーと発光ダイオードの赤い導線どうし，黒い導線どうしをつないでいた
イ．コンデンサーの赤い導線と発光ダイオードの黒い導線，コンデンサーの黒い導線と発光ダイオードの赤い導線をつないでいた
ウ．コンデンサーに電気がたまっていた
エ．コンデンサーに電気がまったくたまっていなかった
オ．発光ダイオードの導線が切れていた

２つの乾電池**あ**，**い**，４本の導線**う**，**え**，**お**，**か**，２つの豆電球**き**，**く**のうち，乾電池１つ，導線２本，豆電球１つをつないで図４のような回路をつくり，次の実験５～７をしたら，結果５～７のようになりました。

図４

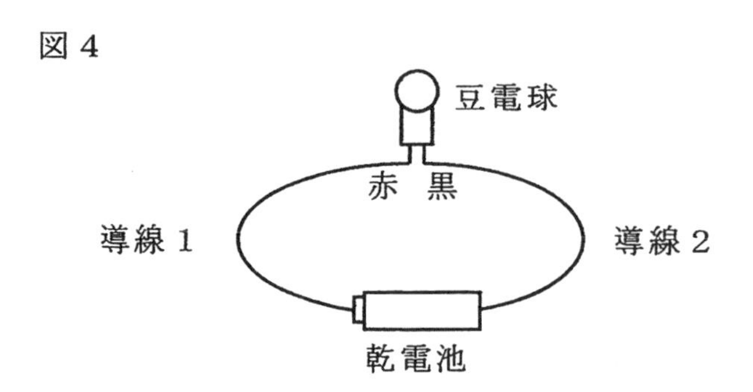

実験５：乾電池**あ**，導線**う**，導線**え**，豆電球**き**をつないだ。
結果５：豆電球**き**は光った。

実験６：乾電池**い**，導線**お**，導線**か**，豆電球**く**をつないだ。
結果６：豆電球**く**は光らなかった。

実験７：乾電池**い**，導線**う**，導線**お**，豆電球**き**をつないだ。
結果７：豆電球**き**は光った。

（６）結果５～７から考えて，誤っているとは言えないものをすべて選びなさい。

ア．導線**う**は切れていて電流を流すことはできない
イ．導線**か**は切れているかどうか分からない
ウ．乾電池**い**には電流を流す力はない
エ．実験５で，豆電球**き**のかわりに豆電球**く**をつなぐと光らない
オ．導線**お**と**か**は両方とも切れていて電流を流すことはできない

（7）**あ**～**く**のすべての部品について，それぞれ電流を流すことができるかどうかを調べます。実験5～7と結果5～7に加えて，少なくとも次のうちどの実験をすればよいですか。その組み合わせを下のア～クから選びなさい。

実験8　乾電池**あ**，導線**う**，導線**か**，豆電球**く**をつなぐ
実験9　乾電池**あ**，導線**う**，導線**か**，豆電球**き**をつなぐ
実験10　乾電池**あ**，導線**う**，導線**え**，豆電球**く**をつなぐ

ア．実験8だけ　　イ．実験9だけ　　ウ．実験10だけ
エ．実験8と9　　オ．実験8と10　　カ．実験9と10
キ．実験8と実験9と実験10
ク．実験8～10をすべてしても調べることはできない

（8）導線が切れているかどうか分からない豆電球2つと，電流を流せることが分かっている乾電池1つがあります。これらを導線でつないで，どの豆電球の導線が切れているかを，導線をつなぎ変えることなく一度に調べるためには，どのようにつないだらいいですか。解答らんの乾電池と豆電球の導線でつなぐ部分を線でつなぎなさい。ただし，以下の点に注意して解答すること。

○ つなぐのに使う導線はすべて切れていないものとします。
○ 乾電池や豆電球の端（はし）には導線を何本でもつなぐことができますが，使う導線ができるだけ少なくなるようにつなぎなさい。
○ 線が重なるとき，例のように●があれば導線はつながっているものとし，なければつながっていないものとします。

例

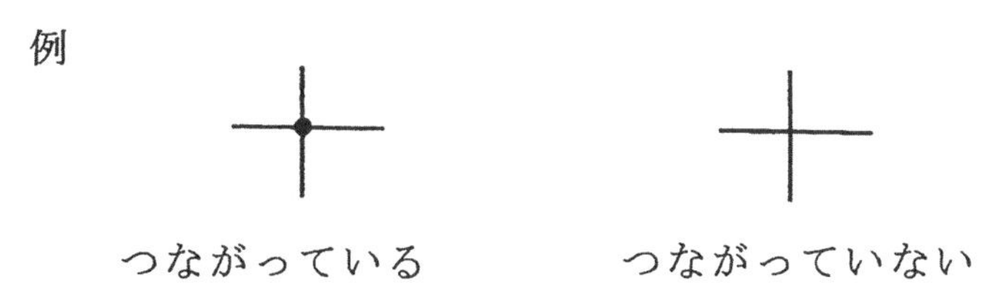

令 和 6 年 度

広 島 学 院 中 学 校 入 学 試 験 問 題

社　　会

【 40分 】

◎試験開始まで，問題用紙にも解答用紙にも手をふれてはいけません。
次の注意を読みなさい。

注　意

1．問題用紙
この問題用紙は，２ページから 34 ページまでで，大問は４問あります。

2．解答用紙
解答用紙は別の用紙１枚で，この問題用紙にはさんであります。

3．記入・質問などの注意
(1)答えはすべて解答用紙のわくの中に，ていねいな字で記入しなさい。
(2)記号を選択(せんたく)する問題では，**問題の指示する記号**で答えなさい。
(3)印刷が悪くて字のはっきりしないところなどがあれば，手をあげて監督(かんとく)の先生に知らせなさい。

［1］ 次の各問いに答えなさい。

問1 次の吉野ヶ里遺跡（いせき）の写真を見て，（1）・（2）に答えなさい。

（1） Aのようなほりが造られた目的は何ですか。答えなさい。

（2） この遺跡から出土したものとして**誤っているもの**を次から1つ選び，記号で答えなさい。

あ 銅剣（どうけん）　**い** 銅鐸（どうたく）　**う** 管玉（くだたま）　**え** 埴輪（はにわ）

問2 山口県美祢（みねし）市にある長登（ながのぼり）銅山跡（あと）は，奈良時代から採掘（さいくつ）が始まった銅山跡で，日本最古といわれています。奈良時代にこの銅山から採掘された大量の銅は，何をつくるために使用されたと考えられますか。答えなさい。

2024(R6) 広島学院中
K 教英出版

問３　奈良時代の庶民の住居を次から１つ選び，記号で答えなさい。

問４　平安時代について，（１）・（２）に答えなさい。

（１）かつて中国から伝わった学問の一つである「陰陽道」は，さまざまな年中行事に影響を与えました。「陰陽道」では，奇数が縁起のいい数字（陽の数字）とされ，現在の「五節句」の元になったとされます。例えば七月七日は「七夕の節句」とされ，今日の私たちにとって重要な年中行事となっています。次の①～③の月日はそれぞれ何の節句といわれていますか。正しい組合せを**あ～か**から１つ選び，記号で答えなさい。

①　三月三日　　②　五月五日　　③　九月九日

A　端午の節句　　B　桃の節句　　C　重陽の節句（菊の節句）

あ　①－A　②－B　③－C　　**い**　①－A　②－C　③－B
う　①－B　②－A　③－C　　**え**　①－B　②－C　③－A
お　①－C　②－A　③－B　　**か**　①－C　②－B　③－A

（２）平安時代になると，かな文字を使って『源氏物語』・『枕草子』など女性による優れた文学が作られるようになりました。かな文字を使用することによって，表現しやすくなったことは何ですか。答えなさい。

問５　次の写真は鎌倉時代に沿岸部に造られた施設(しせつ)です。これを見て，（１）・（２）に答えなさい。

（１）この写真の施設が造られた地域はどこですか。地図中の**あ～え**から１つ選び，記号で答えなさい。

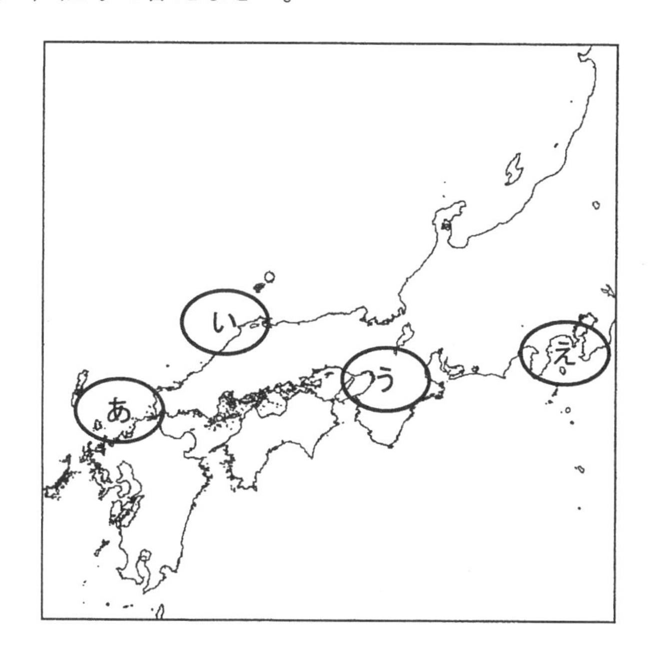

（２）この写真の施設を造らせた人物の名前を**漢字で**答えなさい。

問６　次の文章を読んで，（１）～（４）に答えなさい。

江戸時代になり，①日本海側の各地域と大阪を結ぶ航路が開かれると，（　②　）から運ばれた鮭（さけ）や昆布（こんぶ）などが売りさばかれるようになりました。

また，大阪は日本の（　③　）の中心地であったため，各地の大名が（　④　）や特産物を保管し，売りさばくために下の絵のような蔵がたてられました。

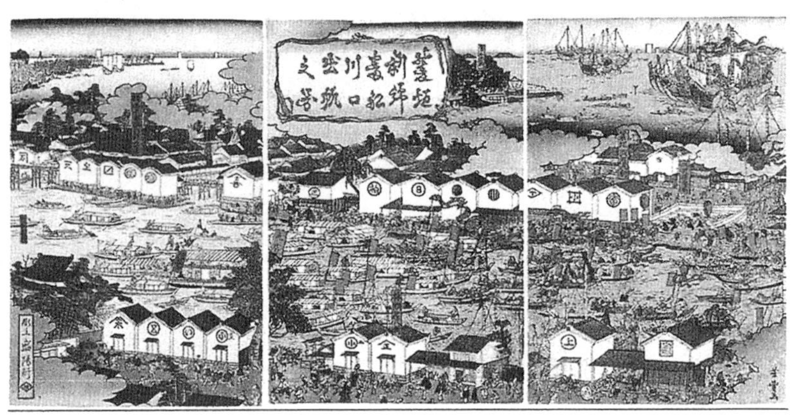

（１）下線部①の航路で運航されていた船を何といいますか，**漢字**で答えなさい。

（２）（　②　）にあてはまる地名を答えなさい。

（３）（　③　）にあてはまる語句を答えなさい。

（４）（　④　）にあてはまるものの量は，当時どのような単位で表していましたか。１つ答えなさい。

問７　江戸時代について述べた文として**誤っているもの**を次から**２つ選び**，記号で答えなさい。

あ　鎖国（さこく）のもとで，出島のオランダ商館長は，毎年のように江戸の将軍を訪ね，海外の出来事を記した報告書を提出していた。

い　江戸時代には1000人以上の家来をもつ武士が大名といわれ，大名が治める領地のことを藩といった。

う　江戸時代になると，油かすや干したイワシといった肥料が使われるようになり，農産物の生産が高まっていった。

え　国学は，主君と家来，父と子など上下の秩序（ちつじょ）を大切にしたので，人々を支配する上でも役に立つと考えられていた。

お　江戸時代には各地で特産物が生産され，陶磁器（とうじき）や茶，絹織物，綿織物，和紙，酒，しょうゆなどが今でも特産物として残っている。

問８　次のてつや先生，まなぶさん，ソフィアさんの授業中の会話を読んで,（1）～（3）に答えなさい。

てつや先生:トルコという国は，アジアの西端（せいたん）に位置しています。今日は，1800年代の現在トルコと呼ばれている地域の歴史について調べてみましょう。この地域には，オスマン帝国という国があり，国内のトルコ人以外の人たちの反発や，ヨーロッパの国々の勢力争いに巻き込まれたことで，国力を落としていました。こうした中で，当時世界に影響（えいきょう）を広げていたイギリスは，オスマン帝国との貿易を拡大しようとして，1838年にバリタ=リマヌ条約を結びました。この条約において，オスマン帝国が輸出・輸入する商品に課せられる関税の割合が，イギリスとオスマン帝国の間で取り決められました。

まなぶさん:バリタ=リマヌ条約は，まるで日本が結んだ（　①　）のようですね。

てつや先生:そうですね。どうしてそのように考えられるでしょうか。

まなぶさん:バリタ=リマヌ条約ではオスマン帝国が,（　①　）では日本が，それぞれ［　②　］ことを内容としていたからです。

てつや先生:その通りです。また1870年代には，スルタンが元首であること，イスラム教が国教であること，一方で人々はイスラム教以外の宗教も信じることが可能であること，上院と下院からなる議会を創設することなどを定めたミドハト憲法が制定されました。ただし，この憲法は制定翌年に始まるロシアとの戦争が始まったことを理由として停止され，議会も閉鎖（へいさ）されました。

ソフィアさん：［　③　］

てつや先生:そうなんです。このように，外国の歴史を知ることで，わたしたちの国のことについても深く知ることができますね。

2024(R6) 広島学院中
K 教英出版

(1)(　①　)にあてはまる，日本がある国と結んだ条約を答えなさい。

(2)[　②　]にあてはまることばを**10字以内**で答えなさい。

(3)[　③　]にあてはまる発言として最もふさわしいものを次から1つ選び，記号で答えなさい。

あ　ミドハト憲法でも大日本帝国憲法でも，信教の自由は認められていなかったのですね。

い　欧米の日本に対する外交のあり方は，欧米のトルコとの外交のあり方のモデルになったのですね。

う　アジアにおいて，憲法を制定し，憲法にもとづいて議会が開かれたのは，日本が初めてではなかったのですね。

え　スルタンはミドハト憲法に元首と書かれていましたが，天皇は大日本帝国憲法に元首と書かれていなかったのですね。

［２］ 次の各問いに答えなさい。

問１ 明治初期，会津藩（あいづはん）・仙台藩出身の武士たちが多数北海道に移住しました。次の文章はこの背景を説明したものです。［　　　］にあてはまる文を答えなさい。

「大政奉還（たいせいほうかん）後，新政府の方針に反発していた会津藩・仙台藩の武士たちは［　　　　　］ため，新政府により俸禄（ほうろく）（武士に与えられた給料）を取り上げられ，生活に困っていた。」

問２ 次の文章は，1869年，明治政府によって行われた版籍（はんせき）奉還について説明したものです。［　　　］にあてはまる文を答えなさい。

「大名が治めていた［　　　　　］政策である。大名だった者は地方の長官である知藩事という役職に任命された。」

2024(R6) 広島学院中
K 教英出版

問３　次の写真の人物は，1877年，大森貝塚(かいづか)を発見・発掘(はっくつ)したアメリカ人です。この人物が東京とその周辺で生活していた理由として，最もふさわしいものを次から１つ選び，記号で答えなさい。

写真　エドワード=モース博士像

あ　キリスト教徒に対する弾圧(だんあつ)に抗議(こうぎ)するため。
い　アメリカ国内では空前の日本旅行ブームがおこっていたため。
う　西洋の民主主義を目指す自由民権運動を指導するため。
え　自身の研究を深め，西洋の学問を広めるため。

問４　1871年から岩倉使節団として欧米の国々を視察して近代的な工業を調査し，殖産(しょくさん)興業政策をすすめた薩摩(さつま)藩出身の人物として正しいものを次から１つ選び，記号で答えなさい。

あ　大久保利通(おおくぼとしみち)　**い**　新渡戸稲造(にとべいなぞう)　**う**　陸奥宗光(むつむねみつ)　**え**　伊藤博文(いとうひろぶみ)

問５　岩崎弥太郎（いわさきやたろう）が創業した汽船会社は，日本と外国を結ぶ海運業において成功を収めました。この汽船会社が1880年代～90年代に運んだ物の説明として正しいものを１つ選び，記号で答えなさい。

あ　日本製の生糸を欧米に運んだ。
い　日本産の鉄鉱石をインドに運んだ。
う　アメリカ製の綿織物を日本に運んだ。
え　中東諸国産の石油を日本に運んだ。

問６　次のＡ～Ｃの出来事について，（１）～（３）に答えなさい。

Ａ　①「越中女一揆（えっちゅうおんないっき）」と呼ばれる，富山県の漁民の主婦たちが米屋などにおしかけた事件が全国に波及（はきゅう）し，70万人以上の人が参加した運動が起きました。この事件の背景には，米の値段が急速に上がったことがありました。

Ｂ　戦争で獲得（かくとく）した賠償金（ばいしょうきん）をもとに，炭田に近く，陸海の輸送に便利な八幡（やはた）村に官営の製鉄所が建設されました。後に，この製鉄所は国内の鉄生産の８割を占（し）めることになります。

Ｃ　都市での失業者の増加，農村での貧困の深刻化による貧富の格差拡大を背景の１つとして，②一部の軍人が首相を暗殺する事件が起きました。これ以降，政治における軍人の発言力が高まることになります。

（１）下線部①について，この運動と同じころに女性の地位向上を目指す運動を起こした人物として正しいものを次から１つ選び，記号で答えなさい。

あ　津田梅子（つだうめこ）　**い**　樋口一葉（ひぐちいちよう）　**う**　平塚らいてう（ひらつか）　**え**　中満泉（なかみついずみ）

（２）下線部②の事件を何といいますか。答えなさい。

（3） A～Cの出来事を年代の古い順に並べたものとして正しいものを次から1つ選び，記号で答えなさい。

あ A→B→C　**い** A→C→B　**う** B→A→C
え B→C→A　**お** C→A→B　**か** C→B→A

問7 日本が，リャオトン（遼東〔りょうとう〕）半島を起点とする鉄道の権利を獲得〔かくとく〕し，大陸進出の足掛〔あしが〕かりとしたのは，どの出来事の直後ですか。次から1つ選び，記号で答えなさい。

あ 日清戦争　**い** 日露戦争　**う** 第一次世界大戦　**え** 満州事変

問8 戦後，中国東北地方（満州）に多くの日本人が取り残され，厳〔きび〕しい生活を送ることになりました。次の文はその背景を説明したものです。文中の（　　）にあてはまる国名を答えなさい。

「1945年8月8日に（　　）が条約を破り，中国東北地方（満州）に攻め込んで，多くの日本人が逃〔に〕げ遅〔おく〕れることになったから。」

問9 広島平和記念公園には，「韓国人原爆犠牲者慰霊碑〔げんばくぎせいいれいひ〕」があります。原爆投下時に広島で多くの朝鮮半島出身者が犠牲になったのはなぜですか。当時の広島という都市の役割をふまえ，その理由を答えなさい。

問10　次の写真を見て,（１）・（２）に答えなさい。

写真　東京タワー（1958年完成）

（１）東京タワーが建設された1950年代には，東京都の人口が300万人近く増加しました。東京都の人口が増加した理由として正しいものを次から１つ選び，記号で答えなさい。

あ　所得倍増政策により，生活が豊かになった人が東京に集まってきたため。

い　地方の農村地域から，若者が就職（しゅうしょく）のために東京に集まってきたため。

う　朝鮮戦争が起こり，難民となった人々が東京に集まってきたため。

え　農地改革により，土地を得た人たちが東京に集まってきたため。

（2） 東京タワーが建設された1950年代の出来事に関係するものを次から１つ選び，記号で答えなさい。

あ

い

う

え

問11　下の文章は，地図中Xで起こっている紛争(ふんそう)について説明したものです。文中の（　①　）～（　③　）にあてはまることばの組み合わせとして，正しいものを下の**あ**～**く**から１つ選び，記号で答えなさい。

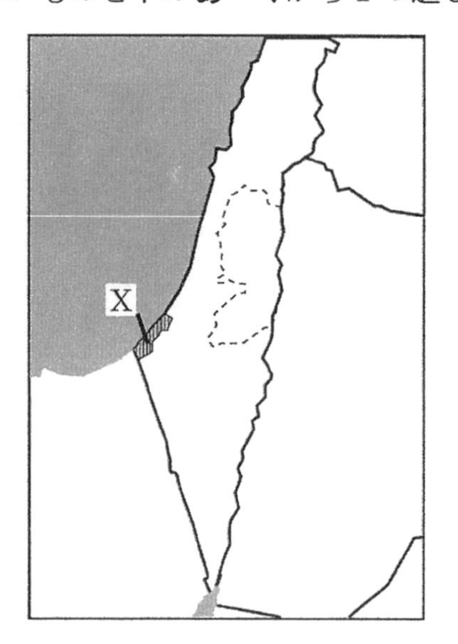

「Xは，（　①　）地区とよばれるパレスチナ人の自治区です。この地域を事実上支配しているイスラム組織（　②　）は，2023年10月，突如(とつじょ)，（　③　）へのテロ攻撃を開始しました。

これに対し，（　③　）も（　①　）への激しい空爆(くうばく)等で応酬(おうしゅう)し，双方(そうほう)に民間人を含(ふく)む多数の犠牲(ぎせい)者を出しています。」

	①	②	③
あ	① ヨルダン川西岸	② ヒズボラ	③ イスラエル
い	① ヨルダン川西岸	② ヒズボラ	③ イラン
う	① ガザ	② ヒズボラ	③ イスラエル
え	① ガザ	② ヒズボラ	③ イラン
お	① ヨルダン川西岸	② ハマス	③ イスラエル
か	① ヨルダン川西岸	② ハマス	③ イラン
き	① ガザ	② ハマス	③ イスラエル
く	① ガザ	② ハマス	③ イラン

（問題は次ページに続きます）

［３］ 次の文章を読んで，後の問いに答えなさい。

地球の誕生以来，岩石や地層に残っている記録によって区分された時代を地質年代（地質時代）といいます。今から約77万４千年前～12万９千年前を「チバニアン」と呼びますが，これは，この時期に起こった地磁気の逆転（地磁気の南北が逆になること）を示す地層が①千葉県で発見されたことに由来しています。その他にも，異常な②火山噴火が起こって酸素が欠乏した時期や，巨大隕石が衝突して③恐竜が絶滅した時期なども，地層に特徴的な物質が含まれるために推定することができます。

近年，人類が地球の環境や生態系に与えている影響は，地層に残るほど重大なものだと考えられるようになり，人類が地球の環境を激変させた時代を「人新世」として，新たな地質年代にしてはどうか，と専門家たちが提案しました。

しかし，④「人新世」の始まりを正確にいつに定めるかということは，さまざまな意見があり，現在も議論が続けられています。

問１ 下線部①について，（１）・（２）に答えなさい。

（１）次の図は千葉県のマスコットキャラクターとして知られる「チーバくん」で，県の形を表しています。この図について述べた次ページの文章の下線部**あ～お**のうち，**誤っているものを２つ選び**，記号で答えなさい。

（横向きのチーバくんの画像）

お詫び：著作権上の都合により，掲載しておりません。ご不便をおかけし，誠に申し訳ございません。
教英出版

（千葉県ウェブページより作成）

令和六年度　国語　解答用紙

（※のらんには何も書かないこと。）

受験番号

合計
※
※120点満点（配点非公表）

一

問一	問二	問三	問四	問五	問六	問七	問八	問九
A B C D			3 4 6	Ⅰ Ⅱ ドングリは	・ ・			

※ ※ ※ ※

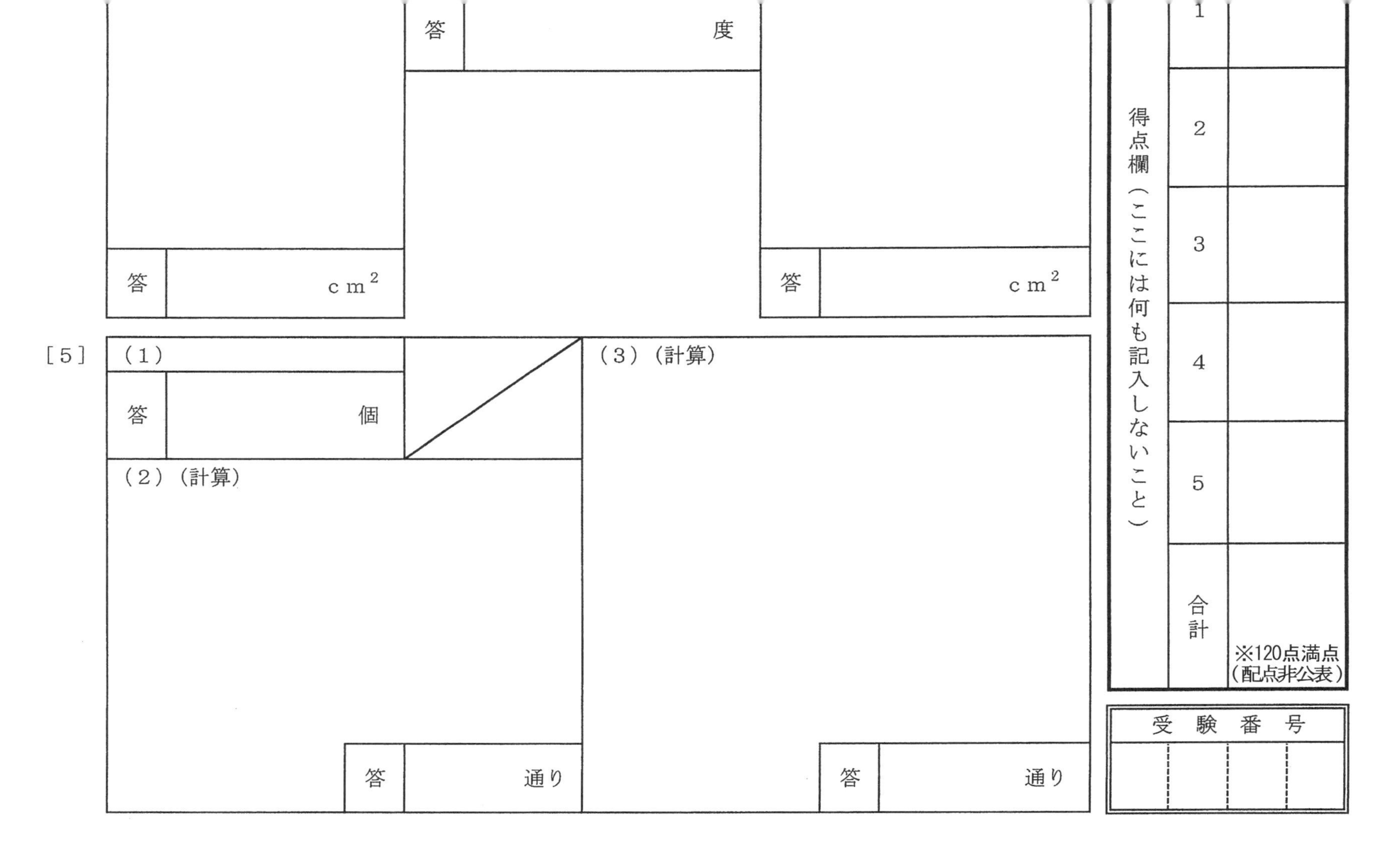
答
度
答
cm²
答
cm²
[5]
(1)
答
個
(2)(計算)
答
通り
(3)(計算)
答
通り
得点欄（ここには何も記入しないこと）
1
2
3
4
5
合計
※120点満点
(配点非公表)
受験番号

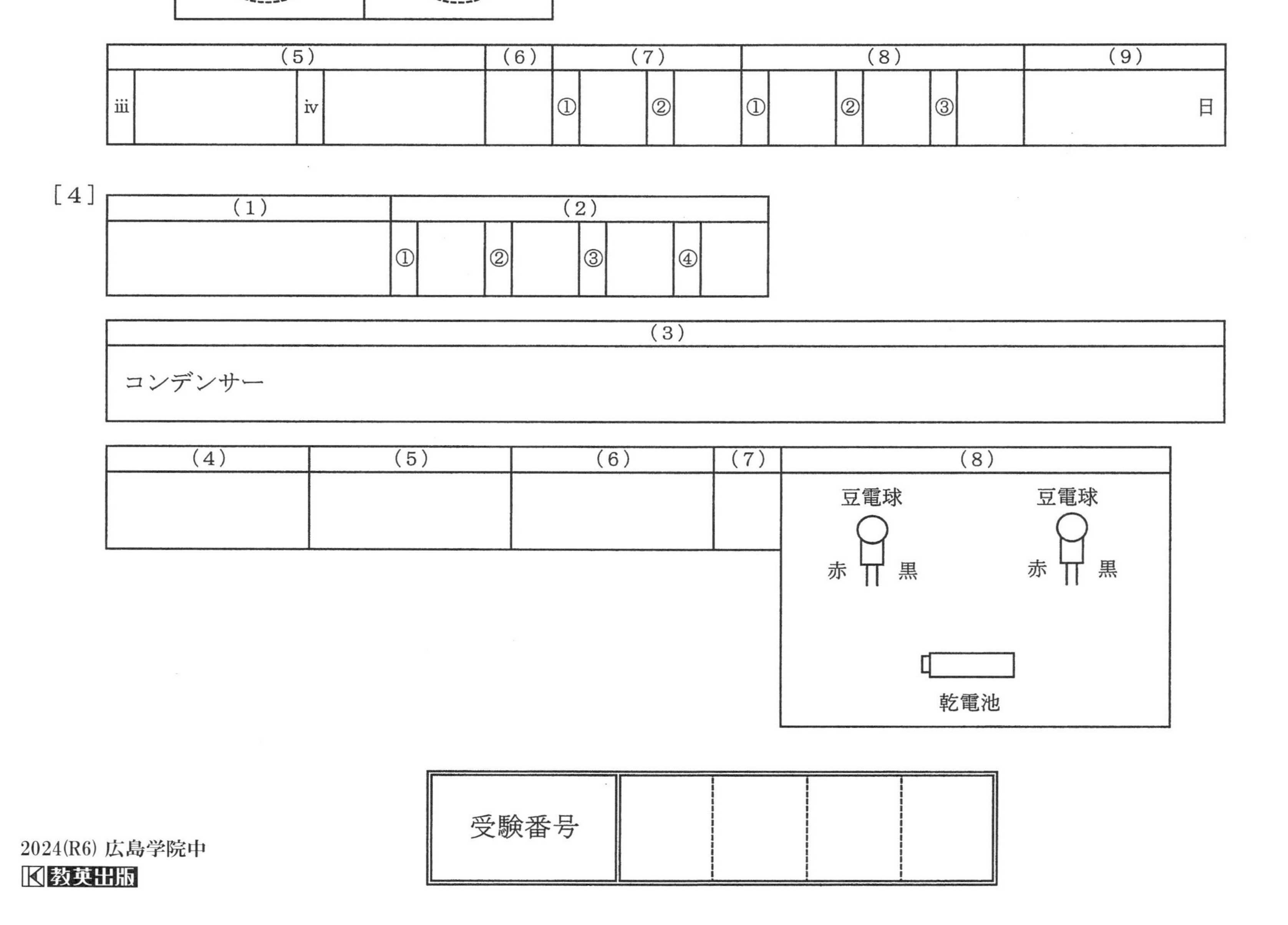
(5)
(6)
(7)
(8)
(9)
iii
iv
①
②
①
②
③
日
[4]
(1)
(2)
①
②
③
④
(3)
コンデンサー
(4)
(5)
(6)
(7)
(8)
豆電球
赤
黒
豆電球
赤
黒
乾電池
受験番号

問１ （１） （２） 千葉 神奈川 問２

問３ （１） （２） 雨温図 特産品

問４ （１） （ア） （イ） （ウ） （エ）

問４ （２） 【１】 【２】

［ ４ ］

問１ 問２ 問３ 問４ 問５ 問６ 問７ 問８

問９ 問10

受験番号				

令和６年度　　社 会　　解 答 用 紙　　※80点満点
（配点非公表）

［ 1 ］

問１ （１）　（２）　問２　問３

問４ （１）　（２）　問５ （１）

問５ （２）　問６ （１）　（２）

問６ （３）　（４）　問７

問８ （１）　条約 （２）　（３）

［ 2 ］

問１　問２

問３　問４　問５　問６ （１）　（２）　事件 （３）

問７　問８

問９

問10 （１）　（２）　問11

【解答

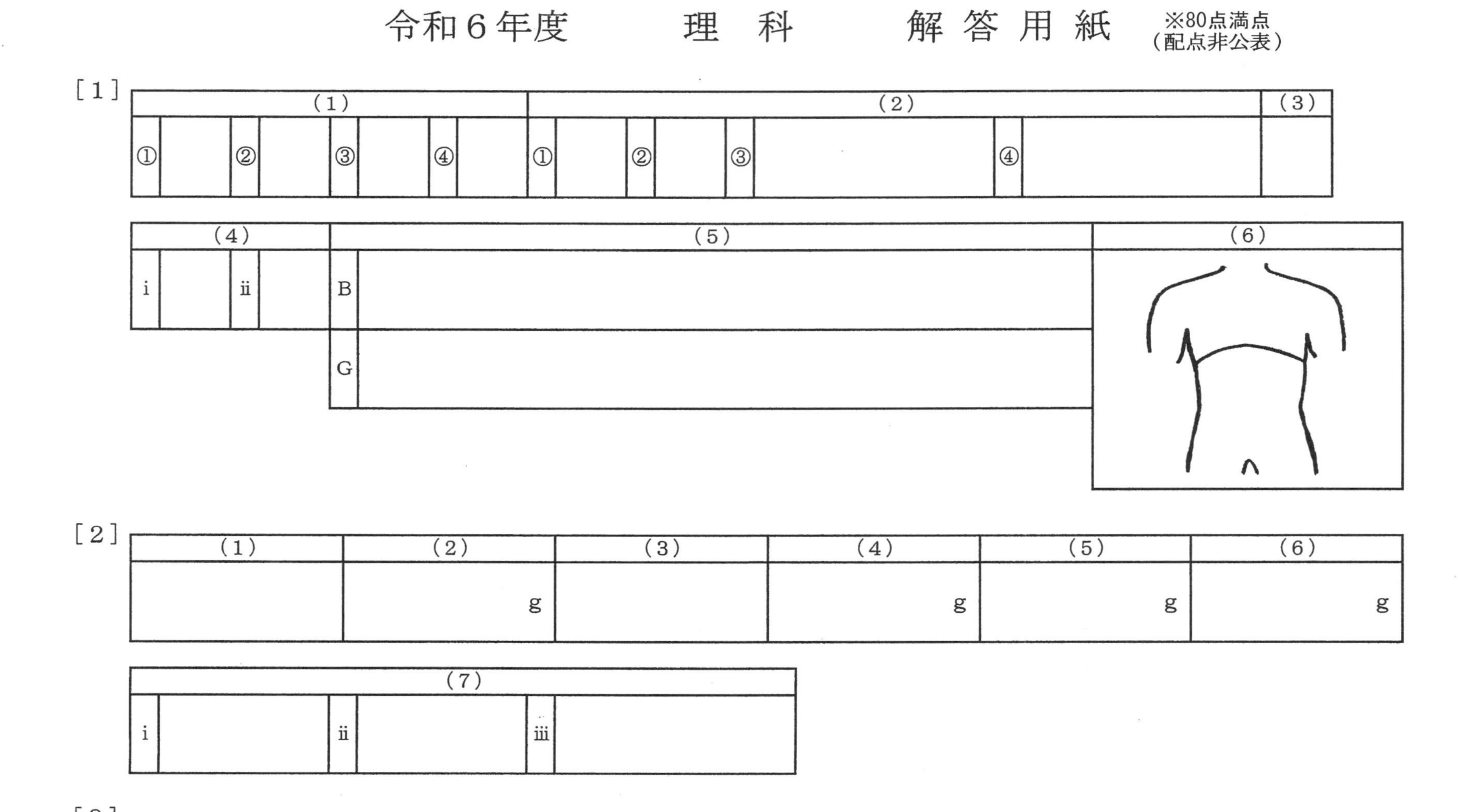

令和6年度　理　科　解答用紙

※80点満点
（配点非公表）

［1］

(1)								(2)								(3)
①		②		③		④		①		②		③		④		

(4)			
i		ii	

(5)	
B	
G	

(6)

［2］

(1)	(2)	(3)	(4)	(5)	(6)
	g		g	g	g

(7)					
i		ii		iii	

［3］

(1)	(2)		(3)	(4)
	Cから照らされた月	Fから照らされた月		

令和6年度　算数　解答用紙

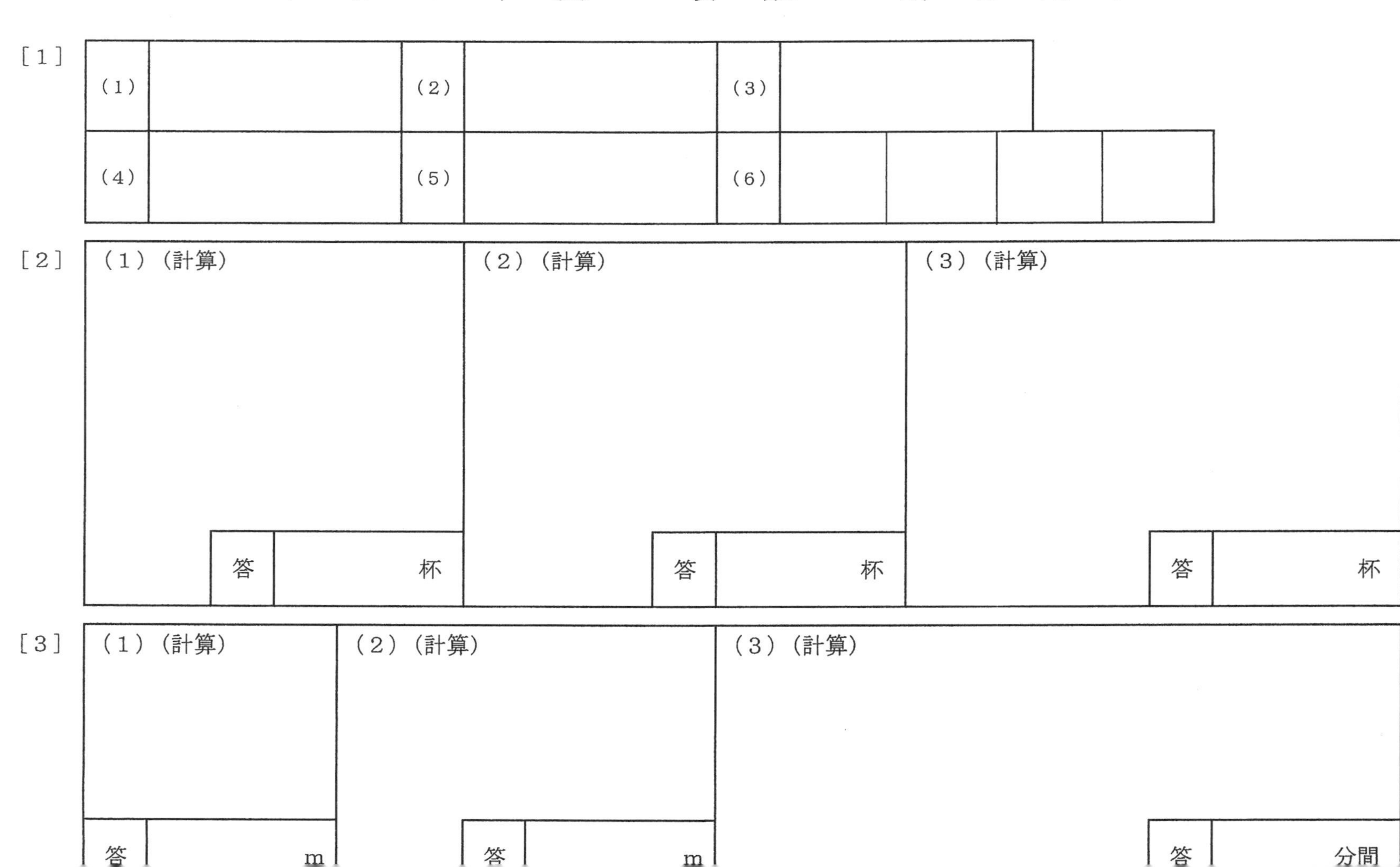

[1]

(1)		(2)		(3)	
(4)		(5)		(6)	

[2]

(1)（計算）

答　　杯

(2)（計算）

答　　杯

(3)（計算）

答　　杯

[3]

(1)（計算）

答　　m

(2)（計算）

答　　m

(3)（計算）

答　　分間

【解答

二

問一	問二	問三	問四	問五	問六	問七	問八	問九	問十	問十一
A B C D E			だれ 発言「	a b c d						❶ ❷ ❸ ❹
※	※	※	※			※			※	※

2024(R6) 広島学院中

教英出版

【解答

・突(つ)き出た舌の部分に位置する浦安(うらやす)市には，**あ** 世界的に有名なテーマパークがあり，国内外から多くの人々が訪れます。

・鼻先から耳の先までは大きな川が流れる県境になっていて，**い** この川は日本で一番流域面積が大きい河川です。

・足のつま先に位置する館山(たてやま)市の沿岸部は，**う** 遠浅の砂浜海岸が長く続いており，九十九里浜と呼ばれています。

・おでこのあたりの香取(かとり)市は，伊能忠敬(いのうただたか)が17歳(さい)から49歳までの約30年間を過ごしたところで，**え** 彼の記した『解体新書』について学ぶことができる歴史博物館があります。

・目のあたりに位置する成田市には，**お** 国内で有数の国際空港があり，外国への空の玄関口となっています。

（2）次の表は，東京都を除く関東６県の漁業生産量，農業産出額，および県庁所在都市人口を示したものです。このうち，千葉県と神奈川県にあたるものを**あ～か**から選び，それぞれ記号で答えなさい。

	漁業生産量（百トン）	農業産出額（億円）	県庁所在都市人口（万人）
あ	2945	4302	27
い	10	2859	52
う	3	2361	34
え	0.02	1678	130
お	1171	3859	97
か	352	655	375

（住民基本台帳人口・世帯数表　令和３年版ほかより作成）

問２　下線部②について，日本では現在も活動する火山が多数見られます。次の図は日本の主な火山（▲）の分布を示したものです。図のＡ，Ｂ，Ｃの地域とその地域に見られるア～ウの火山の組み合わせとして正しいものを下の**あ～か**から１つ選び，記号で答えなさい。

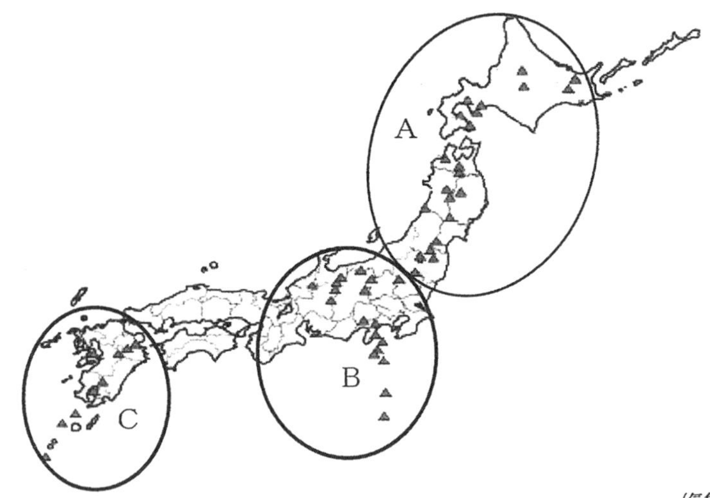

（気象庁資料より作成）

ア　雲仙岳(うんぜんだけ)・霧島山(きりしま)　　イ　浅間山(あさま)・箱根山(はこね)　　ウ　蔵王山(ざおう)・有珠山(うす)

あ　Ａ－ア　Ｂ－イ　Ｃ－ウ　　**い**　Ａ－ア　Ｂ－ウ　Ｃ－イ
う　Ａ－イ　Ｂ－ア　Ｃ－ウ　　**え**　Ａ－イ　Ｂ－ウ　Ｃ－ア
お　Ａ－ウ　Ｂ－ア　Ｃ－イ　　**か**　Ａ－ウ　Ｂ－イ　Ｃ－ア

問３　下線部③について，（１）・（２）に答えなさい。

（１）このころに，現在の６つの大陸ができあがったと考えられています。
現在の大陸名と，その大陸に属する国について述べた次の文のうち，
正しいものを**あ～か**から**すべて選び**，記号で答えなさい。

あ　オーストラリアは，オセアニア大陸にあります。
い　カナダは，北アメリカ大陸にあります。
う　サウジアラビアは，アフリカ大陸にあります。
え　ブラジルは，南アメリカ大陸にあります。
お　南スーダンは，ユーラシア大陸にあります。
か　北極大陸には，正式に認められた国はありません。

（2）福井県の勝山市は，恐竜化石の産出が多く，日本最大の恐竜博物館があることでも知られています。福井県，青森県，岩手県の3県について，以下の**A～C**は県庁所在地の雨温図を示しており，**あ～う**は，県の特産品を示しています。福井県にあたるものをそれぞれ選び，記号で答えなさい。

【雨温図】

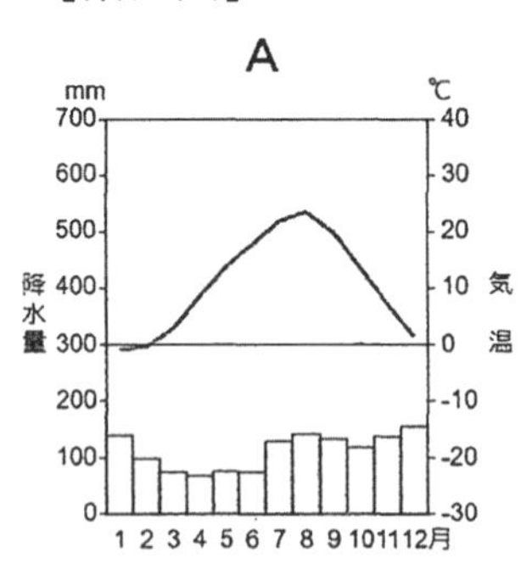

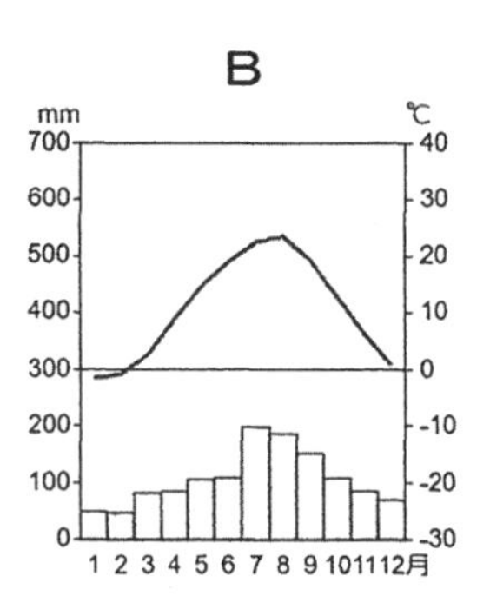

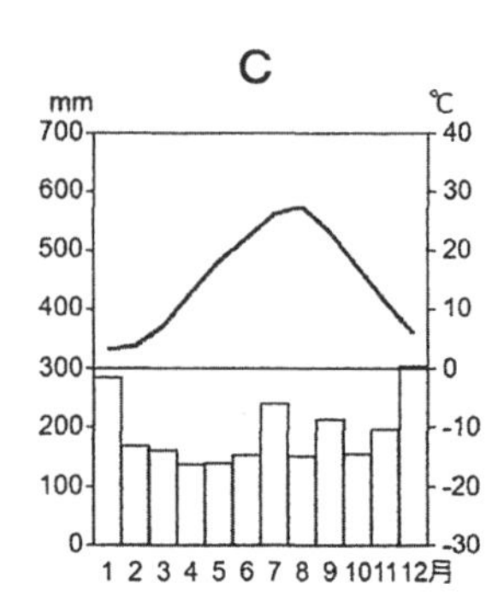

【特産品】

あ

い

う

問４　下線部④について，まなぶさんたちは，「人新世のはじまりはいつにすべきか」をテーマに，グループで議論することにしました。次のＡさん，Ｂさん，Ｃさんの意見を読んで，（１）・（２）に答えなさい。

Ａさん：

次の図１から，私は1955年を人新世のはじまりと考えます。ちょうどこのころ，石油を原料とする（　ア　）が大量に生産されるようになりました。今では多くの製品に使われていますが，海洋にも放出され，自然ではなかなか分解できないので，地層にも残ると思います。

日本国内では，【　１　】などの都市で生産されています。

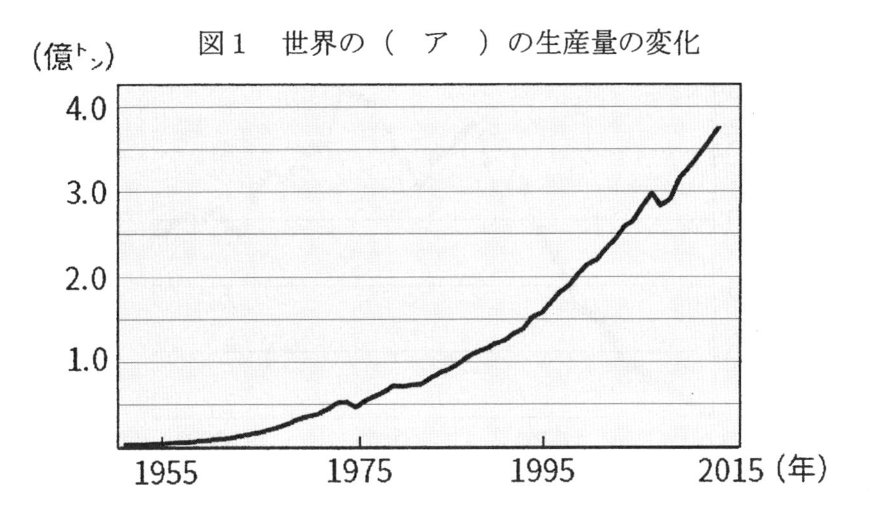

図１　世界の（　ア　）の生産量の変化

(環境省資料より作成)

Bさん：

私は1947年を提案します。図２は日本国内の（　イ　）の生産量の変化を表しています。（　イ　）は石灰岩からつくられ，高層ビルや橋，ダム，トンネルなどの材料として欠かせないので，20世紀後半から大量に作られるようになりました。1997年以降国内の生産は減少していますが，世界で最も人口の多い（　ウ　）や中国では現在も大量に使用されています。国内では，原料の石灰岩が近くで採れる【　２　】などの都市で生産がさかんです。

図２　国内の（　イ　）の生産量の変化

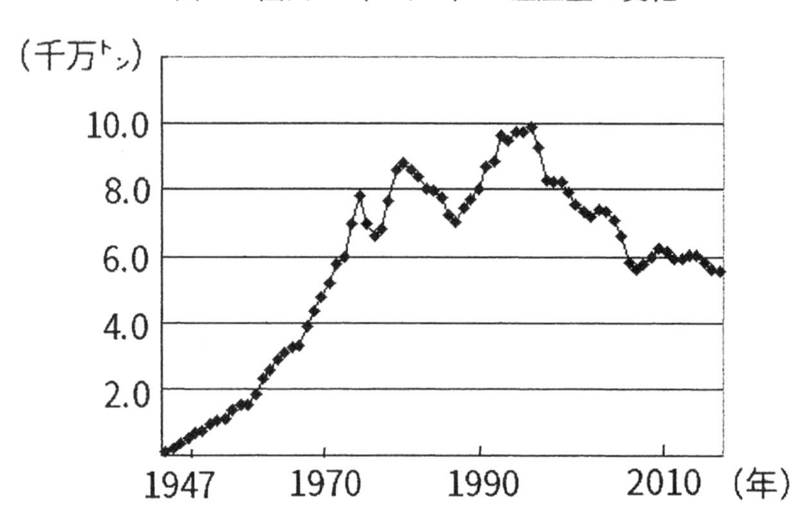

（協会ウェブページより作成）

Cさん：

私は1945年を提案します。この年に，はじめて（　エ　）が行われ，その後世界各地で何度も行われてきたからです。人類や生態系にもたらす影響が非常に大きいことは学校で学んだので，地層にも明らかに残っていくと思います。

(1)(　ア　)～(　エ　)にあてはまる語句を答えなさい。

(2)【　1　】・【　2　】にあてはまる都市群としてふさわしいものを，次の**あ～お**から選び，それぞれ記号で答えなさい。

あ　秩父(ちちぶ)　周南　宇部　北九州
い　苫小牧(とまこまい)　石巻(いしのまき)　富士　四国中央
う　室蘭(むろらん)　君津(きみつ)　神戸　福山
え　鹿島(かしま)　市原　四日市　倉敷(くらしき)
お　横須賀(よこすか)　豊田　鈴鹿(すずか)　広島

［4］ 次の各問いに答えなさい。

問1 次のA～Cは，アメリカの政治の特徴(とくちょう)について述べた文です。A～Cに関して，日本の政治と同じものの組み合わせとして，正しいものを下の**あ～き**から1つ選び，記号で答えなさい。

A 国民から選ばれた大統領が行政の長であるため，大統領は国会議員ではない。

B 二院制をとっていて，両院の議員は，国民からの選挙で選ばれる。

C 裁判所は，法律が憲法に違反(いはん)していないかどうかについて判断する権限をもっている。

あ A　**い** B　**う** C　**え** AとB

お AとC　**か** BとC　**き** AとBとC

問2 2023年に発足した省庁について述べた文として正しいものを次から1つ選び，記号で答えなさい。

あ 経済や産業・エネルギーに関する仕事を行う。

い 消費者の保護と自立支援(しえん)に関する仕事を行う。

う 国の行政組織や地方自治・通信などに関する仕事を行う。

え 子ども・家庭に対する支援，子どもの安全の確保などに関する仕事を行う。

問３　次の文章は，市の政治について述べたものです。この文章の下線部**あ～え**のうち，**誤りがあるもの**を１つ選び，記号で答えなさい。

私たちの住む市にも，国と同じような政治の仕組みがあり，私たちの願いの実現に向けて様々な人々が働いています。

市長は，住民に直接選挙され，条例や予算をもとに，行政を行います。**あ** 内閣総理大臣と異なり，市長は議会を解散することができません。

市議会の仕事は，住民からの意見を吸い上げ，条例や予算を決めていくことです。**い** 市の予算は，地方の税金と国や県からの補助金などでまかなわれています。市議会の議員も住民の直接選挙で選ばれます。**う** 市議会は，市や市長の行政がうまくいっているかどうか確認し，うまくいっていない場合には，市長に対して不信任の議決を行うことができます。

え 市民は，市に請願(せいがん)をしたり，市議会を傍聴(ぼうちょう)したりすることができます。決められたことが本当に市のためになるかどうかを考え，選挙で市長や議員を選ぶことが市民の大きな責任です。

問４　次の資料は，内閣府のウェブページをもとに，「Society1.0（ソサイエティ）」から「Society5.0」の歴史的な移り変わりをまとめたものです。これについて述べたＡ～Ｃのうち，正しいものの組み合わせを下の**あ～き**から１つ選び，記号で答えなさい。

資料

〈Society5.0とは〉

Societyは「社会」という意味である。数字は発展段階を示している。Society5.0は新たな社会を指すもので，我が国が目指すべき未来社会の姿として提唱された。

〈Society5.0に至るまでの歴史〉

段階	社会	特徴
Society1.0	狩猟（しゅりょう）社会	自然と共生しながら道具を利用
Society2.0	農耕社会	かんがい技術の開発，定住化の進展
Society3.0	工業社会	蒸気機関車の発明，大量生産の開始
Society4.0	情報社会	コンピュータの発明，情報の大量流通の開始
Society5.0	超（ちょう）スマート社会	ＡＩ，ビッグデータなど革新的科学技術の利用

Ａ　日本では，Society2.0が始まると同時に，紙を利用した情報伝達が主流となった。

Ｂ　日本では，Society4.0の時代には，マスメディアだけではなく，個人がスマートフォンなどを用いて情報発信できるようになった。

Ｃ　日本では，Society5.0の実現に向けて，文部科学省が，小学校段階において，生成ＡＩが作成した読書感想文をそのままコンクールに提出してもよいとの方針を示した。

あ　Ａ　　**い**　Ｂ　　**う**　Ｃ　　**え**　ＡとＢ

お　ＡとＣ　　**か**　ＢとＣ　　**き**　ＡとＢとＣ

問５　環境問題に対応するための取り決めＡ～Ｃとこれに関する取り組みについて述べた文ア～ウの組み合わせとして，正しいものを下の**あ～か**から１つ選び，記号で答えなさい。

Ａ　水俣条約
Ｂ　ラムサール条約
Ｃ　パリ協定

ア　世界各国に温室効果ガスの削減目標を定めるように義務づけている。
イ　水銀が人の健康や環境に与える危険性を低くするための規制として定められている。
ウ　水鳥などが集まる世界的に重要な湿地を守るためのルールが定められている。

あ	Ａ－ア	Ｂ－イ	Ｃ－ウ	**い**	Ａ－ア	Ｂ－ウ	Ｃ－イ
う	Ａ－イ	Ｂ－ア	Ｃ－ウ	**え**	Ａ－イ	Ｂ－ウ	Ｃ－ア
お	Ａ－ウ	Ｂ－ア	Ｃ－イ	**か**	Ａ－ウ	Ｂ－イ	Ｃ－ア

問６　次のグラフは，2023年度の国の予算の内訳(うちわけ)を示したものです。これを見て，次ページの問いに答えなさい。

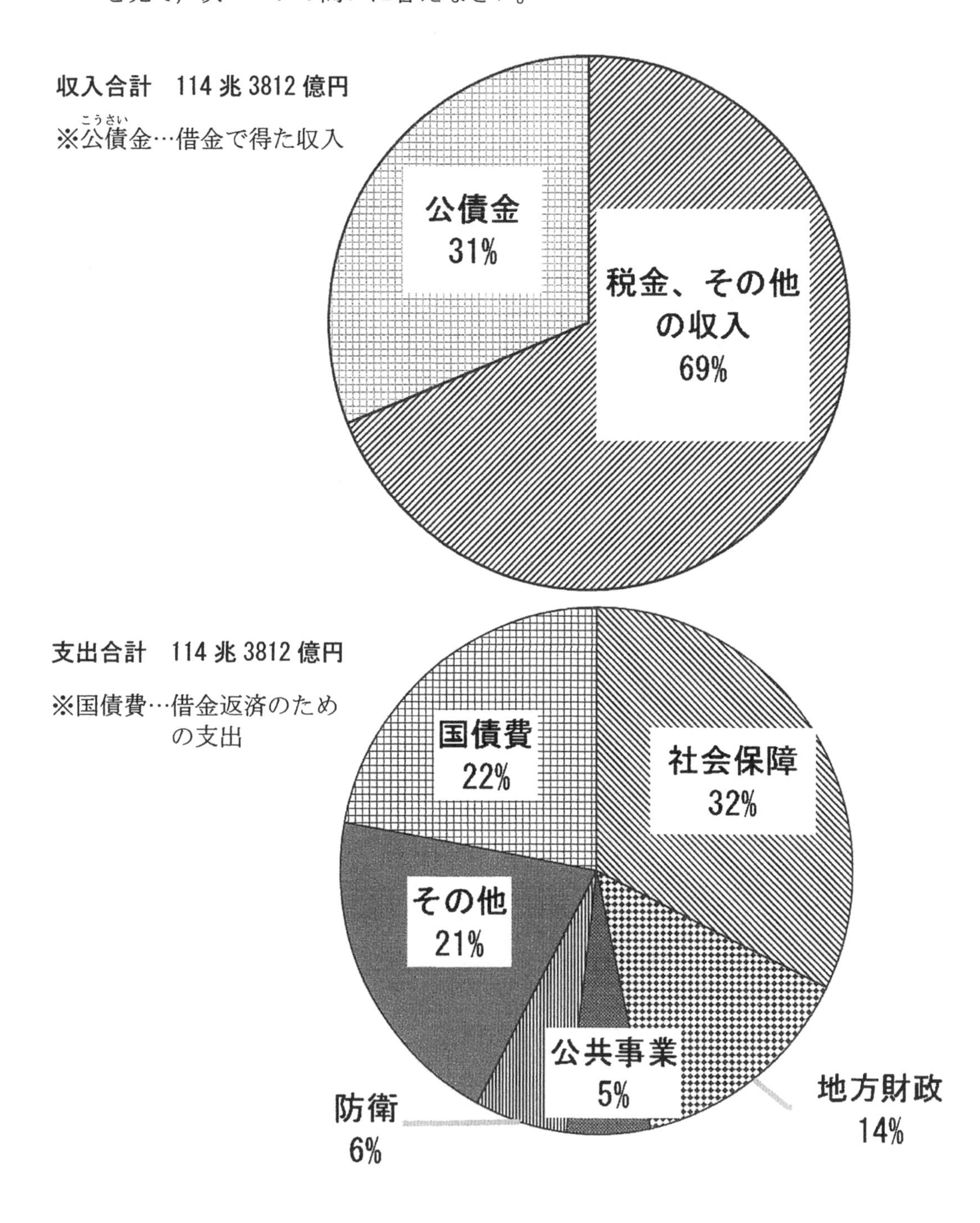

次の文章は，基礎的財政収支（プライマリーバランス）について述べたものです。これを読んで，2023年度の予算の状況を説明した文中の（　①　）・（　②　）にあてはまる語句の組み合わせとして正しいものを，下の**あ～え**から１つ選び，記号で答えなさい。

基礎的財政収支（プライマリーバランス）とは，国の一年間の支出のうち,「社会保障や公共事業などにかかるお金」(＝国債費を除いた支出）を，一年間の収入のうち「税金やその他の収入」(＝公債金を除いた収入）でまかなえているかどうかの指標です。まかなえていれば黒字，借金をしないとまかなえない場合は赤字となります。
基礎的財政収支が赤字になれば，国の借金が増えていくことにつながります。

＜2023年度の予算の状況＞

2023年度の予算を見ると，基礎的財政収支は,（　①　）です。このため，国が抱える借金の総額は,（　②　）と予想されます。

あ　①　黒字　②　増える　　**い**　①　黒字　②　減る
う　①　赤字　②　増える　　**え**　①　赤字　②　減る

問7　文中の下線部に含(ふく)まれる基本的人権に関する身近な例として，最もふさわしいものを次から1つ選び，記号で答えなさい。

基本的人権には様々な種類があります。例えば，国によって支配されず，自由に行動できる権利があります。また，国民が，人間らしく生き，文化的な生活を営むための権利があります。その他にも平等に扱(あつか)われる権利や政治に参加できる権利などがあり，侵(おか)されない永久の権利として，これらの基本的人権は日本国憲法に定められています。

あ　働いて得た収入の中から，国に税金を納めなければならない。
い　社会の格差是正(ぜせい)を訴(うった)えている政党の候補者に，選挙で投票した。
う　小学校・中学校の間は，すべての子どもが教育を受けることができる。
え　誰もが自分のやりたい仕事を選んだり，自分で住む場所を決めたりすることができる。

問８　次の文章は，ある市で災害が発生した時の政治の働きをまとめたものです。文中のX，Y，Zは，「国」，「都道府県」，「被災(ひさい)した市」のリーダーのいずれかを示しています。文中の（　①　）～（　③　）にはア～ウの文章のいずれかが入ります。その正しい組み合わせを，下の**あ～か**から１つ選び，記号で答えなさい。

Xは，大きな災害が発生したことを，Zに伝えました。被害状況の報告を受けたZは，自衛隊の出動要請(ようせい)を行いました。
これを受けたYは，自衛隊の派遣(はけん)人数の決定や他国への救助要請を行いました。
その後，Zは，（　①　）。また，Zは，必要な物資を被災地に送るよう指示を出しました。
Xは，被災状況の把握(はあく)をしながら，（　②　）。被災した地域では，日本赤十字社などが支援(しえん)に入り救助・医療(いりょう)活動が進みました。また，社会福祉(ふくし)協議会とXが中心となる災害対策本部が話し合い，（　③　）。これにより，被災地域のきめ細やかな復旧活動ができるようになりました。

ア　被災地に避難(ひなん)所の開設を指示しました
イ　災害ボランティアセンターの開設を行いました
ウ　他県の警察や消防への支援要請を行いました

あ　①－ア　②－イ　③－ウ
い　①－ア　②－ウ　③－イ
う　①－イ　②－ア　③－ウ
え　①－イ　②－ウ　③－ア
お　①－ウ　②－ア　③－イ
か　①－ウ　②－イ　③－ア

問９　近年，日本では，空港・駅・ショッピングモールなどに，次のようなマークが掲げられている場所が見られるようになりました。これはどのような人たちが利用して，何をするための場所ですか。答えなさい。

問10　Ｇ７広島サミットに訪れた各国首脳のうち，核兵器保有国の首脳を次から**すべて選び**，記号で答えなさい。

あ　岸田首相　　**い**　バイデン大統領　　**う**　マクロン大統領
え　ショルツ首相　　**お**　メローニ首相　　**か**　トルドー首相
き　スナク首相

（問題は以上です）

令和６年度

広島学院中学校入学試験問題

算　数

【６０分】

◎試験開始まで，問題用紙にも解答用紙にも手をふれてはいけません。

次の注意を読みなさい。

注　意

1．問題用紙

この問題用紙は２ページから７ページまでで，問題は５問あります。

2．解答用紙

解答用紙は別の用紙１枚で，この問題用紙にはさんであります。

3．記入・質問などの注意

（1）答えはすべて解答用紙のわくの中に，ていねいな字で記入しなさい。ただし，割り切れない数のときは，できるだけ簡単な分数で答えなさい。また，（計算）と書いてあるところはその答えだけでなく，途中（とちゅう）の式・計算も書きなさい。

（2）問題用紙のあいたところは，解答の下書きに使ってもかまいません。

（3）印刷が悪くて字のはっきりしないところなどがあれば，手をあげて監督（かんとく）の先生に知らせなさい。

［１］次の □ に当てはまる数を答えなさい。

（１）$\frac{5}{11}\times\left(1\frac{2}{3}-0.64\right)+\frac{3}{25}\div0.45=$ □

（２）何人かの子どもに鉛筆（えんぴつ）を配ります。１人３本ずつ配ると 120 本余り，１人５本ずつ配ると 32 本足りません。子どもの人数は □ 人です。

（３）太さが一定の金属の棒が売られています。長さ 14 cm の棒の重さは 315 g です。また，重さ 225 g の棒の値段は 612 円です。長さ 40 cm の棒の値段は □ 円です。

（4）図の立体は，1 辺の長さが 12 cm の立方体を半分にした立体の内側に，底面が長方形になるような穴を，底面に垂直にくり抜いたものです。図の立体の体積は

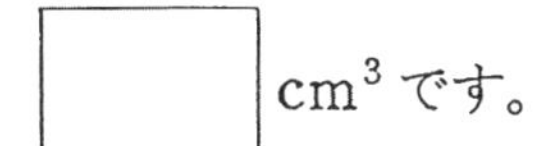 cm^3 です。

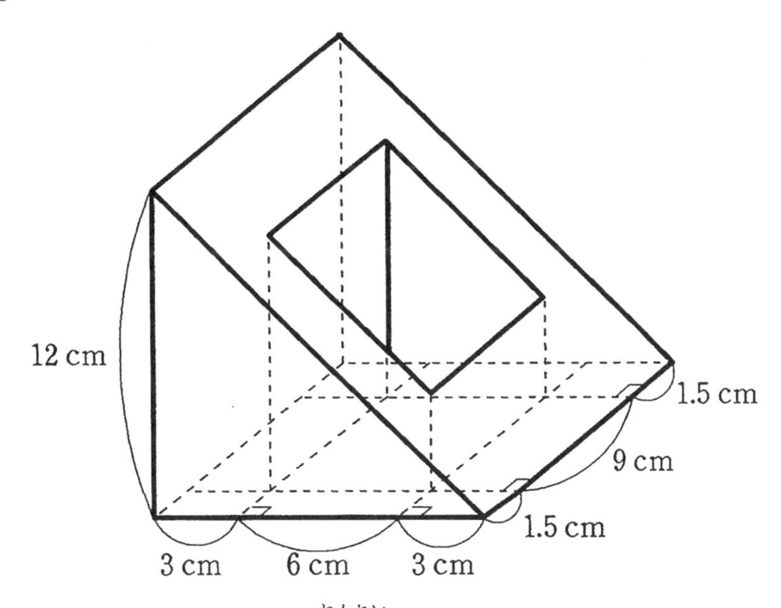

（5）下の表は，A 県と B 県の県民の年齢（ねんれい）構成をまとめたものです。2 つの県の 65 才以上の人口は同じですが，16 才から 64 才の人口は A 県の方が 232500 人多いです。

A 県の人口は　　　人です。

	0 才から 15 才	16 才から 64 才	65 才以上	計
A 県	15 %	60 %	25 %	100 %
B 県	12 %	53 %	35 %	100 %

（6）下の表は，ある整数の約数を左から小さい順に並べ，約数の一部を空らんにしたものです。6 と 29 の間の 4 つの空らんに入る数は 小さい順に

　　　　　　　　です。

1				6					29	33	41	…	

［２］並盛りが１杯600円で，大盛りが１杯850円の牛丼屋があります。並盛りには牛肉が100 g，大盛りには牛肉が200 g入っています。次の問いに答えなさい。

（１）ある日，牛丼が180杯売れて，売り上げは130000円でした。並盛りは何杯売れましたか。

（２）ある日，並盛りの売れた数が大盛りの３倍で，牛肉を45 kg使いました。並盛りは何杯売れましたか。

（３）ある日，売り上げが158000円で，牛肉を31 kg使いました。並盛りは何杯売れましたか。

［3］土曜日の朝，兄と弟の2人が同時に家を出発し店に向かいました。兄は走って毎分210 m の速さで進み，弟は歩いて毎分60 m の速さで進みました。兄は開店時刻より14分早く店に着き，弟は開店時刻より6分遅く店に着きました。下のグラフは2人が出発してからの時間と2人の進んだ距離(きょり)を表したものです。次の問いに答えなさい。

（1）兄が店に着いたとき，弟は兄の後方何 m のところにいましたか。

（2）家から店までの距離は何 m ですか。

（3）日曜日の朝も，土曜日と同じ時刻に2人が同時に家を出発し，土曜日と同じ速さで店に向かいました。兄は途中(とちゅう)で休憩(きゅうけい)のため止まり，弟が追いついたときから毎分90 m の速さで歩いて店に向かいました。兄は開店時刻ちょうどに店に着きました。兄が止まっていた時間は何分間ですか。

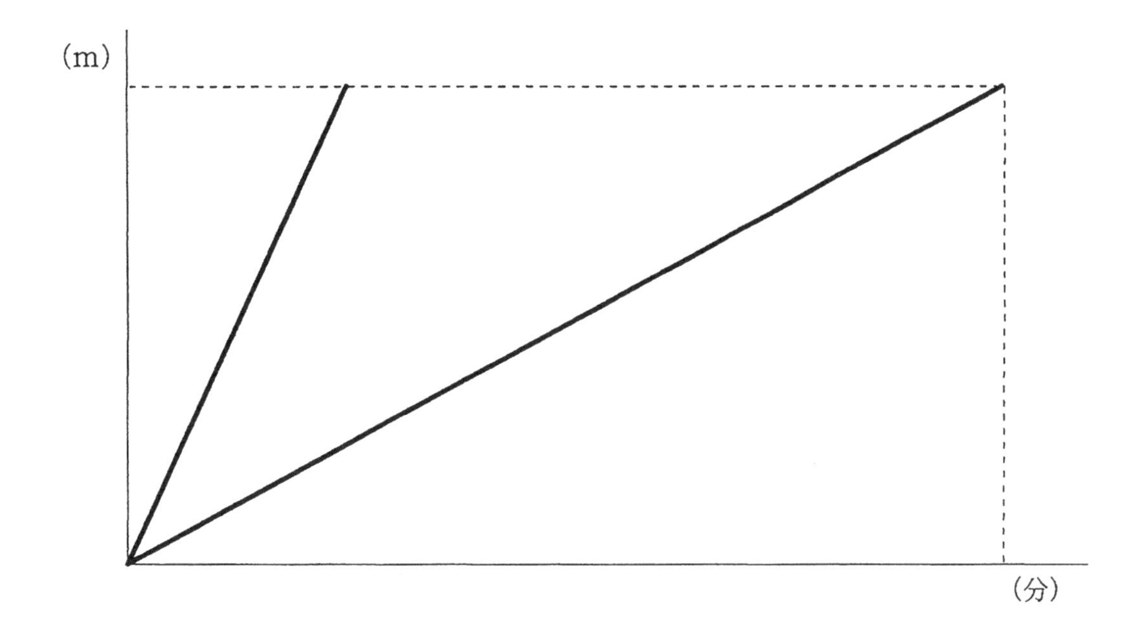

［4］次の問いに答えなさい。ただし，円周率は3.14とします。

（1）半径が5 cmの半円を，同じ形の5つのおうぎ形に分けました。1つのおうぎ形の面積は何 cm^2 ですか。

（2）図のような中心がOで半径が5 cmの半円があります。

①（あ）の角の大きさは何度ですか。

② 斜線(しゃせん)部分の面積は何 cm^2 ですか。

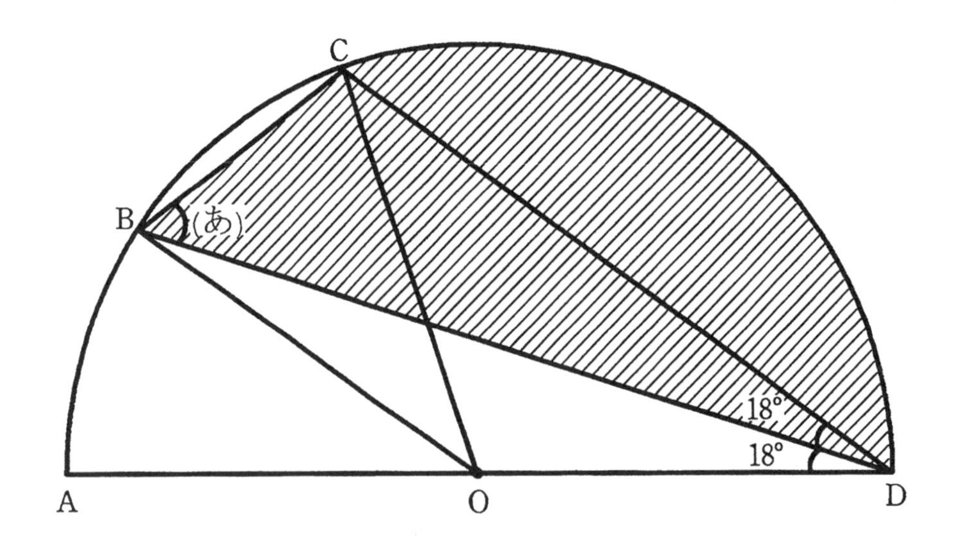

［5］赤玉と白玉を，下のルール1～3に従って左から右へ並べて置いていきます。

ルール1　最初は赤玉を置く。

ルール2　白玉は2個以上連続して置くことはできない。

ルール3　赤玉は3個以上連続して置くことはできない。

次の問いに答えなさい。

（1）赤玉が白玉より9個多い並べ方のうち，玉の数の合計が最も少なくなるのは玉の数の合計が何個のときですか。

（2）7個の玉の並べ方は，全部で何通りありますか。

（3）赤玉9個と白玉7個を並べます。並べ方は全部で何通りありますか。

令和五年度　広島学院中学校入学試験問題

国　語　【六十分】

◎試験開始まで、問題用紙にも解答用紙にも手をふれてはいけません。
次の注意を読みなさい。

注意

一、問題用紙
この問題用紙は、2ページから18ページまでで、問題は二問あります。

二、解答用紙
解答用紙は別の用紙1枚で、この問題用紙にはさんであります。

三、記入・質問などの注意
(一) 答えはすべて解答用紙のわくの中に、ていねいな字で記入しなさい。
(二) 印刷が悪くて字のはっきりしないところなどがあれば、手をあげて監督(かんとく)の先生に知らせなさい。

【一】次の文章を読んで、後の問いに答えなさい。

お詫び
著作権上の都合により、文章は掲載しておりません。
ご不便をおかけし、誠に申し訳ございません。
教英出版

お詫び

著作権上の都合により、文章は掲載しておりません。
ご不便をおかけし、誠に申し訳ございません。

教英出版

お詫び
著作権上の都合により、文章は掲載しておりません。
ご不便をおかけし、誠に申し訳ございません。
教英出版

（小川哲「ぼくらの第二次世界大戦」による）

＊注　顕在化…あきらかになること
　　　萌芽…物事が起こりはじめること

※　問いで、字数制限のあるものについては、すべて　、　や　。　や「　」なども字数にふくみます。

問一　文章中の A ～ E に入ることばを、それぞれ次のア～オから選んで、記号で答えなさい。同じ記号は一度しか使ってはいけません。

ア　率直（そっちょく）に　　イ　完全に　　ウ　こっぴどく　　エ　もちろん　　オ　どうして

問二　――線部①「僕はシンプルに理解できなかった」とありますが、どういうことが「理解できなかった」のですか。

問三　――線部②「ボクシングを習いはじめて一年の喧嘩自慢」は何をさしたものですか。文章中からぬき出して答えなさい。

問四　――線部③「そういう風に理解している」について、

Ⅰ　どう理解しているのですか。解答らんに合うように三十字以内で答えなさい。

Ⅱ　Ⅰで答えた考えと対比されている考えを文章中から三十五字以上四十字以内でぬき出して、初めの五字を答えなさい。

問五　文章中の［　　　　］に入ることばとしてもっともふさわしいものを次のア～オから選んで、記号で答えなさい。

ア　八十年以上前だが実際に起こったのだ　　イ　とても非人道的なものだ　　ウ　何も得られないものだ
エ　まだ終わっていないのだ　　オ　絶対にしてはいけないのだ

問六　――線部④「その途中式」を十字以内でわかりやすく言いかえなさい。

問七　――線部⑤「歴史小説も同じだ」とはどういうことですか。その説明としてもっともふさわしいものを次のア～オから選んで、記号で答えなさい。

ア　歴史小説は、現代とは違う社会を舞台(ぶたい)としており、その執筆過程で想像力が大きな役割を果たす点がＳＦ小説と同じだということ。
イ　ＳＦ小説作家としてデビューした「僕」にとって歴史小説の執筆は挑戦(ちょうせん)であり、デビューしたころと同じような緊張感(きんちょうかん)をいだくということ。
ウ　歴史小説は、現代と違う政治形態や価値観をもつ社会を現代につながるものとしてえがこうとする点でＳＦ小説に似ているということ。
エ　歴史小説もＳＦ小説も過去から未来への社会変化とテクノロジーの発展をえがき、現代社会に無関心な点が共通しているということ。
オ　歴史小説もＳＦ小説も架空の話であるため、現代社会とは切りはなされた説得力のない話になりがちな点が共通しているということ。

問八 ――線部⑥「僕たちなりの反戦活動をするために必要なのではないか」とありますが、筆者は今の私たちにはどうすることが必要だと言っていますか。文章全体を読んで、五十字以内で答えなさい。

問九 次の文章は、一九二二年に生まれ、二十代で敗戦を体験した鶴見俊輔が書いたものです。鶴見は、自分が体験した戦争において起こっていたのはどのようなことだと述べていますか。

勝つつもりで土俵にあがる。それが力士の心意気だろう。力士でなくとも、自分の星を信じて、自分の人生を生きるというのは、明るい人生観をつくる。しかし、一国の人民を、自分の起こした戦争に巻きこみ、必勝の信念をもてと命じるのは、どうだろう。私の育った時代の日本の戦争観は、そうだった。万世一系の天皇をいただく日本が負けるなどということは、考えてはいけないことになっていて、それが、日本の学校教育の一部だった。

日露戦争前夜、京都の山県有朋の別邸「無鄰菴」に集まった政府幹部は、その型にはまってはいなかった。ロシアに対して戦端を開き、負けることになったらどれほどの不運を国民に負わせるかを、心の外に追放することはできなかった。結論として、あるところまで戦争をもってゆくことはできる。そのとき、戦場から自分が信号を出す。それに応じて、どのような条件であっても、講和に踏み切ってほしい。これは派遣軍総参謀長となる児玉源太郎の意見だった。伊藤博文ら重臣、総理大臣桂太郎、外務大臣小村寿太郎に異論はない。

こうして一九〇五年、シオドア・ローズヴェルトの斡旋を得て、もともと日露戦争に反対だったウィッテ伯爵を向こうにまわして、日本の全権小村寿太郎が、大きな譲歩をして講和条約を結んだ。国民に不満はあり、日比谷焼き打ちの抗議があった。譲歩をしてはいけない、それよりはもっと戦い続けるという勢いだった。しかし、戦争を続ければ、日本は負けただろう。どれほどのものを失ったかわからない。
日露戦争直後、児玉は死に、小村も死に、勝ったという幻は、国民のあいだに残り、後を引き継いだ歴代の指導者のあいだに、大正、昭和を通じて残った。
こうして、昭和の十五年戦争下の必勝の精神がつくられ、国民は、もし負けたらという条件を想像することを禁じられた。国民全体として社会科学を自国に適用することを禁じられた。国家が最高の権力をもち、真理の基準を定めるならば、当然に国民は、「もし」という条件的思考を禁じられる。
一九四五年、日本敗戦のときに、同級生の米国人が占領軍の一員として、大学の卒業生名簿をたよりに私を訪ねてきた。
「これから米国は全体主義国家になる」
と彼は言う。まさかと、そのとき私は思った。二〇〇一年九月十一日、同時多発テロのあと、ブッシュ大統領がテレビに現れて、我々は十字軍だ、と言ったとき、私は、彼、リーバーマンの予測が六十年を経てあたったことを感じた。果たして、アメリカ合衆国は、「もし自分の国が負けたら」という条件命題を、国論の中から減らしはじめた。
(『思い出袋』岩波新書による)

【二】愛衣は、本心を知られたくないと嘘をついたり焦ったりする気持ちを匂いで感じ取ることができる。また、愛衣は同級生の珠紀と小学校のウサギ小屋でミルクやゴマなど四羽のウサギの世話をすることを日課にしていた。次の文章を読んで、後の問いに答えなさい。

ショッピングセンターモアに到着した。店内は寒いくらいに冷房が利いていた。同年代と思しき子が親と歩いているのを見かけるたび、珠紀と二人でここまで来たことに誇らしくなる。天井の❶ショウメイがア空から降り注ぐ光のようで、モアがいつも以上に魅力的な場所に感じられた。

エスカレーターで二階の本屋に向かった。改めて売り場を見回す。ホシノ書店の五倍は本棚がありそうだ。インクと紙の匂いが、図書室を思い起こさせる。珠紀の探していた❷シンカンは、すぐに見つかった。珠紀は嬉しそうに両手で本を掴んだが、そのまま会計には進まず、レジの反対方向へ歩いて行った。

「まだなにか買うの?」

「ほかにも面白そうな本があるかもしれないから」

漫画の書架の前で足を止め、珠紀は一冊ずつ表紙を検め始めた。愛衣はしばらくその動作を真似ていたが、はなから漫画を購入する気はなく、集中が続かない。愛衣の小遣いは一ヶ月につき六百円で、漫画や雑誌を買ってしまうと、ほとんど手元に残らない。だが、菓子類やちょっとした雑貨であれば、もっとたくさん自分のものにすることができた。

「辻さん。私、ソレイユを見てててもいいかな?」

「ソレイユ?」

背表紙に人差し指を引っかけ、棚から引き抜きながら珠紀が尋ねた。

「≪　A　≫」

「≪　B　≫」

「≪　C　≫。いいよ、分かった。レジでお金を払ったら、私がそっちに行くね」

「≪　D　≫」

愛衣は足早に書店をあとにした。子ども服売り場の隣、太陽の❸カンバンが、ソレイユの目印だ。学校の教室より狭い店内には、棚やラックがいくつも立ち並び、通路は小学生同士もたやすくすれ違えないほど細い。壁や天井、棚は白く、床は木目で、❹ナイソウに華やかな色は見当たらなかったが、それでも珠紀がピンクの店と称した理由はよく分かった。

ここには可愛いものしか売られていない。

アクセサリーにぬいぐるみ、ポスターやキーホルダー。すべてにイ甘い魔法がかけられている。ウ文房具や食器類のような実用品までもがエ宝石のごとく輝き、この場に立っているだけで、愛衣の気持ちは昂ぶった。絆創膏に巾着袋、シール、ポケットティッシュなど、こまかい商品が充実しているところも嬉しい。訪れるたびに新たな発見があった。

店内を一周したのち、愛衣は右奥の❺イッカクに狙いを定めた。ここにはひとつ五十円から三百円と、比較的安価な商品が集まっている。目の周りに力が入ったのが自分でも分かった。

「あっ、これ」

近くで商品を並べ替えていた店員がこちらを見た。愛衣は頰が熱くなるのを感じながら、棚に陳列されていたうちの二種類を手に取った。ひとつは白、もうひとつは灰色のウサギで飾られた、小さなヘアピンだ。ウサギの顔の造形は単純で、六年生には幼いデザインにも思えたが、ミルクとゴマに見立てられることに①興奮した。値段を確認すると、ひとつ百五十円。迷わずレジへ持っていった。

店員に頼み、チェック柄の紙袋に小分けにしてもらう。珠紀はヘアアクセサリーの類を身につけないが、ゴマに似ているこれならば、きっと気に入ってくれるだろう。こんなのあるんだね、と珠紀に褒められたかった。

「大島さん」

ソレイユを出たところで、本屋の袋を片手に提げた珠紀と再会した。

「お待たせ。どうする？　大島さんは、まだこのお店を見たい？」

「ううん。もう大丈夫」

「じゃあ、おやつでも食べようよ」

「いいね」

a愛衣は勢い込んで頷いた。エスカレーターで一階に下りて、食料品売り場でカップのアイスクリームを購入する。愛衣はイチゴ味、珠紀はチョコミント味だ。フードコートの椅子に向かい合って腰を下ろし、蓋をめくった。珠紀の手元に現れた、わずかに緑を溶かしたような水色に目を奪われる。黒い粒が全体にアクセントを加えていて、きれいだ。

「私、チョコミント味って食べたことない」

なんの気なしに告白すると、本当に？　と珠紀は目を丸くした。一口食べてみる？　とカップを差し出され、礼を言って受け取る。木のへらで一口ぶんをすくい、口に運んだ。オ歯磨き（みが）みたい。愛衣の感想に、［(1)］。

「辻さんも食べる？」

「いらない。私、イチゴ味って好きじゃないんだ。果物のイチゴは好きなんだけど」

「あっ……そうなんだ」

愛衣は行き場を失った木のへらを自分の口に含（ふく）んだ。甘ったるい匂いが鼻を抜（ぬ）ける。b一番好きなアイスクリームを選んだはずが、なぜか味があまりしない。ちまちますくっていたからか、珠紀のカップが空になった時点で、愛衣はまだ半分しか食べていなかった。手持ち無沙汰（ぶさた）になったらしい珠紀が、本屋の袋から漫画を出して読み始める。その横顔に声をかけた。

「本当にその漫画が好きなんだね」

「うん、大好き。今度、大島さんにも続きを❻カすね」

「……うん」

［(2)］。

「大島さんは誰（だれ）が好き？　研吾（けんご）？　雅希（まさき）？　春奈（はるな）かな」

「うーん、雅希かなあ」

あの底なしに❼カイカツなキャラクターの名前が、雅希だったはずだ。短髪（たんぱつ）で、口と耳が大きくて、変な絵のTシャツばかり着ていて。愛衣は記憶（きおく）をたぐり寄せる。まだ三巻を読み終わっていないとは、どうしても言い出せなかった。

「雅希かあ。意外かも。どうして？　どこが好き？」

「やっぱり明るいところかなあ」

「明るいところ？」

愛衣と目を合わせたまま、［(3)］。

「だったら五巻までの中で、どの話が一番よかった？」

「えっ、話？　どれかなあ」

c声が裏返（うら）りそうになる。愛衣はますます頭を巡（めぐ）らせた。かろうじて思い出せるのは、もっとも熱意を持って読んでいた一巻の冒頭（ぼうとう）で、しかし、雅希をいいと感じた理由は挙げられない。

愛衣がまごついていると、

「私はね、研吾と雅希が海に行くところが好き」

愛衣は口の中のイチゴアイスを飲み下した。珠紀の目に、いつもと違う光が点っているような気がしたのだ。②挑戦的にも思える眼差しに、なにかがおかしいと脳が訴えてくる。だが、珠紀から隠しごとの甘酸っぱい匂いはしない。d愛衣は慎重に顎を引いた。

「私も、その場面は好き」

その瞬間、カ百年に一度しか咲かない花が開くみたいに、自分の身体があの匂いを発するのを感じた。今まで親や友だちから醸し出されていたものよりも、遥かに刺激的だ。目に涙がにじみそうになる。こんな経験は初めてで、愛衣は内心うろたえたが、③嘘を取り消すことはできなかった。珠紀と仲良くなりたい。自分に格好いい友だちができたことを、仁美と香奈恵に見せつけたい。いいよね、あそこ、と相槌を重ねた。

「だよね」

珠紀が漫画に視線を戻す。さっきと同じ横顔のはずが、なぜか拒まれているように感じる。(4)。愛衣も黙って残りのアイスを食べた。やはり美味しいとは思わなかった。

門限の時刻までにはまだ余裕があったが、もういいよね、との珠紀の一言で、モアを出ることになった。帰り道、(5)。Tシャツに❽ツツまれた細い背中は、行きよりも神経が張り詰めているみたいだ。e置いていかれないよう、愛衣はペダルを強く踏み込んだ。

（中略…次の日の昼休み、二人は以前ウサギ小屋で下級生をこわがらせたことを新沼先生に説教された。）

「あのときの女の子たちが先生に言いつけたのかな？」

愛衣の問いに、たぶんね、と珠紀は答えた。

「私たち、もうミルクの世話はできないってこと？」

「しょうがないよ。うちら、❾シイク係じゃないんだから」

「うん……」

珠紀の❿ソっ気ない態度は、一晩経った今日も変わらなかった。おはよう、と挨拶をしたときも、昼休みに揃って新沼から呼び出され、なんだろうね、と話しかけたときも、最低限の反応しか返ってこない。怒っているのか、それとも機嫌が悪いだけなのか。愛衣の不安は膨らんだり萎んだりしながら、確実に大きくなっていた。

だから、最後にゴマたちに会いに行こうよ、と言われたときにはほっとした。ふたつ返事で承諾し、下駄箱へ向かう。それぞれ傘を差して校舎裏に回った。足元はびしょ濡れになったが、外に人がいないのは幸運だった。誰にも見つかることなくウサギ小屋に辿り着いた。
一羽ずつ名前を呼び、抱き上げる。柔らかい毛の感触に目の裏側が熱くなった。新沼はときどき遊び相手を務めるぶんには問題ないと言っていたが、こうなった以上、一部の下級生から見張られることになるのは間違いない。少しでも出過ぎた真似をすれば、ただちに新沼に報告されるだろう。年下の視線を意識して、行動する。それはとてもキ惨めなことのように思えた。
キナコ、ゴマ、ココアに頬ずりし、最後にミルクを抱きしめる。たちまち今生の別れのような気分に駆られた。愛衣が小屋の扉を開けると同時に駆け寄ってきたミルク。手から草を食べるミルク。洋服についていたボタンにじゃれつくミルク。頭から尻にかけてを何度も撫で、愛衣はようやく地面に下ろした。
「あの、辻さん」
同じくゴマを腕から放した珠紀に声をかけた。
「なに?」
「ウサギの世話はできなくなっちゃったけど、これからも一緒に遊びたいな。休み時間とか、放課後とか」
「大島さんと?」
「うん」
愛衣はズボンのポケットに手を入れた。小さく折り畳んだ紙袋が指に触れる。昨日渡しそびれたヘアピンをこっそり持ってきていた。まさかウサギのことで注意を受けるとは思いも寄らなかったが、かえってよかったかもしれない。これがゴマの代わりになればいい。愛衣が紙袋を摑んだときだった。
「無理。私、大島さんとは友だちになれない」
「えっ」
ポケットの中で手が止まった。
「嘘を吐く子って、嫌いなんだ」
大島さんとウサギ小屋に通うのももうやめようと思っていた、だから先生に怒られてちょうどよかった、と珠紀は続けた。
「嘘? なんのこと?」
声が震えた。
「研吾と雅希が海に行く話なんて、本当は漫画にないんだよ。雅希は明るく見えるけど、実はすごく繊細で、家に一人でいるときはめちゃくちゃ暗くて、お風呂に浸かって泣くこともある。でも、大島さんは雅希のそういうところを全然知らなかった。もしかしてちゃんと読んでないのかもしれないと思って、それで私、試したんだ」

「なんでそんなこと――」

「大島さんが正直に感想を言ってくれてるのか、気になったからだよ。本当は読んでないとか、全然面白くなかったとか、そういうことでもよかったのに」

後ろから頭を叩かれたみたいだった。あのとき珠紀から隠しごとの匂いがしなかったのは、彼女にやましい感情がなかったからなのだとはっとする。だが、自分が嘘を吐いたのは、珠紀のことが好きで、話を合わせたかったからだ。欺こうとしたわけではない。そう弁解したくなる一方で、あのとき自分から感じた匂いを思い出し、納得せざるを得なかった。あれほどの悪臭を放っていた自分が、どうして珠紀と仲良くなれるだろう。

「大島さんは私に合わせてばっかりだよね。別々の人間なのに、そんなの変だよ」

言うなり珠紀は小屋を出て行った。クオレンジ色の傘が咲き、遠ざかっていくのをぼんやりと見送る。昼休みの終わりを告げるチャイムが鳴り、自分も教室に戻らなければと思うが、足が動かない。下半身の感覚が消えていた。

愛衣はポケットの中の紙袋を握り締めた。珠紀と色違いのヘアピンで前髪を留めて、校内を並んで歩きたかった。その願いが永遠に叶わなくなったことを知る。廊下の端で香りつき消しゴムを交換していた一年生のことを、本当は全然笑えない。心の一部を預け合うような友だちを、自分はずっと求めている。だって、それこそが真の友情でしょう?

愛衣は手のひらで顔を覆い、その場にしゃがみ込んだ。扉の鍵は開いている。金網を通り抜けた雨風が、肌を濡らす。④それでも狭い密室に閉じ込められたように思えて、愛衣は大きく深く息を吸い続けた。

（奥田亜希子「クレイジー・フォー・ラビット」による）

※ 問いで、字数制限のあるものについては、すべて 、や 。や「 」なども字数にふくみます。

問一 ……線部ア〜クのうち、比喩（ひゆ）表現でないものを二つ選んで、記号で答えなさい。

問二 文章中の《 A 》〜《 D 》に入ることばを、それぞれ次のア〜エから選んで、記号で答えなさい。

ア このフロアの端（はし）っこにあるファンシーショップだよ　イ ありがとう
ウ ああ、あのピンク色の店か　エ なんだっけ、それ

問三 文章中の (1) 〜 (5) に入ることばを、それぞれ次のア〜オから選んで、記号で答えなさい。

ア 珠紀は後ろを振（ふ）り返らなかった　イ 珠紀が漫画から顔を上げた　ウ 珠紀は口を大きく開けて笑った
エ 珠紀は無言でページをめくった　オ 珠紀は二度瞬（まばた）きをした

問四　――線部①「興奮した」とありますが、愛衣が興奮したのはなぜですか。その説明としてふさわしいものを次のア～カから二つ選んで、記号で答えなさい。

ア　気に入ったヘアピンが、自分のお小遣いで買えるような値段だったから。
イ　たまたま見つけたヘアピンのデザインが、単純で、珠紀の好みだったから。
ウ　ゴマに似ているヘアピンなら、珠紀も気に入ってくれると思ったから。
エ　珠紀とおそろいでヘアピンをつけて歩けると思ったから。
オ　お気に入りのヘアピンを見つけた時の反応を、店員に見られてしまったから。
カ　ヘアピンをおそろいでつけるという考えが、珠紀に褒められると思ったから。

問五　――線部a～eでの愛衣の気持ちをあらわすことばの組み合わせとしてもっともふさわしいものを次のア～オから選んで、記号で答えなさい。

ア　a喜び　b焦(あせ)り　c失望　d困惑(こんわく)　e緊張(きんちょう)
イ　a喜び　b失望　c焦り　d緊張　e困惑
ウ　a喜び　b緊張　c困惑　d失望　e焦り
エ　a焦り　b緊張　c困惑　d失望　e喜び
オ　a焦り　b失望　c緊張　d困惑　e喜び

問六　――線部②「挑戦的にも思える眼差し」とありますが、このときの珠紀の気持ちの説明としてもっともふさわしいものを次のア～オから選んで、記号で答えなさい。

ア　愛衣をいじめようとしている。　イ　愛衣に立ち向かおうとしている。　ウ　愛衣を試そうとしている。
エ　愛衣をあざむこうとしている。　オ　愛衣をはぐらかそうとしている。

問七　――線部③「嘘を取り消すことはできなかった」のはなぜですか。その説明としてもっともふさわしいものを次のア～オから選んで、記号で答えなさい。

ア　珠紀の質問に意地の悪さを感じて非を認めたくなかったから。
イ　嘘つきだと仁美や香奈恵にもきらわれると思ったから。
ウ　嘘を認めると、また悪臭を発してしまうと思ったから。
エ　珠紀も嘘をついているのでおたがいさまだと思ったから。
オ　珠紀との友情には必要な嘘だと思ったから。

問八　——線部④「それでも狭い密室に閉じ込められたように思えて」は愛衣のどのような様子をあらわしていますか。その説明としてもっともふさわしいものを次のア～オから選んで、記号で答えなさい。

ア　自らの信じる「真の友情」が、大好きな珠紀にはまったく理解されなかったために、珠紀とはもう仲良くなれないとあきらめてしまっている様子。

イ　自らの考える「真の友情」が正しいと思いこむあまりに、それを理解しない珠紀をさかうらみし、にくしみでわけがわからなくなっている様子。

ウ　珠紀には珠紀の信じる友情があるのに、自らの信じる「真の友情」をやはり考え直すことができず、どうしていいかわからずに混乱している様子。

エ　尊敬する珠紀からきらいと言われたために、自らの考える「真の友情」に疑いの念がわきおこり、自分自身をきらいになって苦しんでいる様子。

オ　自らの信じる「真の友情」をおしつけて珠紀からきらわれてしまったことを反省し、自身の思いこみから自由になろうと現実に向き合っている様子。

問九　愛衣と珠紀それぞれが求める友情のちがいを八十字以内で説明しなさい。

問十　——線部❶～❿のカタカナを、それぞれ漢字に直しなさい。（一点、一画をていねいに書きなさい。）

令和５年度
広島学院中学校入学試験問題
社　　会
【４０分】

◎試験開始まで，問題用紙にも解答用紙にも手をふれてはいけません。
　次の注意を読みなさい。

注　　意

1．問題用紙
　この問題用紙は，２ページから26ページまでで，問題は４問あります。

2．解答用紙
　解答用紙は別の用紙１枚で，この問題用紙にはさんであります。

3．記入・質問などの注意
　（１）答えはすべて解答用紙のわくの中に，ていねいな字で記入しなさい。
　（２）記号を選択（せんたく）する問題では，**問題の指示する記号**で答えなさい。
　（３）印刷が悪くて字のはっきりしないところなどがあれば，手をあげて監督（かんとく）の先生に知らせなさい。

［1］ 次の各文を読んで，後の問いに答えなさい。

4月のある日,「お玉」という女性が処刑されました。「お玉」は，江戸の親せきの家で奉公（家事手伝い）をしていましたが，生まれ故郷が恋しくなり，奉公先を抜け出して，江戸から西に向かって故郷に帰ろうとしました。しかし，故郷に向かう道筋には，柵が張りめぐらされていて，①柵を乗り越えようとしたところを捕らえられ，処刑されたのです。

6月のある日，②三河国の長篠城をめぐる大きな戦いが行われました。この戦いでは，織田信長と徳川家康の連合軍が武田勝頼の軍をやぶりました。この戦いに勝利した織田信長は「天下統一」に向けて，大きく勢力を拡大しました。

6月のある日，国民精神総動員委員会によって，③学生の長髪とパーマネントが禁止されました。また，町からネオンも消えました。この前年には④国民全員を戦争に協力させることを定めた法律が出されていて，ガソリンの使用も制限されるようになりました。

9月のある日，数日前に起きた⑤関東大震災の混乱の中，千葉県の福田村（現在の野田市）において，香川県から薬を売るために来ていた行商の人々が殺害されました。自警団（村を自分たちで守るための組織）の人々が，⑥香川の方言が聞き取りにくいことを理由として起こした事件でした。

10月のある日，⑦埼玉県秩父地方のある神社に集まった人々は,「借金の支払の延期」や「税金を安くすること」を要求して，高利貸しや役所を襲い，翌日には周辺を一時占領しました。しかし，この事件は軍隊によってしずめられました。

10月のある日，オリンピックで初めて行われた女子のバレーボール競技において，⑧日本がソ連をやぶって金メダルを獲得(かくとく)しました。地元での金メダル獲得の影響(えいきょう)は大きく，日本で空前のバレーボールブームが起こりました。

11月のある日，⑨１年を365日として，それを12の月に分けること，４年に１度うるう年を置くこと，１日を24時間とすることが定められました。その年の12月３日は，翌年の１月１日とされました。この日には,「月は三日月(みかづき)なのになんで１日なの？」と人々は混乱したそうです。

12月のある日，日経平均株価が３万８千円台の最高値をつけました。しかし，これをピークに翌年から株価は暴落(ぼうらく)し，⑩バブル経済は崩壊(ほうかい)しました。その後，不景気が長く続くことになりました。

問１　下線部①について,「お玉」が捕らえられたと考えられる場所を，次の地図中のあ～おから選び，記号で答えなさい。

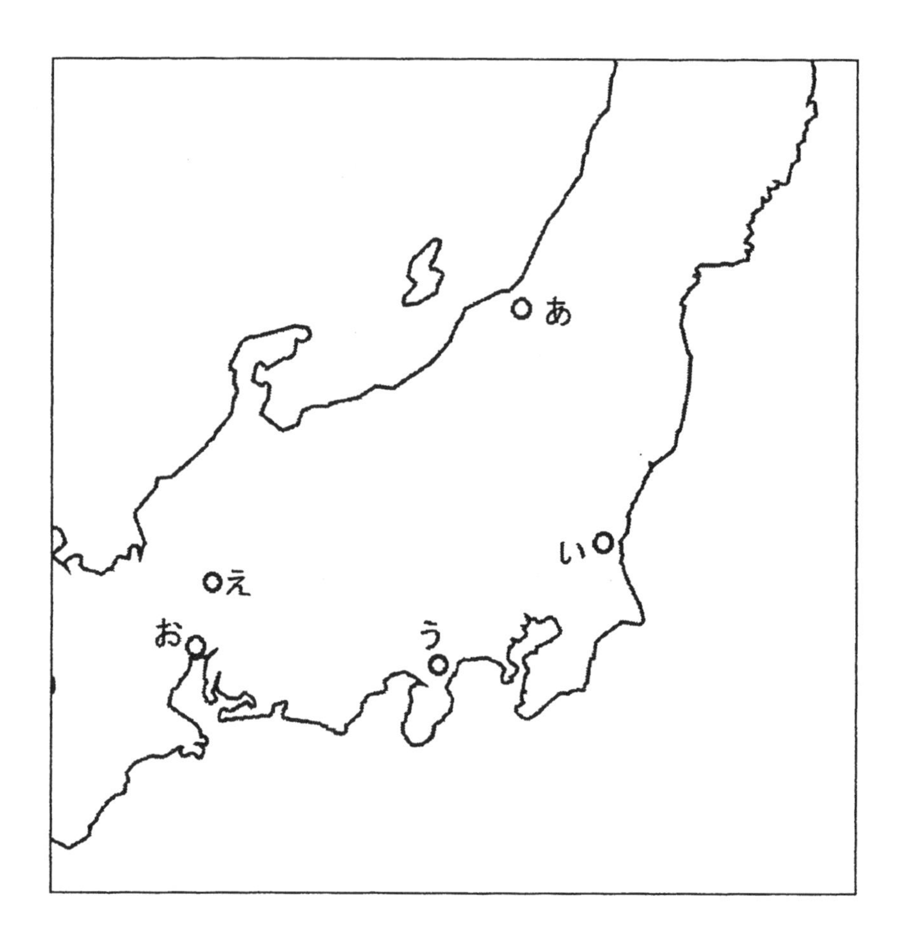

問２　下線部②について，下の図はこの戦いの様子を描(えが)いた絵の一部です。図中のＡ・Ｂの軍のうち，織田信長・徳川家康の連合軍はどちらですか。記号で答えなさい。また，そのように考えた理由を説明しなさい。

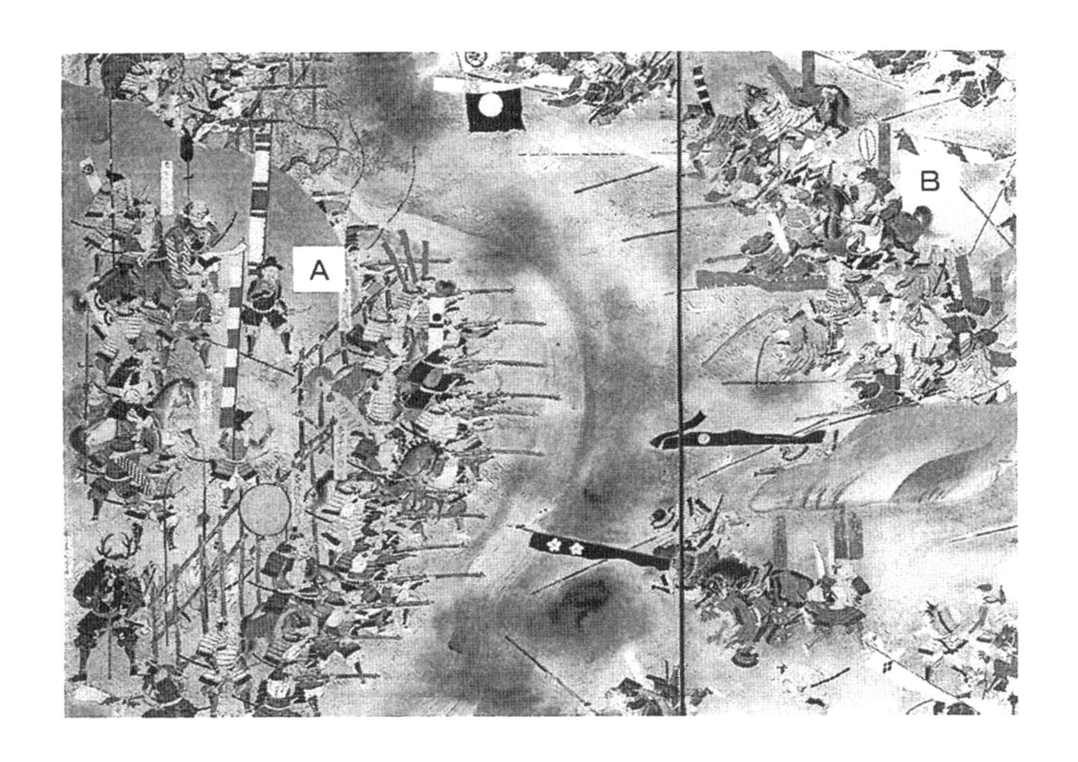

問３　下線部③について，この年にあった出来事を次から１つ選び，記号で答えなさい。

あ　日中戦争が始まった。
い　太平洋戦争が始まった。
う　第二次世界大戦が始まった。
え　大学生の兵士としての動員が始まった。

問４　下線部④について，この法律が制定されたことにより，日本国内でおこなわれたこととして**誤っているもの**を次から１つ選び，記号で答えなさい。

あ　米や衣服が配給制とされた。
い　国が物の値段を決めるようになった。
う　中学生が戦争のために動員されるようになった。
え　財閥（ざいばつ）と呼ばれる特定の大会社が解散させられた。

問５　下線部⑤について，（１）・（２）に答えなさい。
（１）次のＡ～Ｃの出来事を**年代の古い順**に並べたものとして正しいものを下の**あ**～**か**から選び，記号で答えなさい。

Ａ　関東大震災　　Ｂ　韓国併合（かんこくへいごう）　　Ｃ　男子普通（ふつう）選挙の実現

あ　Ａ→Ｂ→Ｃ　　**い**　Ａ→Ｃ→Ｂ　　**う**　Ｂ→Ａ→Ｃ
え　Ｂ→Ｃ→Ａ　　**お**　Ｃ→Ａ→Ｂ　　**か**　Ｃ→Ｂ→Ａ

（２）関東大震災では，およそ10万人以上もの死者・行方不明者が出たと推測されます。「大震災」と呼ばれる災害のうち，阪神・淡路（あわじ）大震災では「圧死」，東日本大震災では「水死」による死者が多く，関東大震災では「焼死」による死者が多いとされます。
　関東大震災において「焼死」による死者が多かった理由を，次の地震発生時の状況（じょうきょう）を参考にして，説明しなさい。

地震発生時の状況
・地震発生時刻は午前11時58分であった。
・地震発生時には北陸地方を台風が通過中であった。

問６　下線部⑥について，言葉が聞き取りにくいことを理由に，行商の人々が殺害されたのはなぜですか。説明しなさい。

問７　下線部⑦について，この人々の説明として正しいものを次から１つ選び，記号で答えなさい。

あ　国内の改革と外国勢力の排除を求める人々も加わっていた。
い　差別の解消を求める人々や，自由と権利の拡大を求める女性が中心であった。
う　「国会を開き，自分たちも政治に参加する」という考え方の人々も加わっていた。
え　日露戦争にともなう増税と，不景気によって生活が苦しくなった人々が中心であった。

問８　下線部⑧について，この出来事の前後に起きた，次のＡ～Ｃの出来事を**年代の古い順**に並べたものとして正しいものを下の**あ**～**か**から選び，記号で答えなさい。

Ａ　日本が国際連合に加盟した。
Ｂ　札幌オリンピックが開かれた。
Ｃ　日本の国民総生産が世界第２位に上昇した。

あ　Ａ→Ｂ→Ｃ　　**い**　Ａ→Ｃ→Ｂ　　**う**　Ｂ→Ａ→Ｃ
え　Ｂ→Ｃ→Ａ　　**お**　Ｃ→Ａ→Ｂ　　**か**　Ｃ→Ｂ→Ａ

問9　下線部⑨について，この決定が行われたころにあった出来事を次から1つ選び，記号で答えなさい。

あ　日本国憲法の制定　　**い**　大日本帝国憲法の制定
う　『解体新書』の出版　　**え**　『学問のすゝ(す)め』の出版

問10　下線部⑩について述べた文として，正しいものを次から1つ選び，記号で答えなさい。

あ　国内で大量生産，大量消費を行う経済
い　毎年10%の高い経済成長を目標とする経済
う　輸入品に関税をかけて，国内の産業を保護する経済
え　土地などの価格が本来の価値よりも急激に高くなる経済
お　原材料を輸入し，加工品を輸出することで利益を得る経済

［２］　次の文章を読んで，後の問いに答えなさい。

1400年代前半に琉球が統一され，琉球王国が建国されました。琉球国王は，①中国の皇帝から琉球の国王であることを認めてもらっていました。このように，中国の皇帝により，周辺国の支配者がその国の統治を認めてもらうことを冊封といいました。中国の皇帝と東アジアの複数の国の支配者の間では，この冊封という形式的な上下関係が結ばれていました。冊封のために中国から派遣された使節のことを冊封使といいました。一方で，中国の皇帝に，貢物を納めて服従を誓うことを朝貢または進貢といい，琉球から中国に派遣される朝貢のための使節のことを進貢使といいました。進貢使の他に，中国の皇帝の即位を祝う慶賀使や，琉球国王の代替わりごとに冊封を感謝する謝恩使など，琉球から中国への使節はさまざまな名目でほとんど毎年送られていました。

琉球と日本の関係では，1591年，島津氏が琉球の支配権を確実にするため，②朝鮮侵略への協力を琉球にも求めてきました。ところが，この時期の琉球は，新王即位の準備のため，島津氏の要求にこたえることはできませんでした。それに，もしこの要求を受け入れると中国(明)を裏切ることにもなるため，簡単に要求にこたえることができませんでした。このことは，1609年から始まる薩摩藩の島津氏による琉球支配へとつながりました。

③江戸時代になると，琉球は，中国への使節に加えて，新たに幕府にも琉球国王の代替わりのたびに謝恩使を，将軍の代替わりのたびに慶賀使を送りました。

④明治時代になると，日本では，1871年に廃藩置県が実施されました。翌年，明治政府は鹿児島県を通じて琉球に対し使節を東京に派遣するように要求しました。琉球国王は，明治維新により日本に新たな指導者が誕生したことを祝う慶賀使を派遣する要求として受け止め，使節を派遣しました。しかし，明治政府は，琉球からの使節に対し，(　⑤　)設置の宣告を行いました。いわゆる「琉球処分」のはじまりです。

問１　下線部①について，次のＡ～Ｄの文は，中国から日本に伝わった仏教に関するものです。これについて，(１)・(２)に答えなさい。

Ａ　聖徳太子は仏教をあつく信仰し,(　ア　)を建立させるとともに,(　イ　)を制定して仏教を信仰するように人々に命じました。

Ｂ　聖武天皇は日本に正しい仏教を広めるため,(　ウ　)を招きました。

Ｃ　阿弥陀如来をまつる平等院鳳凰堂は，当時の貴族の屋敷の建築に用いられた（　エ　）の様式で建てられました。

Ｄ　京都に建立された慈照寺には，銀閣や現在の和室の原型となった書院造の（　オ　）が建築されています。

(１)(　ア　)～(　オ　)にあてはまる語句を答えなさい。

(２) 次の図の庭園はＡ～Ｄのどの文の時代のものですか。Ａ～Ｄから１つ選び，記号で答えなさい。

問２　下線部②について，朝鮮侵略を命じた人物の名前を**漢字で**答えなさい。

問３　下線部③について，次の写真の建物をこの時代に大規模に建て直した人物の名前を**漢字で**答えなさい。

問４　下線部④について，明治時代には，日本初の鉄道が開通しました。これに関連して，交通の歴史について述べた文として，正しいものを次から１つ選び，記号で答えなさい。

あ　東京駅と横浜駅の間に，日本初の鉄道が開通した。
い　広島に初めて路面電車が開通したのは，原爆（げんばく）投下後であった。
う　神戸で，日本初の乗り合いバスが開通した。
え　大正時代には，バスの乗務員として女性が採用されていた。

問５（ ⑤ ）にあてはまる語句を次から１つ選び，記号で答えなさい。

あ 沖縄藩　**い** 沖縄県　**う** 琉球藩　**え** 琉球県

問６　戦後の沖縄県について説明した文Ａ～Ｃの正誤の組み合わせとして，正しいものを下の**あ**～**く**から１つ選び，記号で答えなさい。

Ａ　サンフランシスコ平和条約により，日本は主権を回復したが，沖縄はアメリカによる統治が30年以上続くことになった。
Ｂ　アメリカ軍の軍用機が沖縄県内の市街地に墜落(ついらく)したことがある。
Ｃ　沖縄県のアメリカ軍基地は，法による取り決めがないままアメリカが一方的に使用している。

	A	B	C
あ	正	正	正
い	正	正	誤
う	正	誤	正
え	正	誤	誤
お	誤	正	正
か	誤	正	誤
き	誤	誤	正
く	誤	誤	誤

問7　9ページの文章の内容について，(1)・(2) に答えなさい。

(1) 明治時代より前の琉球の状況（じょうきょう）について述べた文として，正しいものを次から1つ選び，記号で答えなさい。

あ　琉球国王の代替わりごとに，慶賀使を中国に派遣していた。

い　琉球国王は，中国の皇帝から琉球を支配することに関して承認をしてもらうことになっていた。

う　琉球は戦国時代に，戦国大名の島津氏によって征服（せいふく）された。

え　琉球は，島津氏に征服されると，中国への使者の派遣をやめ，幕府に使者を派遣するようになった。

(2) 波線部について，当時の朝鮮が明の冊封を受けていたことを踏（ふ）まえて，琉球が明を裏切ることになる理由について述べた文として，正しいものを次から1つ選び，記号で答えなさい。

あ　朝鮮は明と冊封関係にあるにもかかわらず，琉球とも冊封関係になるため。

い　朝鮮は明と冊封関係にあるにもかかわらず，幕府とも冊封関係になるため。

う　琉球が朝鮮侵略に協力することは，朝鮮と明の間の冊封関係を否定することになるため。

え　琉球が朝鮮侵略に協力することは，幕府と明の間の冊封関係を否定することになるため。

［３］　日本の都道府県について，Ａ・Ｂの問題に答えなさい。

Ａ　次の表の①～⑤は，隣(とな)り合う都府県２つを組にしたものです（隣り合うとは，都府県どうしが陸地で接しているということです）。また，表のＡ～Ｊの都府県について，面積，人口，農業産出額，漁業生産量，製造品出荷額，そしてそれらの都府県境の一部となっている地形（山，山地，川，など）を示しています。これを見て，後の問いに答えなさい。

表

	都府県	面積（㎢）	人口（千人）	農業産出額（億円）	漁業生産量（千トン）	製造品出荷額（億円）	都府県境
①	A	11638	1015	1792	68	12497	白神(しらかみ)山地
	B	9646	1308	3103	1070	18318	
②	C	2194	13637	274	485	80843	多摩(たま)川
	D	2416	9171	839	345	164236	
③	E	5173	7551	3232	777	451718	木曽(きそ)川
	F	5774	1834	1122	1704	99493	
④	G	8480	2848	1237	167	100064	小瀬(おぜ)川
	H	6113	1396	676	267	56302	
⑤	I	7735	1112	3524	1017	16351	霧島(きりしま)山
	J	9187	1655	5000	737	19886	

（住民基本台帳　人口要覧2018ほかより作成）

問１　①について，ＡとＢの都府県境にある白神山地以外の地形として正しいものを次から１つ選び，記号で答えなさい。

あ　十和田(とわだ)湖　　**い**　宍道(しんじ)湖　　**う**　猪苗代(いなわしろ)湖　　**え**　諏訪(すわ)湖

令和五年度　国語　解答用紙

（※のらんには何も書かないこと。）

一

問一　A　B　C　D　E

問二

問三

問四　Ⅰ　と理解している。　Ⅱ

問五

問六

問七

問八

※　※　※　※

受験番号

合計
※

※120点満点
（配点非公表）

答	:

答	cm

答	cm

[5]

(1)(計算)

答	点

(2)(計算)

答	点

(3)(計算)

答	点

得点欄(ここには何も記入しないこと)

1	
2	
3	
4	
5	
合計	※120点満点(配点非公表)

受験番号

[4]

(1)	(2)		(3)	(4)
	い	引く力		
cm	cm	g	g	

(5)						(6)				(7)	
①		②		③		①		②		Fの重さ g	手が押す力 g

(8)	(9)
	g

(10)	
①	
②	

受験番号				

※

※80点満点
（配点非公表）

※このわくには
何も記入しないこと

2023(R5) 広島学院中
教英出版

問５　A　　D　　E

B　問１　（１）　（２）　町　町　町

（３）　記号　理由

問２　（１）　（２）

［ ４ ］

問１　（１）　（２）　問２

問３　（１）　（２）

問４　問５　問６　問７　問８

問９　問10　月　月

受験番号				

※80点満点
（配点非公表）

令和５年度　社会　解答用紙

［ １ ］

問１ 　問２ 記号　理由

問３ 　問４

問５（１）　（２）

問６ 　問７ 　問８ 　問９ 　問10

［ ２ ］

問１（１）（ア）　（イ）　（ウ）

（エ）　（オ）　（２）　問２

問３ 　問４ 　問５ 　問６ 　問７（１）　（２）

［ ３ ］

A　問１ 　問２ ②　③　問３ G　H

問４ ①では（　　　　　　　　）がさかんであるが、

【解答

令和５年度　理　科　解答用紙

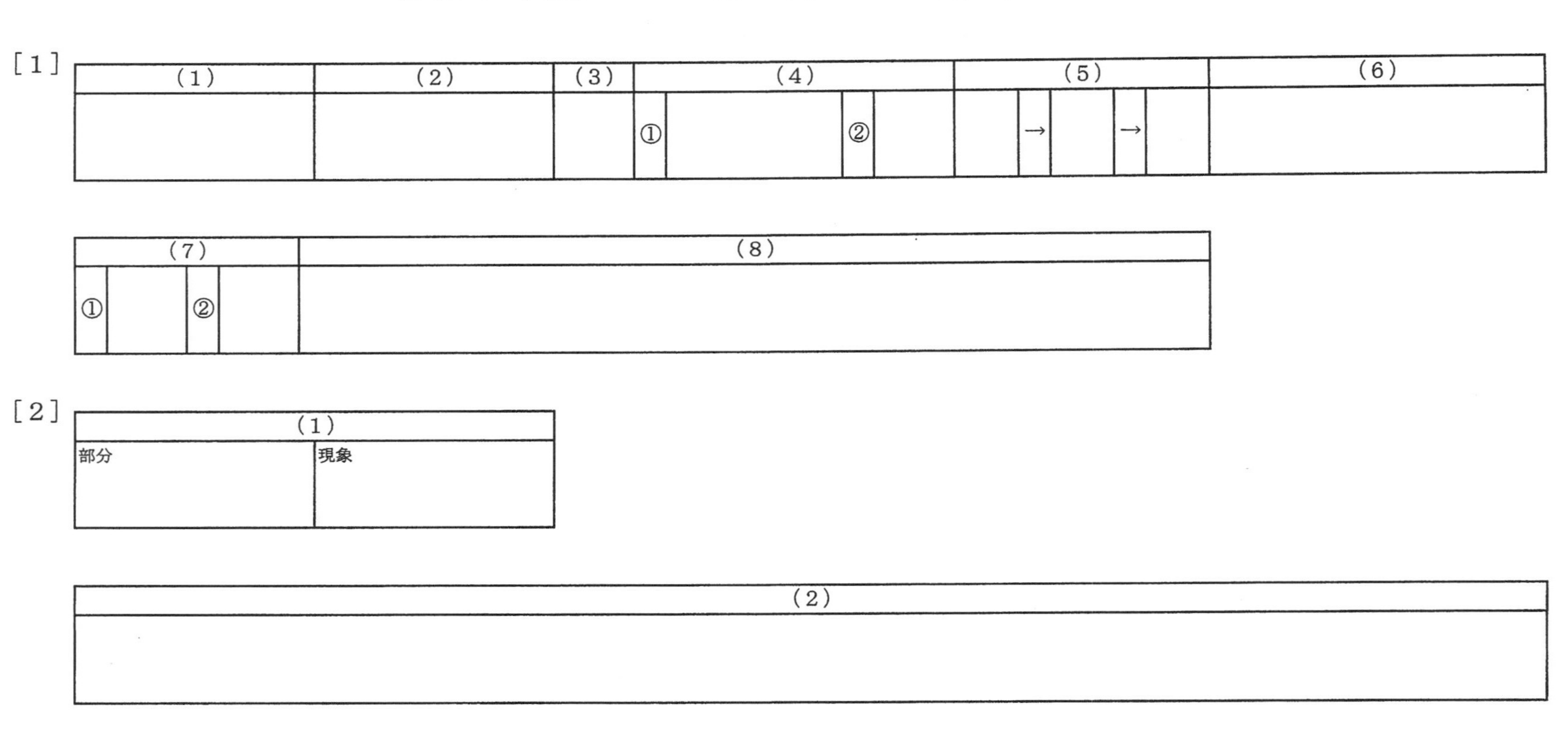

[１]

(1)	(2)	(3)	(4)				(5)					(6)
			①		②			→		→		

(7)				(8)
①		②		

[２]

(1)	
部分	現象

(2)

(3)	(4)	(5)	(6)			
			④		⑤	

[３]

(1)	(2)	(3)	(4)	(5)	(6)

【解答

令　和　5　年　度　　算　数　　解　答　用　紙

[1]

(1)		(2)		(3)	
(4)		(5)		(6)	

[2]

(1)(計算)	(2)(計算)	(3)(計算)
答　　個	答　　個	答　　個

[3]

(1)		(2)(計算)	(3)(計算)
答	長針　　度		
	短針　　度		

【解答

二

問十		問九	問八	問七	問六	問五	問四	問三	問二	問一
❶ ❷ ❸ ❹	❺ ❻ ❼ ❽ ❾ ❿						・	(1) (2) (3) (4) (5)	A B C D	・

※ ※ ※ ※ ※

問2　②と③はどちらも工業地帯に属しています。次の**あ**～**お**のうち，②が属する工業地帯について述べたものと，③が属する工業地帯について述べたものを**すべて選び**，それぞれ記号で答えなさい。ただし，同じ記号を選んでもかまいません。

あ　日本で初めての官営製鉄所が建てられた地域を中心としている。
い　第二次世界大戦後，日本で最大の製造品出荷額を占（し）めていた時期がある。
う　石油化学工場から出された煙（けむり）が原因で，四大公害のうちのひとつが起こった。
え　自動車を生産し，海外へも輸出している。
お　製造品出荷額のなかで，金属工業の占める割合が，他の工業地帯と比べてもっとも高い。

問3　④のG，Hはともに瀬戸内工業地域に属していて，工業がさかんです。G，Hの都府県で，製造品出荷額が1位を占める品目を次から1つ選び，それぞれ記号で答えなさい。

あ　鉄鋼（てっこう）	**い**　食料品	**う**　電気機械
え　輸送用機械	**お**　繊維（せんい）工業品	**か**　化学工業製品

問4　①と⑤は，全国でも農業産出額が比較（ひかく）的高い地域ですが，①と⑤の地域の農業には大きな違（ちが）いがあります。それはどのような違いですか。解答用紙に合うかたちで説明しなさい。

問5　A，D，Eにあてはまる都府県名を**漢字**で答えなさい。

B　都道府県は，いくつかの市町村（東京都は特別区）に分けられています。市，町，村の違いは，基本的には人口規模によるものですが，その他にもさまざまな条件に基づいています。学（まなぶ）さんは，市町村に関する調べ学習を行いました。これについて，後の問いに答えなさい。

問１　広島県には，現在14の市と９つの町があり，村はありません。学さんは，県内の９つの町に注目し，次の図と表１のようにまとめました。これらについて（１）～（３）に答えなさい。

図

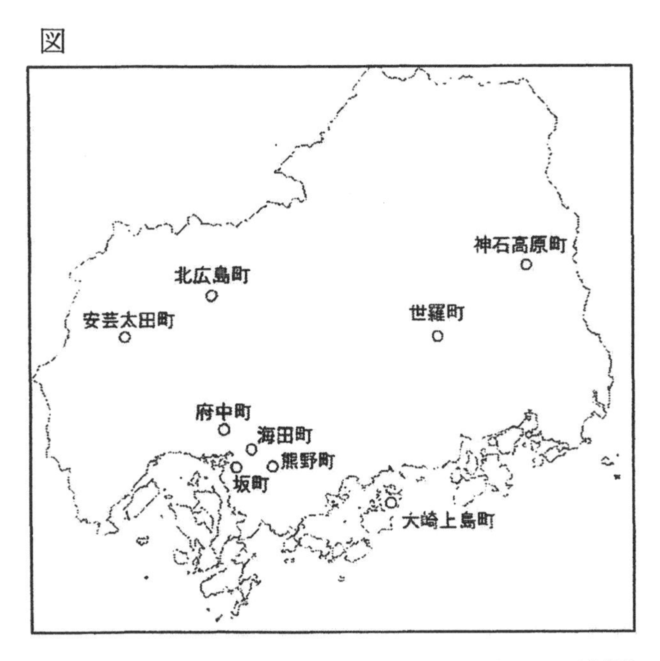

（広島県webページより作成）

表1

	人口（人）	面積（㎢）	人口密度（人／㎢）	高齢者（65歳以上）割合（%）	［ア］（%）
a	51155	10.4	4914.0	24.6	0.2
b	29636	13.8	2149.1	23.8	0.6
c	22834	33.8	676.4	35.6	1.8
d	17763	646.2	27.5	38.9	18.2
e	15125	278.1	54.4	41.9	25.0
f	12582	15.7	801.9	29.5	1.3
g	8250	381.9	21.6	49.2	28.2
h	5740	341.9	16.8	52.1	11.8
大崎上島町	7158	43.1	166.0	46.2	14.6

（広島県市町便覧より作成）

（1）表1中の［ア］にあてはまる項目を次から1つ選び，記号で答えなさい。

あ　人口に占める外国人の割合
い　一人暮らし世帯の割合
う　第一次産業（農業，林業や漁業）で働く人の割合
え　第二次産業（製造業や建設業）で働く人の割合

（2）学さんは，表1のa～hの町が，その特徴からXとYのグループに分類できることに気づき，表2のようにまとめました。グループXにあてはまる，a以外の3つの町を図の中から選び，その**町名を**答えなさい。

表2

グループ	あてはまる町
X	［a］，［　］町，［　］町，［　］町
Y	［　］町，［　］町，［　］町，［　］町

（3）新型コロナワクチンは，重症化（じゅうしょうか）が心配される高齢者を優先して接種されました。将来再び同じような性質をもつ感染症が流行したとします。重症化する患者（かんじゃ）を増やさないことと感染拡大を防ぐことを目的とする場合，表2のX，Yどちらのグループに，限りあるワクチンをより多く配分することになりますか。X，Yの記号で答えなさい。また，そのように考えた理由を説明しなさい。

問2　学さんは全国の市町村について調べたことを次のようにまとめました。（　1　）・（　2　）にあてはまる都道府県を下の**あ**～**く**から選び，それぞれ記号で答えなさい。

（　1　）…市の数35，町の数129，村の数15で，市町村の合計数が179と全国で最も多い。
（　2　）…市の数４，町の数14，村の数１で，市の数が全国で最も少ない。

あ　石川県　　**い**　大阪府　　**う**　埼玉県　　**え**　佐賀県
お　東京都　　**か**　鳥取県　　**き**　長野県　　**く**　北海道

［4］ 次の表を見て，後の問いに答えなさい。

表 2022年に起こった国内外の出来事

月	出来事
1月	①通常国会が召集(しょうしゅう)され，岸田首相が演説を行う。
2月	ロシア軍が②ウクライナへ侵攻(しんこう)する。
3月	アメリカのアカデミー賞で映画「ドライブ・マイ・カー」が国際長編映画賞を受賞する。
4月	千葉ロッテマリーンズの佐々木朗希(ささきろうき)投手が完全試合を達成する。
5月	最高裁判所が③国民審査(しんさ)の在外投票を認めない法律は憲法違反(いはん)であると判断する。
6月	ドイツで④主要7カ国首脳会議（G7サミット）が開かれる。
7月	⑤参議院議員通常選挙が行われる。
8月	⑥ゴルバチョフ氏が死去する。
9月	2023年10月から，⑦宮島訪問税として船賃が100円上乗せされることが決まる。
10月	⑧円安が進み，32年ぶりに1ドル＝150円台を突破(とっぱ)する。
11月	⑨税関が発足してから150年を迎(むか)える。
12月	⑩物価高への緊急(きんきゅう)対策が，国会で決まる。

問1　下線部①において，主に次の年度の予算について話し合いが行われます。次の図は，予算が成立するまでの過程を示したものです。これを見て，(1)・(2) に答えなさい。

図

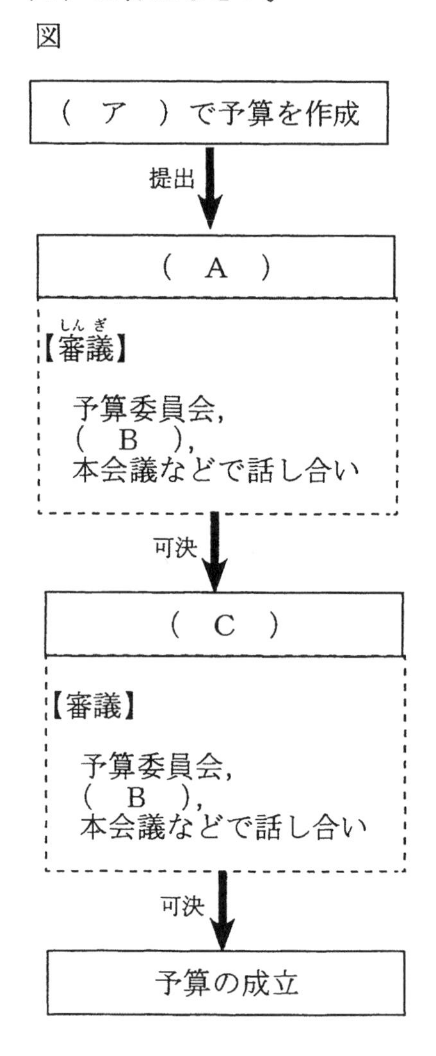

(1)(　ア　) にあてはまる語句を答えなさい。

（2）図中の（　A　）～（　C　）にあてはまる語句の組み合わせとして，正しいものを次から選び，記号で答えなさい。

あ　A　参議院　　B　衆議院　　C　公聴会（こうちょうかい）
い　A　参議院　　B　公聴会　　C　衆議院
う　A　衆議院　　B　参議院　　C　公聴会
え　A　衆議院　　B　公聴会　　C　参議院
お　A　公聴会　　B　衆議院　　C　参議院
か　A　公聴会　　B　参議院　　C　衆議院

問２　下線部②について，ウクライナの国旗は，上下に別れた２つの色でデザインされています。上の青色は「空」を表し，下の黄色はこの国で多く生産・輸出される「ある農産物」を表しているといわれています。それは何ですか。下の表を参考にして答えなさい。

ウクライナ国旗

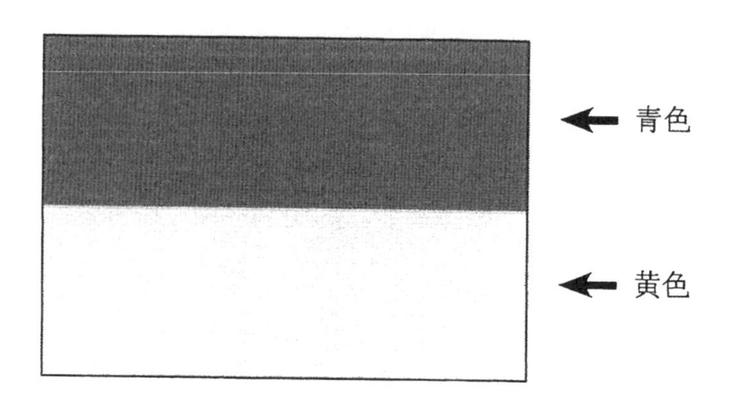

表　「ある農産物」の輸出量(2020年)

順位	国	輸出量（千トン）
1	ロシア	37267
2	アメリカ合衆国	26132
3	カナダ	26111
4	フランス	19793
5	ウクライナ	18056
6	オーストラリア	10400
7	アルゼンチン	10197
8	ドイツ	9259
9	カザフスタン	5199
10	ポーランド	4689

(FAO統計より作成)

問３　下線部③について，次の文は，国民審査についての説明です。
（　１　）・（　２　）にあてはまる語句を答えなさい。

国民は,（　１　）の裁判官を選ぶことはできません。しかし，裁判官が任命されて初めての（　２　）のときと，その後10年以上たってからの（　２　）のときに，やめさせた方がよいと思う裁判官を選んで投票できます。

問４　下線部④について，2023年のＧ７サミットが開催（かいさい）される都市はどこですか。答えなさい。

問５　下線部⑤について説明した文Ａ～Ｃの正誤の組み合わせとして，正しいものを下の**あ**～**く**から１つ選び，記号で答えなさい。

Ａ　参議院の定数は，衆議院よりも少なく，解散もある。
Ｂ　参議院の任期は６年であり，３年ごとに半数が改選される。
Ｃ　法案は，衆議院から審議しても，参議院から審議してもよい。

	A	B	C
あ	正	正	正
い	正	正	誤
う	正	誤	正
え	正	誤	誤
お	誤	正	正
か	誤	正	誤
き	誤	誤	正
く	誤	誤	誤

問６　下線部⑥の人物はかつてある国の大統領を務めていました。そのころの日本や世界の様子について述べた文として正しいものを，次から１つ選び，記号で答えなさい。

あ　第４次中東戦争をきっかけに，石油危機が起こった。

い　東西冷戦が終結し，東西ドイツが統一された。

う　アメリカ同時多発テロ事件が起こり，アメリカがアフガニスタンを攻撃した。

え　シリアで内戦が起こり，多くの難民が発生した。

問７　下線部⑦について，次の資料を参考にして，宮島訪問税の使い方について述べた文としてふさわしいものを次ページの**あ**～**か**から**３つ**選び，記号で答えなさい。

資料：宮島訪問税について

【税金の新設の理由】
世界遺産のある宮島は，国際的な観光地として，観光客の受け入れ環境の整備が求められています。増加する観光客に対応するための行政サービスは，住民などから集める税金ではまかないきれないものとなっています。
【税金の使い方】
宮島の人たちの生活を支え，充実させるための行政サービスについては，各地の地方自治体と同じように，廿日市市の住民，会社から集めた税金や国・県の補助金を財源として利用します。
一方，増加する訪問者に対応するための行政サービスについては，訪問者から集めた宮島訪問税を財源の一部として利用します。

（宮島訪問税に関する議員全員協議会＜廿日市＞参考資料より作成）

あ　宮島口の渋滞(じゅうたい)の解消を行うための工事
い　「宮島おもてなしトイレ」の設置・維持(いじ)管理
う　宮島にある小学校に通う子どもたちへの教科書の配布
え　宮島で生活に困っている人たちへの援助(えんじょ)
お　宮島の公民館などの公共施設(しせつ)の管理・運営
か　宮島を訪問する人により増加したゴミの処理

問８　下線部⑧について，次の文は，円高・円安に関して説明したものです。これを読んで，円安の影響(えいきょう)を述べた文Ａ・Ｂの正誤の組み合わせとして，正しいものを下の**あ**～**え**から１つ選び，記号で答えなさい。

円高・円安

日本の円の価値が，外国のお金（通貨）と比べて，高くなったり，安くなったりすることです。例えば，アメリカの通貨１ドルを円と交換(こうかん)した場合，120円であったもの（１ドル＝120円）が，110円で交換できるようになると円高，130円かかるようになると円安となります。

Ａ　円安になると，海外旅行に行くための費用が安くなる。
Ｂ　円安になると，日本から輸出した自動車のアメリカでの販売(はんばい)価格が安くなる。

あ　Ａ　正　Ｂ　正　　　**い**　Ａ　正　Ｂ　誤
う　Ａ　誤　Ｂ　正　　　**え**　Ａ　誤　Ｂ　誤

問９　下線部⑨について，税関という名称（めいしょう）は，2024年から使用が開始される予定の１万円札にデザインされている人物によって定められました。その人物の写真を次から選び，記号で答えなさい。

あ

い

う

え

問10　下線部⑩について，2022年は，ガソリンや食料品などが大幅に値上がりした年でした。このことに深く関わっていると考えられる出来事を，19ページの表中から**２つ**選び，その出来事が起こった月を**数字で**答えなさい。

（問題は以上です）

令和５年度

広島学院中学校入学試験問題

理　　科

【４０分】

◎試験開始まで，問題用紙にも解答用紙にも手をふれてはいけません。
次の注意を読みなさい。

注　意

１．問題用紙
この問題用紙は２ページから26ページまでで，問題は４問あります。
２．解答用紙
解答用紙は別の用紙１枚で，この問題用紙にはさんであります。
３．記入・質問などの注意
（１）答えはすべて解答用紙のわくの中に，ていねいな字で記入しなさい。
（２）印刷が悪くて字のはっきりしないところなどがあれば，手をあげて監督(かんとく)の先生に知らせなさい。

［１］次の文章を読んで，後の問いに答えなさい。

中学生の智子さんと小学生の学君は，ニュースで火山が噴火したことを知り，火山噴火について興味を持った。

キャスター「では，本日のニュースです。本日 20 時 5 分ごろ，鹿児島県にある（ i ）の南岳山頂火口で爆発が発生しました。（ ii ）は，火口周辺警報を発表し，付近の住民に避難を呼びかける噴火警戒レベルを５としました。……」

智子「火山が噴火すると，いろいろな被害が出てこわいわね。」

学「学校で，火山が噴火したときの被害について勉強したよ。まず，よう岩が流れてきて，a 地形が変わることもあるんだって。あと，広いはん囲に b 火山灰が降り積もって，農業に被害が出ることもあるんだって。」

智子「よく勉強してるね。」

学「でも，そもそも c なんで火山って噴火するのかな。」

智子「そういえば最近読んだ本に書いてあったわ。後で見てみましょう。」

学「火山が噴火したとき，ぼくたちだいじょうぶかな。」

智子「火山の被害を防ぐためには，d 事前に火山の被害を予想した地図を見ておいて，備えておく必要があるのよ。それに，火山噴火の前ぶれを観測することで，実際に噴火する前に避難できる場合もあるのよ。」

学「火山がなければ安全でいいのにね。」

智子「でも，火山があると温泉が出たり，発電ができたりと良いこともあるのよ。」

智子さんが最近読んだ本の記述

火山を作っているものは，火山活動によって地上に出てきた火山噴出物である。

火山噴出物とは，よう岩や火山弾，火山灰や火山ガスなど噴火によって火口から噴出したものである。火山噴出物のもととなっているものは，マグマである。マグマとは，地球内部の熱などにより，地下深いところにある岩石の一部がとけてできたものである。

地下深くにあるマグマは，密度が周囲の岩石よりも小さいため，上昇をはじめる。マグマが地表付近まで上昇すると，マグマにとけていた水などの気体になりやすい成分が気体となって体積が増える。その結果，地表付近の岩石をふき飛ばしたり，岩石のさけ目などを通ってマグマが地表に噴出したりすることがある。これを噴火と呼び，この地表を流れるマグマのことをよう岩と呼ぶ。

マグマの温度や成分は，火山によって異なり，その結果マグマのねばりけが異なる。このマグマのねばりけのちがいによって，火山の形やよう岩の色が異なることがわかっている。マグマのねばりけが弱いと，よう岩は流れやすく，傾斜がゆるやかな火山になるが，マグマのねばりけが強いと，よう岩は広がりにくく，傾斜の急な火山を作る。また，マグマのねばりけが弱いと，冷えて固まったとき黒っぽいよう岩になり，マグマのねばりけが強いと，冷えて固まったとき白っぽいよう岩になる傾向がある。

（1）キャスターの発言の空らん（ⅰ）には，実際に2022年7月24日に爆発的噴火が発生した火山の名前が入ります。この火山の名前を答えなさい。

（2）キャスターの発言の空らん（ⅱ）には，日本の火山を24時間体制で監(かん)視し，噴火の前ぶれに応じて警報などを発表する国の機関が入ります。この国の機関の名前を答えなさい。

（3）下線部aの例として，誤りをふくむものを1つ選びなさい。

ア．海の中で噴火が発生し，新しく島ができる

イ．もともと火山だった山で噴火が発生し，新しく山ができる

ウ．よう岩の流れによって地面がけずられ，谷ができる

エ．よう岩が島と陸地の間の海をうめて，地続きとなる

（4）下線部bについて，次の文章は学くんが火山灰をふくむ地層を観察したときに作ったレポートの一部です。

地層は，いろんな大きさのつぶの土からできていた。つぶの大きさが2mm以上のものを（ⅲ）とよぶ。他にも，火山灰が降り積もってできた地層もあった。この火山灰の地層をけずってよく洗ってけんび鏡で観察すると，（ⅳ）が多く見られた。

① レポートの空らん（ⅲ）に当てはまる語句を答えなさい。

② レポートの空らん（ⅳ）に当てはまるものとして最も適当なものを選びなさい。

ア．同じ色をした，丸みをおびた小さなつぶ

イ．同じ色をした，角張った小さなつぶ

ウ．様々な色をした，丸みをおびた小さなつぶ

エ．様々な色をした，角張った小さなつぶ

（５）下線部ｃについて，智子さんは最近読んだ本の記述をもとに，火山が噴火する過程を次の図のように，４つの段階に分けて表しました。それぞれの［　　］には，Ａ～Ｃのいずれかの文が当てはまります。図中の［　　］に当てはまる順番に，Ａ～Ｃを並びかえなさい。

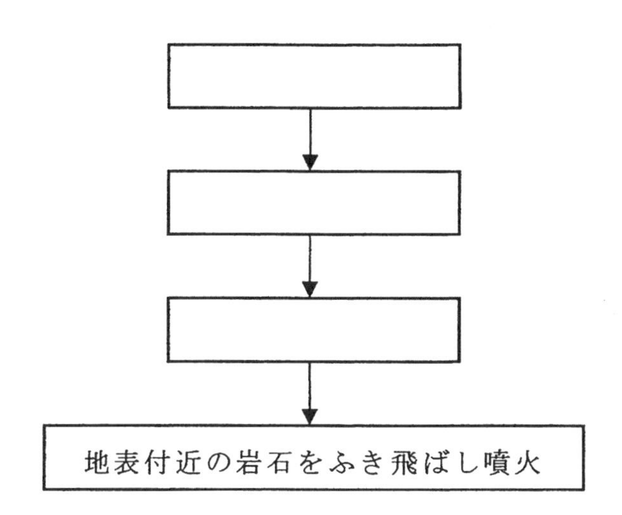

Ａ．マグマにふくまれる水などが気体となり，体積が大きくなる

Ｂ．地下で高温になった岩石がとけ，マグマができる

Ｃ．マグマが地表付近に上昇する

（６）下線部ｄについて，火山だけでなく地震（しん）や洪（こう）水などの災害が発生したとき，その地域にどれだけ危険があるかを示した地図の名前を答えなさい。

（7）智子さんは，最近読んだ本の記述をもとにマグマのねばりけと，火山の形や固まったよう岩の関係を，次のような表にまとめました。火山の形のらんにはア，イのどちらかが，固まったよう岩のらんにはウ，エのどちらかがそれぞれ当てはまります。この表中の①と②に当てはまるものをそれぞれ選びなさい。

マグマのねばりけ	強い	弱い
火山の形	①	
固まったよう岩		②

ア

イ

ウ

エ

（８）火山が噴火を始める前ぶれの１つとして，山の大きさが大きくなる場合があります。なぜこのような現象が起きるのか，智子さんが最近読んだ本の記述などを参考にしながら簡単に答えなさい。

［2］次の会話文を読んで，後の問いに答えなさい。

学「先生，植物の形っていろいろなものがあって面白いですよね。でも，どうしてこんなにみんな形が違うんでしょうか。」

先生「それはね，長い年月をかけて，地球の様々な環境（かん）にあった形の植物が生き残ってきたからだと考えられるよ。」

学「なるほど。植物の形にはそれぞれ意味があるんですね。」

先生「そうだよ。例えば，葉はどうして平たい形をしているものが多いと思うかな。」

学「それは，光をたくさん浴びるためですよね。葉に光が当たらないと，a 根から吸い上げた水と，葉で吸収した二酸化炭素から，でんぷんを作ることができないと授業で習いました。」

先生「よく勉強しているね。植物が光のエネルギーを使って，水と二酸化炭素からでんぷんを作る反応を光合成というんだ。それと同時に，呼吸によって，吸収した酸素を用いて，光合成で作ったでんぷんを分解し，水と二酸化炭素が発生して，生きるためのエネルギーを作るんだよ。」

学「そうか，だからb 光をたくさん集めないと生きられないんですね。」

先生「では，今度は植物の根の形にはどのような意味があるか考えてみようか。」

学「根はもじゃもじゃな形をしていることが多いなあ。もじゃもじゃな方が，（①）が増えるから水や養分を効率よく吸収できるからかな。」

先生「うん，それも大切な理由の１つだね。君は本当によく勉強しているね。では，最後に茎（くき）について考えてみよう。茎といっても色々な茎があるから，今回は光合成をする葉と根をつないでいる部分を茎と呼ぶことにするね。このような茎は何のために必要かわかるかい。」

学「それも授業で習った気がするなあ。たしか……」

先生「ちょっと待って。今回は頭の中で実験をして自分で考えてみよう。茎をもつ植物と持たない植物を思いうかべてごらん。もしいっしょの場所に生えていたら，茎を持たない植物はどうなるかな。」

学「うーん。かれたり不利になったりしそうだなあ……」

先生「そうだね。では，今度は茎を実際にほとんど持っていない植物がどのような環境に生えているか考えてみよう。例えば，タンポポやキソウテンガイという植物があるよ。」

学「え，タンポポの花がついている細長い部分は茎じゃないんですか。」

先生「あれはね，茎ではあるのだけど，花茎(かけい)といって花を高い位置につけて，種を遠くまで飛ばすための茎なんだ。」

学「なるほど，ということは先生が今回質問している茎とは違う意味の茎なんですね。」

先生「そういうこと。では話の続きをするね。タンポポは空き地や芝(しば)地のように背が低い植物しかいない場所に生えていることが多いよね。キソウテンガイは砂ばくに生えていて，タンポポと同様，日当たりがよく周りに日光をさえぎるものがない環境に生えているよ。さて，茎がなぜ必要なのかもうわかったよね。」

学「そうか。先生のおっしゃっている茎は植物にとって（②）ために必要なんですね。」

先生「その通り。でもね，同じように茎をほとんど持たない植物でも林の中の地面に生えるものもいるんだ。カタクリという植物は冬に葉を残さないブナなどからなる林の地面によく生えるんだよ。」

学「え，林の中ということは，さっきのタンポポとかキソウテンガイとはちがう理由で茎をほとんど持たないのかなあ。」

先生「いや，実は同じなんだ。」

学「ブナ林……　そうか，わかったぞ。ブナが（③）した後に葉をひろげるのかな。」

先生「その通り。タンポポやキソウテンガイは他の植物と（④）をずらすことで茎が必要ないけれど，カタクリの場合は（⑤）をずらすことで茎が必要ないのさ。」

学「へえ，植物って本当に面白いなあ！」

（1）下線部ａについて，根から吸い上げた水は葉のうら側のある部分から大気中に出されます。この部分の名前と，大気中に出される現象の名前をそれぞれ答えなさい。

（2）下線部ｂに関して次のような実験を行いました。ある植物を使って，様々な強さの光を当てた時の１時間後のその植物が持つでんぷん量を調べました。下のグラフはその結果です。実験の結果から，この植物が生きるために最低限必要な光の強さはＸであることがわかりました。光の強さがＸより暗いと生きていけない理由について「光合成」と「呼吸」という語句を使って簡単に説明しなさい。ただし，でんぷんの量は植物の光合成と呼吸によってのみ変化し，呼吸によるでんぷんの分解の速さは光の強さに関係なく一定とします。

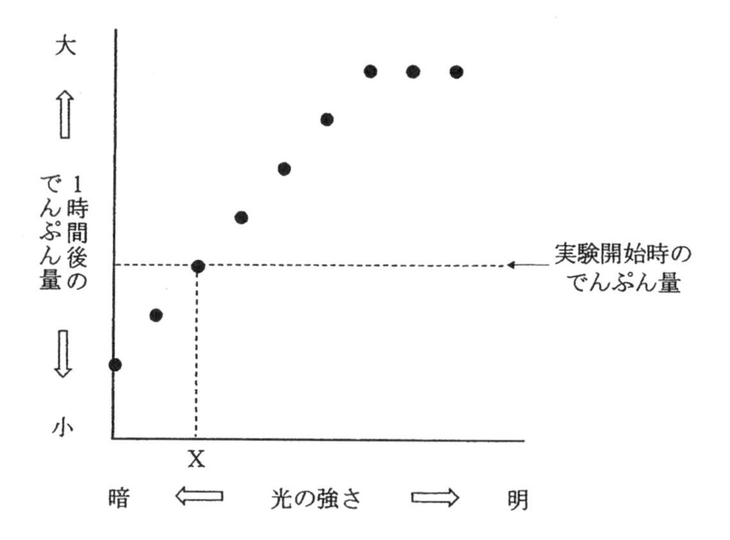

（3）空らん（①）に当てはまる語句を漢字３文字で答えなさい。

（4）空らん（②）に当てはまる文として最も適当なものを選びなさい。

ア．水や養分を根から葉へ運ぶ

イ．高い位置に花をつけ，花粉を運ぶ虫をおびき寄せる

ウ．周りの植物より高い位置に葉をつけ，より多くの光を得る

エ．葉でつくったでんぷんを全身に運ぶ

2023(R5) 広島学院中
教英出版

（5）空らん（③）に当てはまる語，または文を答えなさい。

（6）空らん（④）と（⑤）に当てはまる語句として最も適当なものを1つずつ選びなさい。

ア．時期　　イ．湿（しっ）度　　ウ．気温
エ．場所　　オ．高さ　　カ．標高

［３］次の文章を読んで，後の問いに答えなさい。

空気は温められることで体積が変わります。図１のようにゴム栓に穴の直径が 0.8cm のガラス管を通し，丸底フラスコの口にはめた装置を用意しました。ガラス管の途中にセッケン水の膜を作り，装置の丸底フラスコの部分を温めたところ，セッケン水の膜はガラス管内を上がっていき，ガラス管の先でふくらみました。

図１

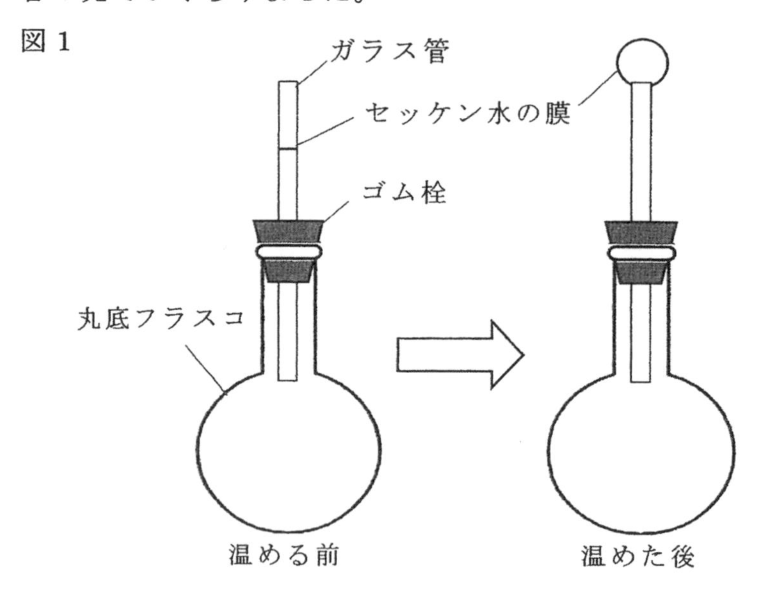

（１）図１の温めた後の装置を，温める前の装置よりも少し低い温度になるまで十分に冷やしました。セッケン水の膜が割れなかった場合，セッケン水の膜はどのようになると考えられますか。最も適当なものを選びなさい。

ア．温めた後のセッケン水の膜よりも，さらに大きくふくらむ。

イ．温める前のセッケン水の膜よりも，上の位置まで下がる。

ウ．温める前のセッケン水の膜の位置まで下がる。

エ．温める前のセッケン水の膜よりも，下の位置まで下がる。

図２のように，図１の装置のガラス管の下の部分にゼリーをつめて水そう内の水につけたものを用意し，水そう内の水の温度を高くすることで丸底フラスコを温めていくと，ゼリーは内部の空気の体積変化にあわせてなめらかに移動します。この装置を使って，空気の温度と体積の関係を調べました。

図２

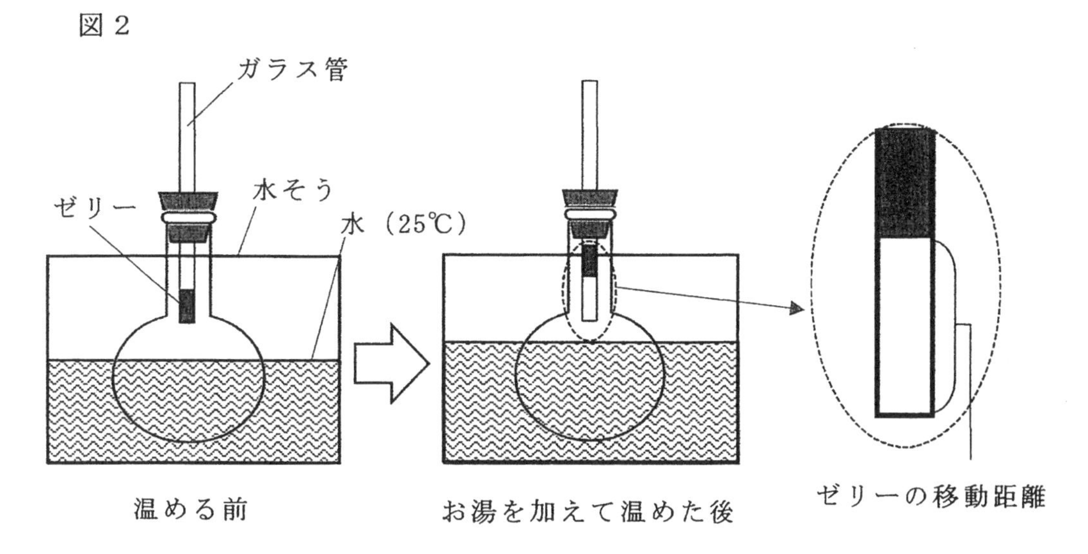

図２の温める前の水そうの水（水温 25℃）にお湯を少しずつ足していき，水の温度を１℃ずつ変化させました。水の温度を１℃変化させた後，それぞれの温度でゼリーの移動が完全に止まった時のゼリーの移動距離（きょり）を測りました。この実験の結果をまとめたものが表１です。内部の空気の温度は水そう内の水と同じ温度になっているものとします。

表１

水そう内の水の温度（℃）	ゼリーの移動距離（cm）
25	0
26	0.8
27	1.6
28	2.4
29	3.2

（２）図２の装置のガラス管の長さが８cmとすると，表１の結果から水そう内の水の温度が何℃になるとゼリーがガラス管から完全に出ると考えられますか。

（３）図２の装置では，内部の空気の温度が１℃上がると内部の空気の体積は何mL増えますか。ただし，図２の装置ではガラス管の長さ１cmあたりの内部の体積は0.5mLとします。

次に，図２の装置の他に，ガラス管の穴の直径や丸底フラスコの大きさの組み合わせを変えて作った装置Ａ～Ｄを用意しました。表２は各装置で使ったガラス管の穴の直径と，それぞれの内部に入っている25℃の空気の体積を示しています。

表２

	図２の装置	装置Ａ	装置Ｂ	装置Ｃ	装置Ｄ
ガラス管の穴の直径（cm）	0.8	0.8	0.8	0.4	0.4
内部に入っている空気の体積（mL）	120	60	180	60	180

用意した装置Ａ～Ｄを使い，同じ実験手順でゼリーの移動距離を調べました。図２の装置と装置Ａ～Ｄを使った実験の結果をまとめたものが表３です。内部の空気の温度は水そう内の水と同じ温度になっているものとします。

表３

水そう内の水の温度（℃）	ゼリーの移動距離（cm）				
	図２の装置	装置Ａ	装置Ｂ	装置Ｃ	装置Ｄ
25	0	0	0	0	0
26	0.8	0.4	1.2	1.6	4.8
27	1.6	0.8	2.4	3.2	9.6
28	2.4	1.2	3.6	4.8	14.4
29	3.2	1.6	4.8	6.4	19.2

（４）表２，表３から考えられることとして，誤りをふくむものを１つ選びなさい。

ア．１つの装置に注目したとき，水そう内の水の温度が１℃上がるごとに同じ体積ずつ内部の空気の体積が増えている。

イ．最初に内部に入っている空気の体積と，水そう内の水の温度が１℃上がるごとに増える内部の空気の体積は比例している。

ウ．装置Ａと装置Ｃを比べた時，装置Ｃの方が水そう内の水の温度が１℃上がった時に増える内部の空気の体積が大きい。

エ．最初に内部に入っている空気の体積が同じままで，ガラス管の穴の直径を２倍にすると，水そう内の水の温度が１℃上がった時のゼリーの移動距離は４分の１になる。

次に，図３のように図２の装置のゼリーの位置をガラス管の上部につけ変えた装置を用意しました。ガラス管の長さは21cm，ゼリーの長さは１cm，内部の空気の温度は 25℃，フラスコとガラス管内部の空気の体積は合わせて 130mL でした。この装置を冷水で冷やしてしばらくすると，ゼリーは 15.6cm 下がって止まりました。実験中にゼリーの長さは変わりませんでした。

図３

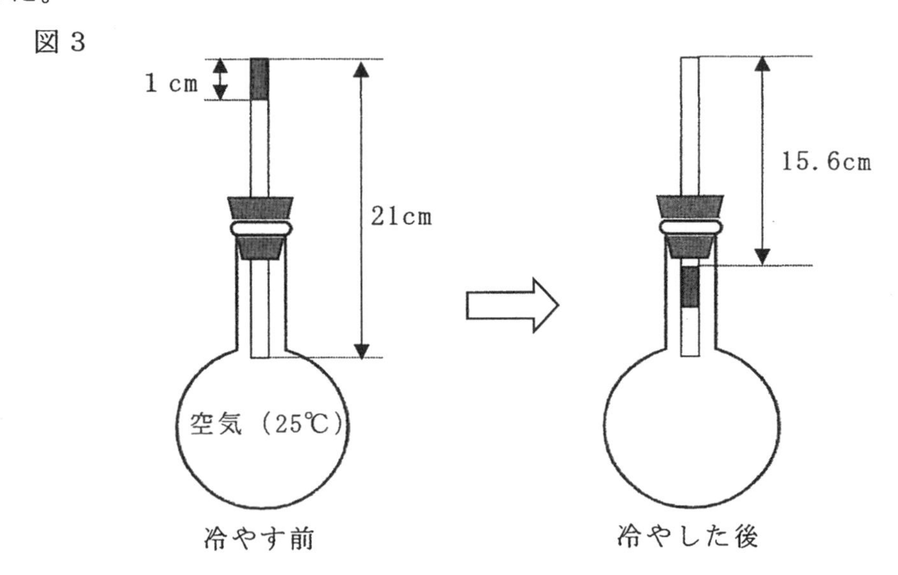

（５）図３の冷やした後の内部の空気の温度は何℃ですか。必要であれば小数第１位を四捨五入して答えなさい。ただし，同じ装置を使ったとき，内部の空気の温度が１℃低くなる時も１℃高くなる時と同じだけ空気の体積が変化するものとします。

（６）内部の空気の温度と体積の関係を利用すると，温度計を作ることができます。図２や図３のような装置で，より小さな温度変化がわかる温度計を作ろうとした場合，丸底フラスコとガラス管はどのようなものを選べばよいですか。最も適当なものを選びなさい。

ア．フラスコは大きく，ガラス管は太いもの

イ．フラスコは大きく，ガラス管は細いもの

ウ．フラスコは小さく，ガラス管は太いもの

エ．フラスコは小さく，ガラス管は細いもの

理科の問題は次のページへ続く

［4］てこについて，後の問いに答えなさい。

I　いくつかの棒や糸を使って，てこを作りました。棒や糸の重さはないものとします。

（1）図1のように，てこにおもりをぶら下げたところ，てこは水平につりあいました。このとき，**あ**の長さは何cmですか。

図1

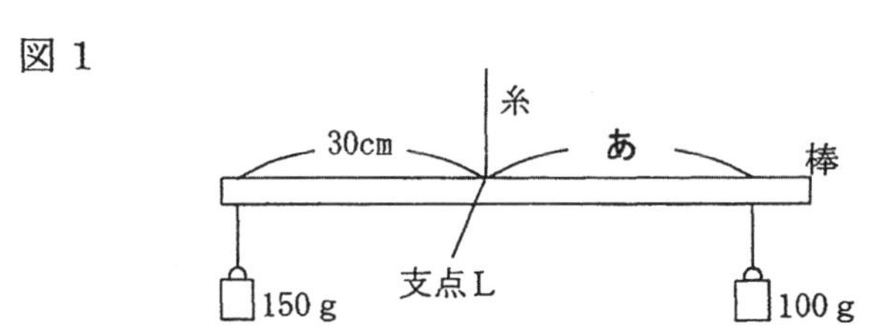

図2のように垂直な壁（かべ）にピン1とピン2をさし，図1のてこの支点Lにつけた糸をかけ，その先に250 gのおもりをぶら下げました。すると，てこは水平になり，全体が静止しました。てこは壁にふれていません。このように，てこが水平につりあっているとき，支点でてこの棒が糸を下向きに引く力の大きさは棒にぶら下げたおもりの重さの和になっています。

図2

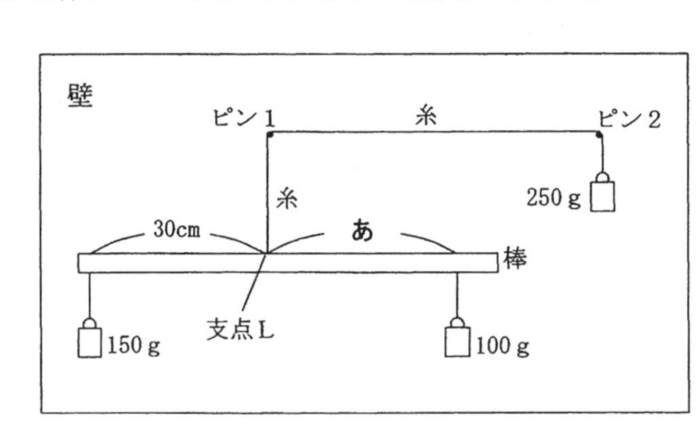

（2）図３のように２本の棒でてこを作り，おもりをぶら下げたところ，長い棒も短い棒も水平につりあいました。このとき，**い**の長さは何cmになりますか。また，支点Ｍで長い棒が糸２を下向きに引く力は何ｇですか。

図３

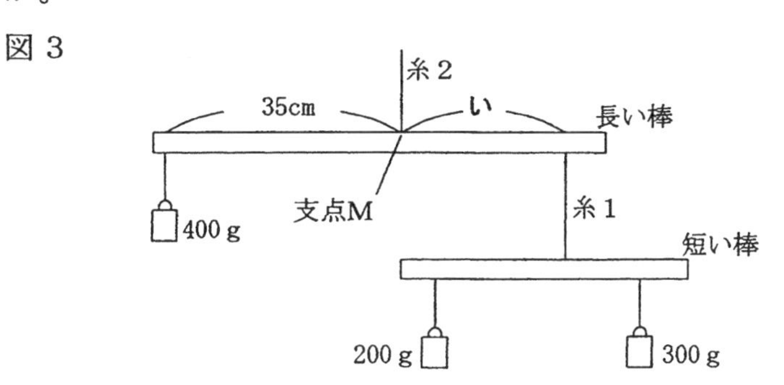

次に図４のように棒，台，ピンを使っててこを作りました。このてこではピンの位置が支点になっています。このときも棒やピンの重さはないものとします。

図４

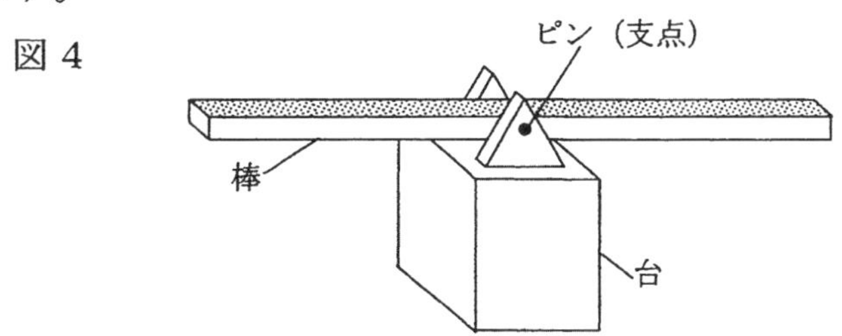

（3）図４のてこに200ｇのおもりとある重さのおもりをのせたところ，図５のように，てこの棒が水平につりあいました。てこの支点Ｎで棒がピンを下向きにおしている力は何ｇですか。

図５

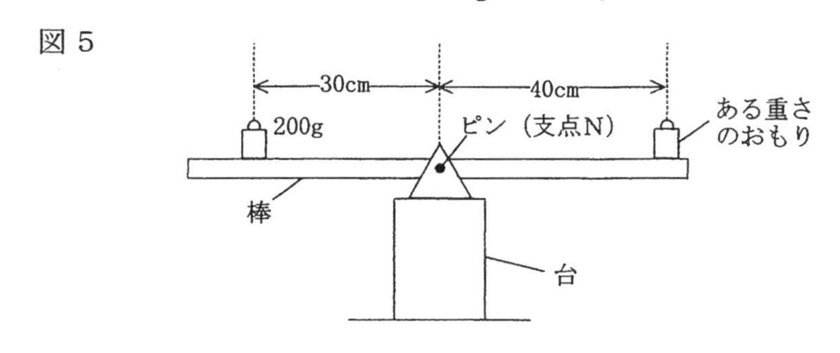

Ⅱ　図６のようなくぎぬきも，てこの決まりを利用したものです。

図６

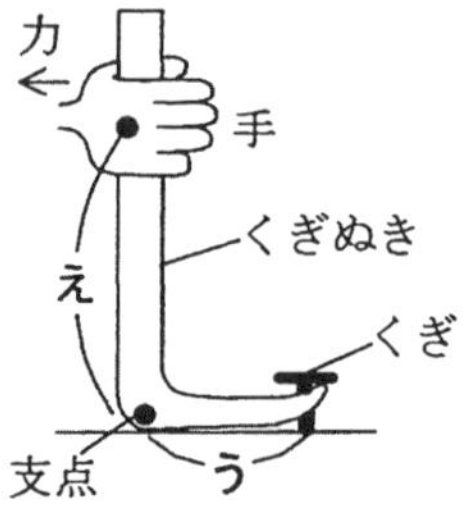

力
手
くぎぬき
え
くぎ
支点
う

（４）図６の支点からくぎまでの長さ**う**は変えず，支点から手の中央までの長さ**え**を長くすると，くぎをぬくのに必要な手の力はどのようになりますか。

ア．大きくなる　　イ．小さくなる　　ウ．変わらない

くぎぬきが回転せずにつりあうとき，くぎぬきにはたらく力の関係を調べるため，図７のようなＬ字型の板Ｐを準備しました。

図７

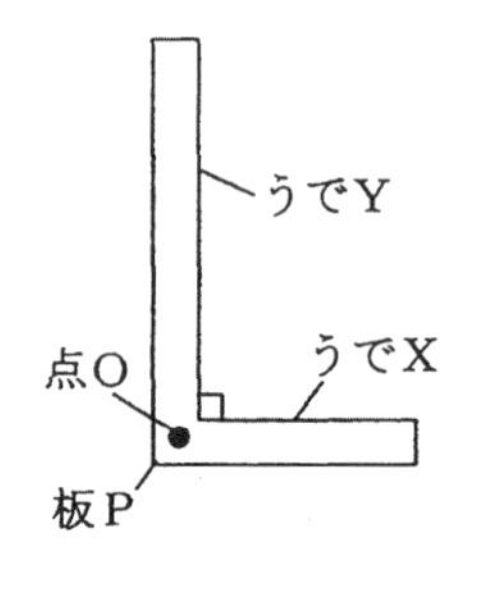

図８

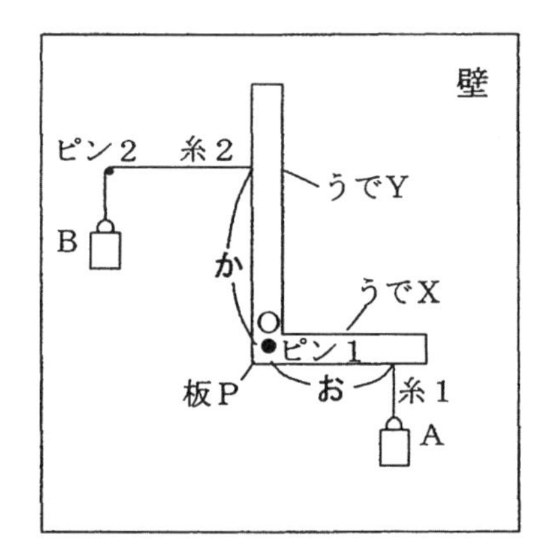

板Ｐの短い方のうでをＸ，長い方のうでをＹ，ＸとＹのつなぎ目の点をＯ（オー）とします。板Ｐの重さはないものとします。図８のように点Ｏにピン１をさし，さらにそのピンを垂直な壁にさして，板Ｐが点Ｏを中心にしてなめらかに回転できるようにしました。このようにすると点Ｏが板Ｐの支点になります。

うでXに糸1とおもりAを付け，うでYに糸2を付け，壁にさしたピン2にかけておもりBを付けました。こうしてうでXに下向きの力，うでYに左向きの力を加えます。うでXで支点Oから糸1までの長さを**お**，うでYで支点Oから糸2までの長さを**か**とします。初め，板Pを図8のようにうでXが右向き，うでYが上向きになるように手で支え，AとBの重さや，**お**と**か**の長さを変えて手を放したとき，支点Oを中心にして板Pが回転するかどうかを調べました。

その結果，図8では

・（AがXを引く力）×（**お**の長さ）＝（BがYを引く力）×（**か**の長さ）
　であるとき，板Pが回転せずにつりあうこと，

・（AがXを引く力）×（**お**の長さ）＞（BがYを引く力）×（**か**の長さ）
　であるとき，板Pが時計回りに回転すること，

・（AがXを引く力）×（**お**の長さ）＜（BがYを引く力）×（**か**の長さ）
　であるとき，板Pが反時計回りに回転すること，

がわかりました。

次に，初めの板の位置を図9のように，うでXが左向き，うでYが下向きになるように変えました。

図9

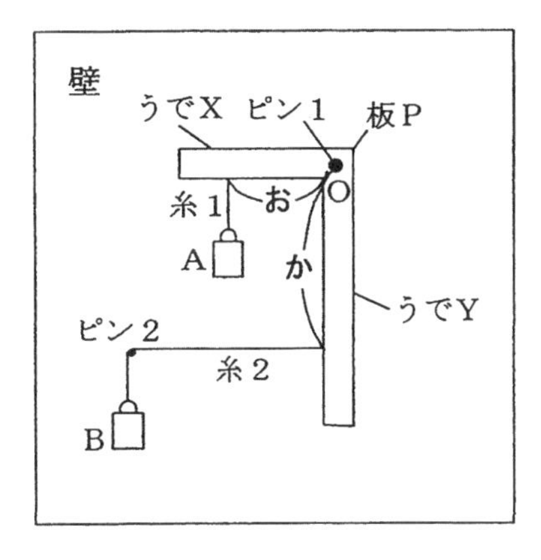

(5) 図9のおもりAを200gにし，おの長さを30cmにしました。Bの重さと，かの長さを表1のように変えたとき，板Pの回転の様子はどうなりますか。表1の中の①～③に当てはまるものを下のア～ウからそれぞれ選びなさい。

表1

Bの重さ(g)	100	100	300
かの長さ(cm)	40	60	25
Pの回転の向き	①	②	③

ア．時計回り　　イ．反時計回り　　ウ．回転しない

Ⅲ 次に板Pが回転せずにつりあっているとき，支点Oで板Pがピン1を上下左右におす力を調べる実験をしました。

図10のように支点Oにさしたピン1を壁から引きぬき，板Pにはピン1をさしたままピン1に糸3と糸4を付けて板Pを支えます。壁にさしたピン3とピン4に糸3をかけ，その先におもりCを付けました。また，壁にさしたピン5に糸4をかけ，その先におもりDを付けました。この様子を正面から見たものが図11です。

図10

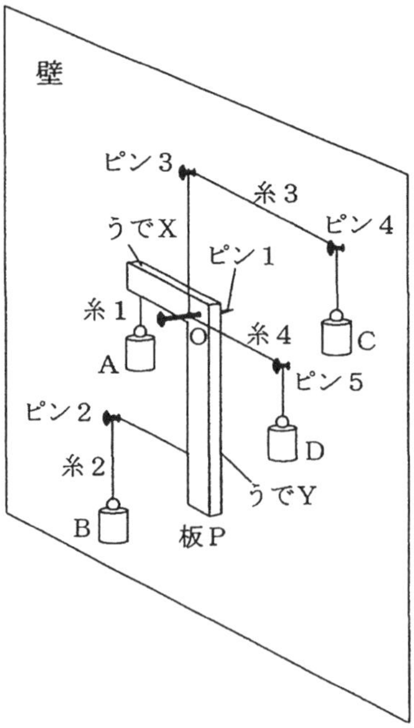

図11

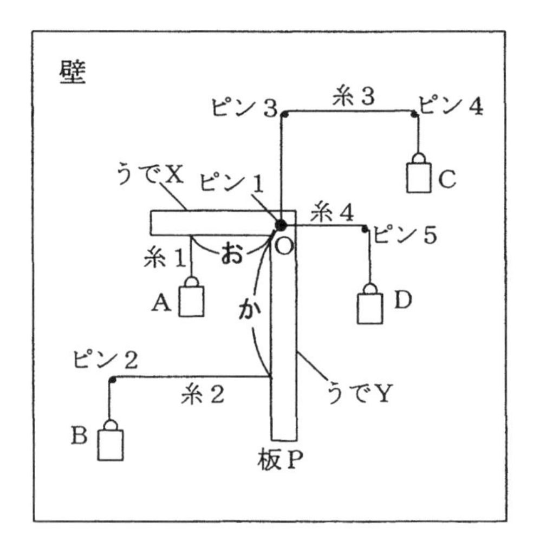

おもりAとBの重さや，**お**と**か**の長さを変えたとき，板Pが回転もせず，上下にも左右にも動かないような，CとDの重さを調べました。その結果が表2です。

表2

Aの重さ(g)	200	200	300	300	400
おの長さ(cm)	30	30	20	20	15
Bの重さ(g)	150	200	200	500	200
かの長さ(cm)	40	30	30	12	30
Cの重さ(g)	200	200	300	300	400
Dの重さ(g)	150	200	200	500	200

(6) 表2の結果から考えられることを次の文章のようにまとめました。空らん（①）と（②）に当てはまる文として最も適当なものを下のア～カからそれぞれ選びなさい。

「板Pが糸3を下向きに引く力の大きさは，（①）。また，板Pが糸4を左向きに引く力の大きさは，（②）。」

ア．（うでXにはたらく下向きの力の大きさ）×（**お**の長さ）に等しい

イ．（うでXにはたらく下向きの力の大きさ）÷（**か**の長さ）に等しい

ウ．うでXにはたらく下向きの力の大きさに等しく，**お**や**か**の長さと関係ない

エ．（うでYにはたらく左向きの力の大きさ）×（**か**の長さ）に等しい

オ．（うでYにはたらく左向きの力の大きさ）÷（**お**の長さ）に等しい

カ．うでYにはたらく左向きの力の大きさに等しく，**お**や**か**の長さと関係ない

Ⅳ　図12のようなT字型の板Qを用意しました。板Qの中央の点にはピンがさしてあります。板Qには奥(おく)行きがあってその上におもりをのせることができますが，この板も重さはないものとします。

図12　　　　　　　　図13

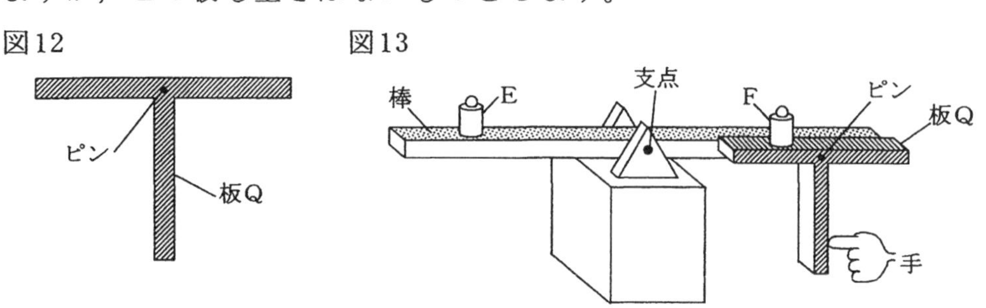

図13のように，てこの棒の右側にピンをさして板Qを支え，棒に対してなめらかに回転できるようにしました。棒の左側には棒の上に直接おもりEをのせ，棒の右側には板Qの上におもりFをのせました。おもりFは，てこの棒にはふれていません。おもりFによって板Qが回転しないように手で板Qを水平におしています。このとき板Qは，てこの棒を下向きに引くと同時に右または左向きにおしています。しかし，右または左向きにはたらく力は，てこの棒を回転させるはたらきはありません。

（７）図13を正面から見たものが図14です。板Qが回転しないように手で水平におしながら300ｇのおもりEをのせると，てこは図14のように水平につりあいました。このとき，おもりFの重さは何ｇですか。また，手が板Qをおしている力は何ｇですか。

図14

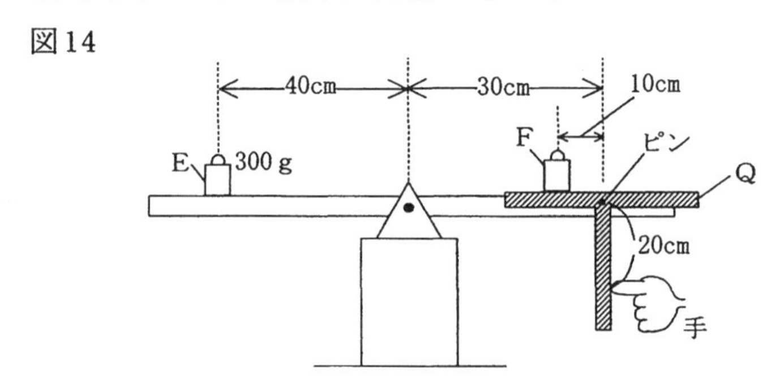

2023(R5) 広島学院中
K 教英出版

（８）（７）で，ピンをさした位置を変えることなく，おもりの位置を動かすと，図15のように，てこは右を下にしてかたむきました。図14に比べておもりの位置をどのように動かしましたか。考えられるものをすべて選びなさい。

図15

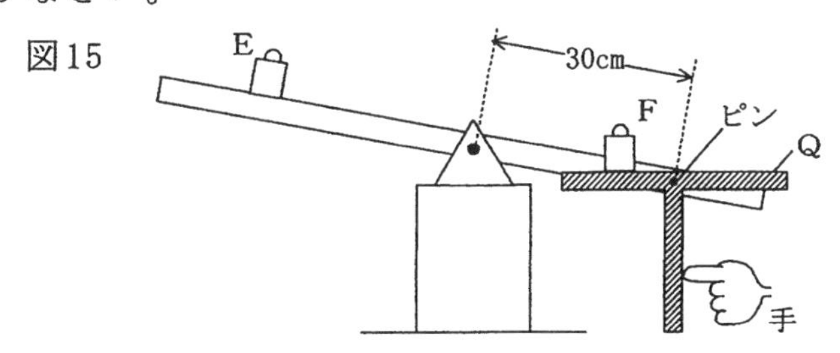

ア．おもりＥは棒上を右に，おもりＦは板Ｑ上を右に動かす。

イ．おもりＥは棒上を右に，おもりＦは板Ｑ上を左に動かす。

ウ．おもりＥは棒上を右に動かし，おもりＦは動かさない。

エ．おもりＥは棒上を左に，おもりＦは板Ｑ上を右に動かす。

オ．おもりＥは棒上を左に，おもりＦは板Ｑ上を左に動かす。

カ．おもりＥは棒上を左に動かし，おもりＦは動かさない。

キ．おもりＥは動かさず，おもりＦは板Ｑ上を右に動かす。

ク．おもりＥは動かさず，おもりＦは板Ｑ上を左に動かす。

（９）板Ｑと同じ板Ｓも用意し，図16のように，てこの棒の左右にそれぞれの板をピンでとめました。300ｇのおもりＥを板Ｓの上にのせ，重さのわからないおもりＧを板Ｑの上にのせ，板ＱとＳが回転しないようにそれぞれ手で水平におしたところ，てこは水平につりあいました。おもりＧの重さは何ｇですか。

図16

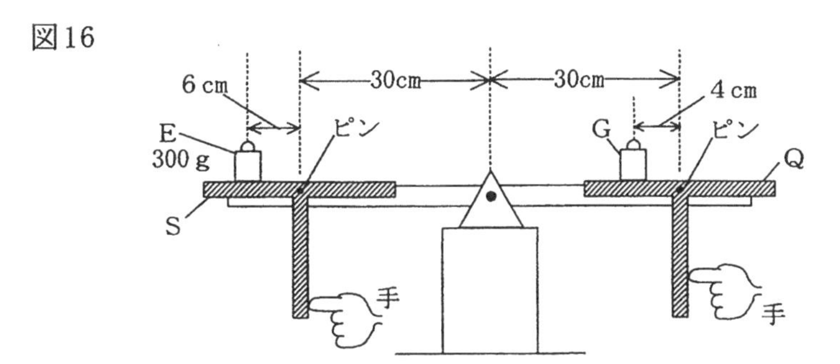

(10) ある重さのおもりを使ってこれと同じ重さのものを量り取るのに使う装置を天びんといいます。図16の装置を天びんとして使おうと思います。図４の装置を天びんとして使う場合に比べてどのような利点がありますか。それを述べた次の文章の空らん（①）と（②）に適する文をそれぞれ書きなさい。

「図４の装置では，同じ重さのものをてこの両側にのせても（①）。これに対し，図16の装置で板Ｑと板Ｓを棒の支点から同じ長さの位置にピンでとめておけば（②）という点。」

令和５年度

広島学院中学校入学試験問題

算　　数

【６０分】

◎試験開始まで，問題用紙にも解答用紙にも手をふれてはいけません。

次の注意を読みなさい。

注　意

1．問題用紙

この問題用紙は２ページから７ページまでで，問題は５問あります。

2．解答用紙

解答用紙は別の用紙１枚で，この問題用紙にはさんであります。

3．記入・質問などの注意

（1）答えはすべて解答用紙のわくの中に，ていねいな字で記入しなさい。ただし，割り切れない数のときは，できるだけ簡単な分数で答えなさい。また，（計算）と書いてあるところはその答えだけでなく，途中（とちゅう）の式・計算も書きなさい。

（2）問題用紙のあいたところは，解答の下書きに使ってもかまいません。

（3）印刷が悪くて字のはっきりしないところなどがあれば，手をあげて監督（かんとく）の先生に知らせなさい。

［1］次の□にあてはまる数を答えなさい。

（1）$\left\{\frac{1}{4}\div\frac{3}{2}+0.2\times\left(\frac{1}{2}-\frac{2}{9}\right)\right\}\times2\frac{1}{7}=$□

（2）A，B，Cの3人が1台のパソコンを使いました。Aが使用した時間はBの1.4倍で，CはAより6分多く使いました。3人が使用した時間の合計は2時間でした。Aがパソコンを使用した時間は□分です。

（3）0より大きく1より小さい分数のうち，分子と分母が1けたの数となる分数は□個あります。ただし，約分して同じになるものは1つと数えます。

（4）図の●と○と×をつけた角の大きさはそれぞれ等しいです。

（あ）の角の大きさは□°です。

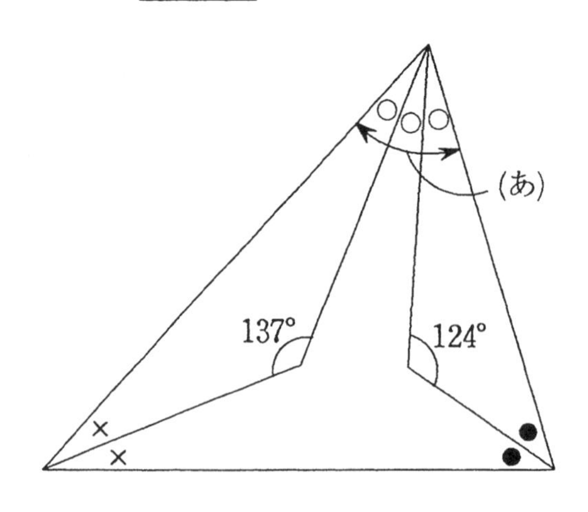

（5）あるサイクリングコースをA君とB君は同じ場所から同じ方向に同時に出発して一定の速さで周回します。A君は出発して15分で2周しました。B君は出発して20分後に初めてA君に追いつかれました。B君は1周するのに□分かかります。

（6）図の円周上の点は半径2cmの円の円周を8等分した点です。斜線（しゃせん）部分の面積と黒くぬりつぶした部分の面積の差は□cm^2です。

ただし，円周率は3.14とします。

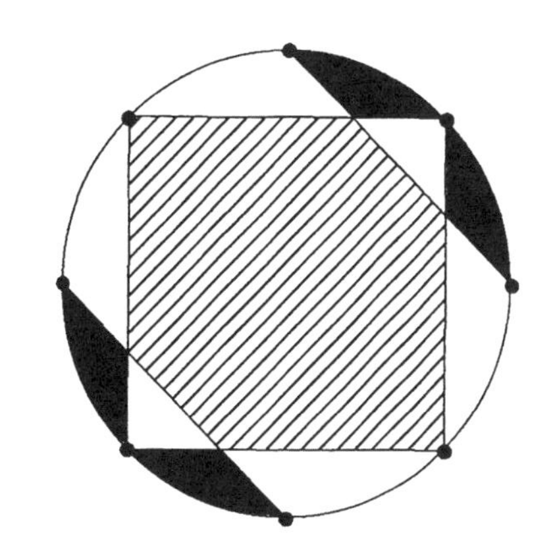

［2］あるお店では，130 円，170 円，220 円の 3 種類のお菓子(かし)を売っています。次の問いに答えなさい。

（1）A 君は 2 種類のお菓子を同じ個数ずつ買い，2700 円支払いました。A 君はお菓子を全部で何個買いましたか。

（2）B 君は 2 種類のお菓子を合わせて 25 個買い，5100 円支払いました。B 君は値段が安い方のお菓子を何個買いましたか。

（3）C 君は 3 種類のお菓子を買い，4320 円支払いましたが，後でお店がすべてのお菓子を一番安いお菓子の値段に変えてくれたので，550 円返してもらいました。C 君は一番安いお菓子を何個買いましたか。

［3］ある日，地球の1日が30時間になりました。1時間は60分のままです。そこで短針が30時間で2周し，長針が1時間で1周するように時計を作り直しました。例えば，図1は4時，図2は4時50分を表しています。次の問いに答えなさい。

（1） 1分間に長針と短針はそれぞれ何度進みますか。

（2） 4時29分のとき，長針と短針がつくる角のうち小さい方の角の大きさは何度ですか。

（3） 5時から6時までの1時間で，長針と短針の間の角度が図3の点線によって2等分される時刻は何時何分ですか。

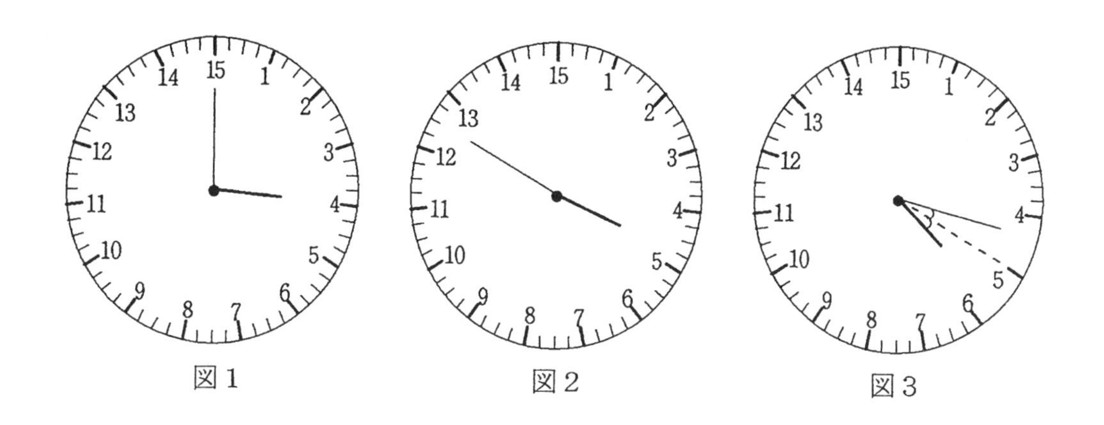

図1　　図2　　図3

［4］図の四角形 ABCD は平行四辺形で，四角形 EFGD は台形です。

平行四辺形 ABCD と台形 EFGD の面積の比は 6：5 です。BF，FC，CG の長さはすべて等しいです。次の問いに答えなさい。

（1）AE と ED の長さの比をもっとも簡単な整数の比で表しなさい。

（2）台形 EFCD の周の長さは台形 ABFE の周の長さより 3 cm 長いです。

① AD の長さは何 cm ですか。

② EF と EH の長さの比は 5：4 です。平行四辺形 ABCD の周の長さは何 cm ですか。

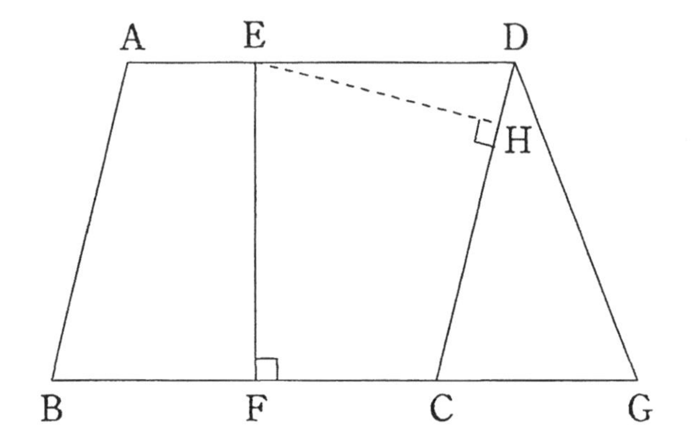

5］ 26 人のクラスでテストを行いました。最高点はＡ君１人だけで，Ａ君を除く25 人のうち，上位 10 人の平均点は 81.5 点，残り 15 人の平均点は 50 点でした。最低点はＢ君１人だけで，Ｂ君を除く 25 人の平均点は 64.8 点でした。次の問いに答えなさい。

（１） Ａ君を除く 25 人の平均点は何点ですか。

（２） 最高点は最低点より何点高いですか。

（３） Ａ君とＢ君の２人の平均点は，クラス全体の平均点より 7.5 点高くなりました。クラス全体の平均点は何点ですか。

令和四年度

広島学院中学校入学試験問題

国語　【六十分】

◎試験開始まで、問題用紙にも解答用紙にも手をふれてはいけません。
次の注意を読みなさい。

注意

一、問題用紙
この問題用紙は、２ページから19ページまでで、問題は二問あります。

二、解答用紙
解答用紙は別の用紙１枚で、この問題用紙にはさんであります。

三、記入・質問などの注意
(一) 答えはすべて解答用紙のわくの中に、ていねいな字で記入しなさい。
(二) 印刷が悪くて字のはっきりしないところなどがあれば、手をあげて監督(かんとく)の先生に知らせなさい。

【一】次の文章を読んで、後の問いに答えなさい。

お詫び
著作権上の都合により、文章は掲載しておりません。
ご不便をおかけし、誠に申し訳ございません。
教英出版

お詫び

著作権上の都合により、文章は掲載しておりません。
ご不便をおかけし、誠に申し訳ございません。

教英出版

お詫び

著作権上の都合により、文章は掲載しておりません。
ご不便をおかけし、誠に申し訳ございません。

教英出版

お詫び
著作権上の都合により、文章は掲載しておりません。
ご不便をおかけし、誠に申し訳ございません。
教英出版

（上橋菜穂子『物語と歩いてきた道』による）

＊注　相対化する…必ず正しいとか、必ずいるとか思わなくなること。
リアリティ…現実性。

※　問いで、字数制限のあるものについては、すべて　、や　。や「」なども字数にふくみます。

問一　――線部①「ある経験」とはどんな「経験」ですか。四十字以内で答えなさい。

問二　――線部②「……なぜ、そんなふうに変わってしまったのか」とありますが、何から何へと変わってしまったのですか。次の **ア** に入ることばを二十五字以上三十字以内で、 **イ** に入ることばを四十字以上四十五字以内で、それぞれ文章中からぬき出して、初めの五字で答えなさい。

ア **から** **イ** **へと変わってしまった。**

問三　――線部③「彼らの『法』」とありますが、「『法』」を言いかえたことばを、五字と四字でそれぞれ文章中からぬき出して答えなさい。

問四　――線部④「テレビでも『今でもこんなもの食べてる！』式の番組で登場する」とありますが、なぜこのような番組が制作されると考えられますか。ふさわしくないものを次のア〜オからひとつ選んで、記号で答えなさい。

ア　制作者が、多くの人が思いえがくようなアボリジニの文化を紹介しようと、制作に取り組むから。
イ　制作者が、アボリジニの文化は遅(おく)れたものだというイメージをもとに、制作に取り組むから。
ウ　制作者が、アボリジニの文化の、自分たちの文化とはちがう点を強調しようと、制作に取り組むから。

エ　制作者が、テレビを見る人がおもしろがるような番組にしようと考えて、制作に取り組むから。
オ　制作者が、アボリジニの文化を守らなければならないという強い義務感をもって、制作に取り組むから。

問五　――線部⑤「都市のアボリジニの小学生から、学校で習ったからアボリジニの言葉を教えてあげると言われたことがある」について、

Ⅰ　この出来事は、多くのアボリジニたちがおかれているどのような状況を表していますか。「伝統」ということばを使って、「状況。」に続くように答えなさい。

Ⅱ　「学校で習ったから」の傍点（右横についている点）が表現しているものは何ですか。次のア～オから選んで、記号で答えなさい。

ア　がんこさ　　イ　丁重さ　　ウ　軽べつ　　エ　差別　　オ　皮肉

問六　――線部⑥「もはや例の伝統的な『法』とはほとんど関わりのない人びとに見えていた」について説明したのが次の文章です。［ア］に入るたとえを使った表現の部分を十字以内で、［イ］に入ることばを十字以上十五字以内で、それぞれ文章中からぬき出して答えなさい。

「もはや例の伝統的な『法』とはほとんど関わりのない人びとに見えていた」アボリジニの人びとだが、実際には、心の中に［ア］が残っていた。これは、ふだんの生活では表出しないが、彼らの心にはかつての『法』に支配されている部分があるということであり、「私」が目にした［ア］の例とは、［イ］であった。

問七　――線部⑦「裏腹」を別のことばで答えなさい。

問八　――線部⑧「この町のアボリジニたちは、その願いをかなえてやりたがっていた」とありますが、「その願いをかなえてやりた」いという思いの背景にあるのはどのような考え方ですか。「という考え方。」に続くように、文章中から十字以上十五字以内でぬき出して答えなさい。

問九　――線部⑨「彼の故郷の親族たちは、彼は彼の属する土地に埋葬されねばならないと主張して譲らなかったのである」とありますが、「彼の故郷の親族たち」がこのように主張するのは「土地」をどのようなものだと考えているからですか。文章中から十五字以上二十字以内でぬき出して答えなさい。

問十　――線部⑩「……けれど、ホテルで、はにかみながら食事をしていた彼の顔を思い、その死を思うと、ふいにドンッと壁に突きあたったような激しい衝撃を感じずにはいられなかった」の説明としてもっともふさわしいものを次のア～オから選んで、記号で答えなさい。

ア　研究者として価値を理解しているつもりの『法』によって、個人の思いがさまたげられた現実に、打ちのめされている。

イ　研究者と研究対象という立場をこえて個人的なつきあいをしていたアボリジニのおじさんの死に遭遇（そうぐう）して、強いショックを受けている。

ウ　伝統法があまりにもきびしく個人を支配している状況を、研究者としても友人としても変えることができず、無力感におそわれている。

エ　研究者であるにもかかわらず、自然環境を維持してきた『法』の本来の役割を理解していなかったことに気づき、驚いている。

オ　埋葬をめぐって、アボリジニが『法』に支配されながらもおおぜいの親族と強いきずなで結ばれていることを実感して、感激している。

問十一　――線部⑪『月の森に、カミよ眠れ』においてアボリジニの『法』に当たるものを、文章中からぬき出して答えなさい。

問十二　――線部⑫「理屈で考えてたら、カミは決してわからないよ」とありますが、人びとにとって「カミ」は「理屈で考え」るものではなく、どのようなものでしたか。次の［ア］・［イ］に入る、もっともふさわしいことばを文章中からぬき出して答えなさい。

カミは、人それぞれが何らかの機会に存在を［ア］ものであったり、みなが同じようにカミについて思っていると［イ］ものであったりしてきた。

【二】次の文章は、戦後まもなく放送されたラジオ放送劇『鐘の鳴る丘』の、公開生放送に臨んだ小学生たちの話です。これを読んで、後の問いに答えなさい。

〔劇の配役〕
・隆太役…良仁
・修吉役…祐介
・昌夫役…実秋
・桂一役…将太
・俊次役…勝
・みどり役…都
・ガンちゃん役…孝
・まき子役…世津子
・修平役…中沢
・由利枝役…貴美子

〔劇のスタッフ〕
・脚本…菊井先生
・音楽…古坂先生
・効果音…ナベさん
・時間管理…牛山先生
・その他…菅原教諭・重子先生

シャンシャンと鈴の音が、場内に響き渡る。

古坂先生の指揮に合わせ、オーケストラがにぎやかなクリスマス・キャロルを奏で始めた。

強いライトを浴びているため、舞台にいる良仁たちから観客席の様子はほとんど見えないが、それでも《　1　》。『鐘の鳴る丘』の公開生放送の終盤部に、本当にクリスマス会の場面を用意するという、菊井先生のしゃれた仕掛けは大成功のようだ。

いつしか会場が一体となって、クリスマス・キャロルに合わせて手拍子をしている。

この日の『鐘の鳴る丘』は、最終回といっていいほどの盛り上がりを見せた。

ようやく兄の修平がいる信州にたどり着いた修吉は、送金用の金を隠して隆太を陥れようとしていた昌夫を見とがめ、悪事がばれるのを恐れた昌夫から谷底に突き落とされてしまう。修吉を助けようと、隆太と修平も谷底に降りるが、ロープで三人を引き上げることはできない。

修平はようやく再会できた弟を助けるために、自分が犠牲になることを決める。そして、「弟の友達になってほしい」と告げて、1キゼツした修吉を隆太に託し谷底に残る。

「〃隆太……。修吉が気づいたら、足が不自由になっても、心までが不自由になってはいけないって、明るく元気で暮らさなければいけないって、きっと、きっと、伝えてくれ……〃」

修平役のハンサムな中沢さんの熱演に、《　2　》。

「〃由利枝姉ちゃん、どうしよう。暗くなってきたよ。修平兄ちゃんが死んじゃうよ。……どうしよう、どうしよう……〃」

［ A ］。

そこへ遠くから、「おーい、おーい」と事故を聞きつけた*注強力たちの声が響いてくる。

《　3　》。

そして、今は終盤部分の楽しいクリスマス会だ。

ついに完成した「少年の家」で、修吉や隆太やみどりやガンちゃんたちが、修平や由利枝とともにささやかな宴を開いている。

間仕切りの中のナベさんが、軽やかに鐘の音を鳴らした。

「〃あら、誰かしら、お客さまよ〃」

由利枝役の貴美子が顔を上げる。

舞台袖から歩いてきた人物の姿に、会場の手拍子がやんだ。古坂先生の手が空気をつまみ、クリスマス・キャロルもぷつりと途切れる。

しんとした舞台の上を、マイクに向かって実秋が歩いてきた。事故の原因を作った悪役の登場に、《　4　》。

マイクの前に立った実秋が、すっと息を2スう。

「〃ぼ、僕も……、仲間に入れてもらえないかな……〃」

震えるような声だった。それが演技なのか、それともまだ本調子に戻れていないのか、良仁にはよく分からない。

「〃チェッ、図々しいや〃」

すかさず、俊次役の勝が盛大に舌打ちをする。

「〃俺もあいつは嫌いだね〃」

桂一役の将太も冷たい声を出した。

実秋の顔は真っ青だ。よく見ると、両脚もぶるぶると震えている。

演技じゃない――。

やはり調子を取り戻せていないのだ。

実秋の3ヒタイに脂汗が浮いていることに気づき、良仁の心拍数が一気に上がった。

「〃俊次君、桂一君。昌夫君は、なにを言いにきたんだろう〃」

実秋の震えに気づかぬまま、中沢が芝居を続ける。
一瞬、実秋が大舞台の上で鼻血を流す幻が浮かび、良仁の頭の中が熱くなった。
「〃たとえばね、君たちを立派な子供だと思って、友達になって自分もいい子になろうと思って、ここへやってきたのかもしれないよ。それでも……〃」
「黙れ」
突如、将太が修平役の中沢の台詞を打ち消す。
「これだから嘘っぱちだって言うんだよ。*注浮浪児を立派な子供だと思うやつなんているもんか」
両肩をすくめ、将太は首を横にふった。
最後まで台詞を言えなかった中沢が、aあんぐりと口をあける。由利枝役の貴美子も眼を皿のようにした。
祐介も、勝も、その場にいる全員が、仰天して将太を見た。
本来ならば、ここは修平に説得されて、「少年の家」の皆が昌夫を受け入れるシーンだ。ところが将太は、肝心の修平役の中沢を黙らせてしまった。
[B]。
「やい、昌夫。てめえ、なにしにきやがった」
完全に台本を外れてしゃべり出した将太を、実秋は蒼白の表情で見つめた。
舞台袖では、ストップウォッチを手にした牛山先生が、飛び出さんばかりに眼をむいている。その隣の菊井先生も、さすがに驚いた顔をしていた。
「なんとか言いやがれ」
将太にすごまれ、実秋はbかろうじて口を開く。
「ぼ、僕は……、みんなに謝りに……」
蚊の鳴くような声で答えながら、実秋は助けを求めるように視線をさまよわせた。
憤怒の表情の牛山が、芝居を台本に戻せと舞台袖からしきりにジェスチャーを送っている。奥にいたはずの菅原教諭と重子が、何事かと袖に出てきた。
「あの、桂一君……」
「うるせえ、大人は黙ってろ。くだくだ説教たれんじゃねえ。これは俺たちの問題だ」
口を挟もうとした中沢を、将太は再びぴしゃりとさえぎる。
①将太め、なんてことを。
ただでさえ本調子でない実秋を、こんな大舞台で追い詰めるなんて。
だけど、どうしたらいいのか分からない。ここで、〃隆太〃

や〝修吉〟がc下手に口を挟めば、芝居はもっと滅茶苦茶になってしまうかもしれない。同じことを考えているのか、かたわらの祐介も、じっと固まったままだ。

「やい、俺はお前に聞いてんだぞ、昌夫」

畳みかけられ、実秋が一層しどろもどろになる。

「所詮は、その程度だ。お前なんて、昌夫なんて、嘘っぱちだ」

マイクを挟み、将太が真っ向から実秋をにらみつける。

「……嘘じゃない」

しかし、そのとき、強い声が響いた。

②実秋の表情が明らかに変わっていた。

「意地悪をしたのは、君たちが怖かったからだ。浮浪児を立派だと思ったことも、かわいそうだと思ったこともない。でも、得体が知れないから、怖かったんだ」

台本の台詞とまったく違う。

けれど、実秋は将太の即興を受けて立っていた。

「高利貸し甚平」の幽霊役でさんざん下級生たちを怖がらせ、憎々しく隆太を罠にはめ、良仁の怒りを燃え立たせた実秋が、舞台の上に戻ってきた。

それは、実秋の昌夫だった。そんなことで、今までのことが許されると思ってるのか」

「調子のいい野郎だぜ。そんなことで、今までのことが許されると思ってるのか」

「許してもらえなくてもいいから謝りたい」

「なんでだ」

「君たち浮浪児も、僕と同じ子供だって分かったからだ」

「そう4カンタンに分かられてたまるか」

好敵手と認め合った二人の丁々発止のやり取りが続く。

③舞台袖の牛山が繰り出す「巻き巻き」を、かたわらの菊井が全身をぶつけるようにしてとめた。

「それでも分かりたいから、どうか僕を仲間に入れてほしい！」

真剣な叫びに、満席の場内がしんとする。

いつしか実秋の昌夫は、ただの悪役ではなくなっていた。

④それは誰の心の中にでもいるに違いない。

かつて、ぼろぼろの煮しめたようなシャツを着た将太と並ぶことを、きまり悪く感じた自分がいたことを、良仁は思い出していた。

「いいよ！」

ふいに、かたわらで声が響く。主役の修吉を演じる祐介が、マイクに向かって一歩足を踏み出した。
「〃昌夫君、クリスマスおめでとう〃」
いくつかの台詞が省かれたが、祐介のこの一言で自然と流れが台本に戻ってきた。
「〃ねえ、こっち、おいでよ〃」
何事もなかったかのように、都が平然と後を受ける。
「〃昌夫君、おめでとう、待ってたよ〃」
「〃しょうがねえから、負けとくよ〃」
「〃お、おおお、俺も、あ、遊んでやるよ〃」
良仁と勝と孝が、あたふたと都に続いた。
「〃俺もしょうがねえから負けとくよ〃」
にんまりと笑みを浮かべ、将太も台本の台詞に戻った。
実秋の蒼褪めていた頬に、ふわりと血の気が差す。
〃すごいなぁ……〃
初めて将太の「外郎売り」を見たときに感嘆の声を漏らしていた実秋の姿が、昨日のことのようによみがえる。
「〃修吉、ごめんよ。隆太さん、ごめんよ……〃」
もう実秋は、迷うことなく、自分自身の昌夫を演じていた。
「〃じゃあ、みんなそろったところで、仲良く歌を歌いましようよ〃」

由利枝役の貴美子が嬉しそうにてのひらを打つ。
「〃そうだね、それがいい〃」
なんども台詞をさえぎられた修平役の中沢は、明らかに安堵の表情を浮かべていた。
一段高いところにいる古坂先生の指揮棒がふり下ろされ、会場に高らかな鐘の音が鳴り響く。

〽緑の丘の赤い[5]ヤネ　とんがり帽子の時計台
　鐘が鳴ります　キンコンカン
　メイメイ　小山羊も鳴いてます……

いつしか会場からも、大合唱が沸き起こった。
ちらりと舞台袖を見ると、ストップウォッチを掲げた牛山が、ぐったりと壁に[6]ヨりかかっている。どうやらぎりぎり尺に間に合ったらしく、ストップウォッチを持っていないほうの手が、弱々しくOKサインを作っていた。
菊井は淡々とこちらを見ている。丸眼鏡の奥の眼に、きらりと光るものがあるように思えたのは気のせいだろうか。
菅原と重子は、一緒に声をあげて歌っていた。

〽緑の丘の麦畑　おいらがひとりでいるときに
鐘が鳴ります　キンコンカン
鳴る鳴る鐘は父母の　元気でいろよという声よ……

間仕切りの中では、ナベさんが歌に合わせてお椀をかぽかぽ言わせている。眼が合うと、にやりと笑われた。強面に思えて、実秋をはじめとする自分たちを、一番丁寧に見てくれていた人なのかもしれなかった。

〽おやすみなさい空の星　おやすみなさい仲間たち
鐘が鳴ります　キンコンカン
きのうにまさる今日よりも　あしたはもっとしあわせに……

ああ、そうなのだ。
歌いながら、良仁は心から悟る。
放送劇は、物語は、きっと祈りなのだ。昨日よりも、今日よりも、明日はもっと幸せに。
轟音を立ててゆさゆさ揺れる防空壕。
B29の鉛色の大きな翼。不気味なうなり声。ばらばらと落ちてくる焼夷弾。
竹やり7クンレン、匍匐前進、バケツリレー。
アオの涙。将太の涙。
光彦の怒り。実秋の戸惑い。
そして重子先生の涙……。
どうして戦争が始まり、どうして日本が負けたのか、良仁には分からない。
それでも多かれ少なかれ、たくさんの人たちが、たくさんの大切なものを失ってきたことだけは理解できる。
その心の傷を少しでも埋めるために、物語はあるのかもしれない。
〝君は自分の物語を書きなさい〟
ふと良仁の胸に、光彦に万年筆を渡した菊井の姿がよぎった。
物語は確かに真実ではないかもしれないけれど、⑤決して嘘っぱちではない。
大きな口をあけて歌っている面々を、良仁は眺めた。
終わらぬ反乱の中にいる、自慢の親友、祐介。真摯に芝居に向き合い続け、更に8ヒトカワむけた感のある実秋。大好きな馬のことにかけては、玄人なみに頼りがいがある孝。肝が据わったおちびの都。高慢ちきな割に、9イガイに頑張り屋の世津子。お坊ちゃんの勝は……。まあ、いいとする。

〃これは俺たちの問題だ〃

将太が発した言葉は、本来の実秋を見事に舞台の上に呼び戻した。

もう、ただただ大人たちの言いなりになる自分たちではないのだと、将太は堂々と10センゲンしてみせたのだ。それこそが〃新しい時代〃に生きる覚悟だと、良仁の心も燃えてくる。

(古内一絵『鐘を鳴らす子供たち』による)

＊注　強力…登山者の荷物を背負って道案内をする人。　浮浪児…戦争で両親を失った子どもたち。

問一　≪　1　≫～≪　4　≫に入ることばを、それぞれ次のア～エから選んで、記号で答えなさい。

ア　会場からはすすり泣きが起きた
イ　会場全体から、安堵の息が漏れた瞬間だった
ウ　場内がざわめき始める
エ　会場全体が、わくわくと沸き立っている様子が肌に伝わってきた

問二　［A］～［D］に入ることばを、それぞれ次のア～エから選んで、記号で答えなさい。
なお、「／」は、そこで行が変わることをあらわしています。

ア　視線を走らせ、良仁はハッと息をのむ
イ　もう、だめだ。／良仁の全身を、どっと汗が流れた
ウ　良仁も、隆太になりきって声を絞った
エ　将太のやつ、一体なにを……！／良仁の喉も干上がったようになる

問三　――線部a「あんぐりと」・b「かろうじて」・c「下手に」は、どんな意味ですか。それぞれ次のア～エから選んで、記号で答えなさい。

a「あんぐりと」…ア　おどろいた様子で　イ　怒っている様子で　ウ　うれしそうな様子で　エ　おびえた様子で

b「かろうじて」…ア　気にしないで　イ　とてもたやすく　ウ　やっとのことで　エ　大いそぎで

c「下手に」　…ア　遠慮しながら　イ　失礼なことばで　ウ　ぶっきらぼうに　エ　中途半端に

問四　――線部①「将太め、なんてことを」とありますが、将太はわざとしています。そのことがわかる将太の様子を、――線部①より後からぬき出して答えなさい。

問五　――線部②「実秋の表情が明らかに変わっていた」とありますが、このときの実秋の気持ちを漢字二字の熟語で答えなさい。

問六　――線部③「舞台袖の牛山が繰り出す『巻き巻き』を、かたわらの菊井が全身をぶつけるようにしてとめた」とありますが、菊井がそのようにしたのはなぜですか。もっともふさわしいものを次のア～オから選んで、記号で答えなさい。

ア　劇を時間通りに成功させることばかり気にしている牛山を見てすっかりあきれてしまい、牛山のじゃまをしてやろうと思ったから。

イ　劇が時間通りに終わるかどうかを心配している牛山に、きちんと予定の時間に間に合うので安心してほしいということをわかりやすく伝えたかったから。

ウ　将太と実秋が勝手に劇の内容を変えたことで観客の気持ちが冷めていくのを感じ、もう一度観客の気持ちを盛り上げるには時間が必要だと思ったから。

エ　将太と実秋によって彼ら(かれ)自身の物語が生み出されるのを目の当(ま)たりにして、時間を気にして急がせるのはもったいないと思ったから。

オ　将太と実秋が仲直りすることを願っており、あともう少しでわかり合えるというところで牛山が劇を早く終わらせようとするのが許せなかったから。

問七　——線部④「それ」とは、どういうことを指していますか。

問八　——線部⑤「決して嘘っぱちではない」とはどういうことですか。ふさわしくないものを次のア～カから二つ選んで、記号で答えなさい。

ア　物語とは、読む人や聞く人の心の傷を埋めることができるものだということ。
イ　物語とは、実際の生活に起きるできごとをあらかじめ伝えているということ。
ウ　物語とは、実際に生きている人の思いや人生を集めて作られているということ。
エ　物語とは、読む人や聞く人が生きる上で、希望となりうるものだということ。
オ　物語とは、読む人や聞く人の生活に、実際に関わっていくものだということ。
カ　物語とは、読む人や聞く人に嘘を事実のように信じこませるものだということ。

問九　——線部1～10のカタカナを、それぞれ漢字に直しなさい。（一点一画をていねいに書きなさい。）

令 和 4 年 度

広 島 学 院 中 学 校 入 学 試 験 問 題

社　　会

【 40分 】

◎試験開始まで，問題用紙にも解答用紙にも手をふれてはいけません。
次の注意を読みなさい。

注　　意

1．問題用紙
この問題用紙は，2ページから35ページまでで，問題は4問あります。

2．解答用紙
解答用紙は別の用紙1枚で，この問題用紙にはさんであります。

3．記入・質問などの注意
（1）答えはすべて解答用紙のわくの中に，ていねいな字で記入しなさい。
（2）記号を選択（せんたく）する問題では，**問題の指示する記号**で答えなさい。
（3）印刷が悪くて字のはっきりしないところなどがあれば，手をあげて監督（かんとく）の先生に知らせなさい。

［1］　広島県の歴史や文化について述べたＡ～Ｆの文章を読んで，後の問いに答えなさい。

Ａ　東広島市には，①三ツ城古墳という県内で最大の前方後円墳や②安芸国分寺の跡があり，共に公園として整備されています。

Ｂ　呉市には，倉橋島に③遣唐使船を展示する施設があります。また市街地から倉橋島に行く際に通っていく④音戸の瀬戸には，この地に関係のある人物の像があります。

Ｃ　山県郡北広島町には，⑤鎌倉時代から戦国時代までこの地の支配者であった吉川氏関係の遺跡が数多くあります。特に吉川氏城館跡からは戦国武将の生活が想像できます。

Ｄ　広島市の安佐南区には，江戸時代につくられた八木用水があります。この水路は，⑥江戸時代の農業を支え，地域の米の取れ高の安定に貢献しました。

Ｅ　山県郡安芸太田町には，この地で「たたら製鉄」を営んでいた経営者が1781年につくった⑦吉水園という庭園があります。かつては，ここに広島藩主や様々な文化人が訪れるなどしました。

Ｆ　福山市には⑧平安時代に空海によって創建されたという明王院という寺があります。また草戸千軒町という，鎌倉時代から戦国時代にかけておよそ300年間栄えた町の遺跡があります。⑨この遺跡の出土品は広島県立歴史博物館で保存・展示されています。

問１　下線部①について，次の図は４世紀末期～５世紀末期のそれぞれの地域で最も大きい前方後円墳の分布を示したものです。この図に関して，考察を行った下の文章の（　１　）・（　２　）にあてはまる語句を答えなさい。

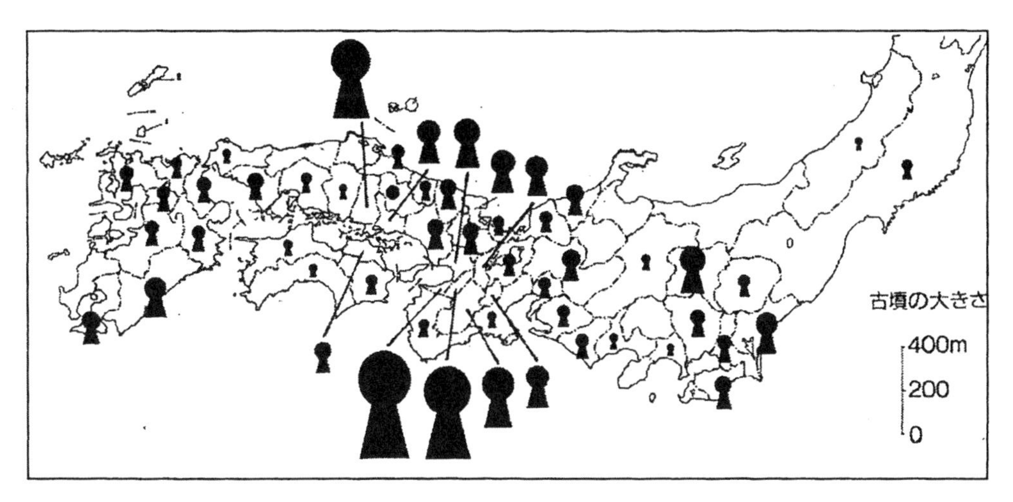

（朝日百科『歴史を読みなおす２　古墳はなぜつくられたのか』より作成）

大きい前方後円墳が（　１　）に多いことから，この地域に（　２　）が存在したことが考えられる。また，日本各地に分布する前方後円墳も同じ技術で作られていることや副葬品（ふくそうひん）に共通性があることから（　２　）の権力の広がりがわかる。

問２　下線部②のような寺は全国に建てられました。この寺を建てるように命じた天皇の名前を**漢字**で答えなさい。

問３　下線部③について，次の文章はこの船で唐へ渡った人物の説明です。これを参考にして，この人物の名前を答えなさい。

> 留学生として唐にわたり，唐の皇帝にも仕えて高い位につきましたが，日本に帰ることができず，日本のことを思いながら次の歌を残しました。
>
> 「天をあおいではるか遠くをながめれば，月がのぼっている。あの月は奈良の春日（かすが）にある，三笠山（みかさやま）にのぼっていたのと同じ月なのだなあ」

問４　下線部④に関する次の写真ア・イを見て，写真アの人物が行ったことについて説明した下の文章の（　１　）・（　２　）にあてはまる語句を答えなさい。

写真ア

（呉市webページより引用）

写真イ

（呉市観光情報webページより引用）

> 写真アの人物は,（　１　）貿易を行うための重要な航路として写真イの音戸の瀬戸を切りひらきました。また,（　２　）を整備し，一族の守り神としてまつり，海上交通の安全を祈（いの）りました。

問５　下線部⑤の時期の出来事や様子について述べた文として**誤っているもの**を次から**２つ選び**，記号で答えなさい。

あ　鎌倉幕府は，京都の警備や朝廷（ちょうてい）の監視（かんし）を行うために京都所司代（しょしだい）を設置した。
い　足利義政によって京都の室町に花の御所（ごしょ）がつくられた。
う　学問がさかんになり，足利学校には全国から学生が集まった。
え　京都の寺で修業した雪舟（せっしゅう）が，中国にわたって水墨画（すいぼくが）を学び，自然を題材とする作品をたくさん残した。
お　現在にも受けつがれている茶の湯や生け花が流行した。
か　稲（いね）を刈（か）り取ったあとに麦などを作る二毛作が始まった。

問６　下線部⑥について，写真ア・イは江戸時代に農業で使用されていた道具です。写真ア・イは何をするために使われていた道具ですか，それぞれ説明しなさい。

写真ア

写真イ

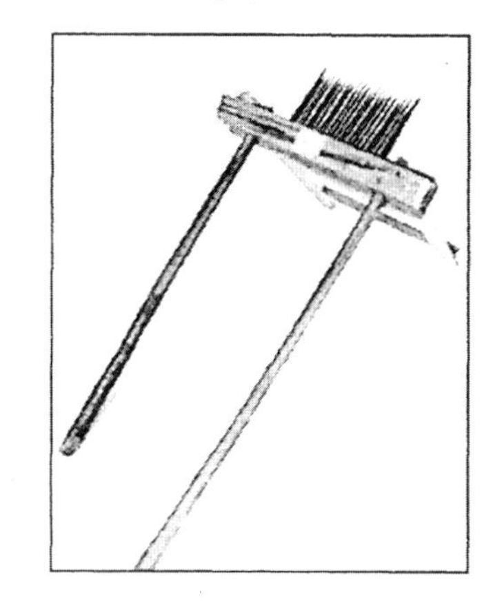

問７　下線部⑦について，この庭園がつくられた後の出来事として正しいものを次から**２つ選び**，記号で答えなさい。

あ　江戸幕府が全国に一国一城令を出して，大名が住む城以外の城の破壊(はかい)を命じた。

い　江戸幕府が，キリスト教を禁止し，信者を取りしまるようになった。

う　長州藩や薩摩藩などでは，藩の政治を改革する動きが出てきた。

え　近松門左衛門(ちかまつもんざえもん)の作品が，歌舞伎(かぶき)や浄瑠璃(じょうるり)で上演(じょうえん)された。

お　琉球(りゅうきゅう)王国が薩摩藩に征服(せいふく)され，以後，将軍や琉球国王がかわるごとに江戸へ使節を送るようになった。

か　天保(てんぽう)のききんのとき，大阪の役人であった人物がまちの人々を救おうと大阪で反乱を起こした。

問８　下線部⑧のころの出来事として正しいものを次から１つ選び，記号で答えなさい。

あ　菅原道真(すがわらのみちざね)の意見によって，遣唐使がさかんに派遣(はけん)されるようになった。

い　紫式部(むらさきしきぶ)が『枕草子(まくらのそうし)』というすぐれた随筆(ずいひつ)を書いた。

う　都が京都の平城京から奈良の平安京に移された。

え　藤原道長によって平等院鳳凰(ほうおう)堂が建てられた。

お　藤原清衡(ふじわらのきよひら)によって中尊寺(ちゅうそんじ)が建てられた。

問９　下線部⑨について，下の写真は草戸千軒町遺跡の出土品です。この出土品を見て太郎(たろう)さんと次郎(じろう)さんと三郎(さぶろう)さんが考えたことをカードに書きました。下のカードの（　１　）・（　２　）にあてはまる語句を答えなさい。なお，次郎さんと三郎さんのカードの（　１　）には同じ語句が入ります。

草戸千軒町遺跡の出土品

（広島県教育委員会webページより引用）

太郎さんのカード

中国や朝鮮の陶磁器(とうじき)が出土していることから，中国・朝鮮と貿易していたことがわかります。

次郎さんのカード

瀬戸焼は現在の愛知県から運ばれてきたものです。この焼物は吉川氏城館跡からも出土しています。このことから，この時代に瀬戸焼は（　１　）として流通していたことが分かります。

三郎さんのカード

貿易品や各地の（　１　）が，共通して出土していることから，この時代は商業が発達し，人々がたくさん集まる場所に定期的に（　２　）が開かれるようになっていたことが分かります。

［2］　次の各問いに答えなさい。

問１　次の文章は北海道函館(はこだて)市にある五稜郭(ごりょうかく)を説明したものです。また，下の写真は，五稜郭を上から見た写真です。文章を読み，写真を参考にして,（１）～（３）に答えなさい。

1854年に（　①　）条約が結ばれ，日本は（　②　）と函館を開港しました。この際，函館の奉行所(ぶぎょうしょ)（役所）を外国の軍隊から守るために築かれたのが五稜郭です。 この城は，旧幕府軍と明治新政府軍の戦いの舞台(ぶたい)となりました。この戦いに勝利した③明治新政府は，天皇を中心とした国づくりを始めました。

写真

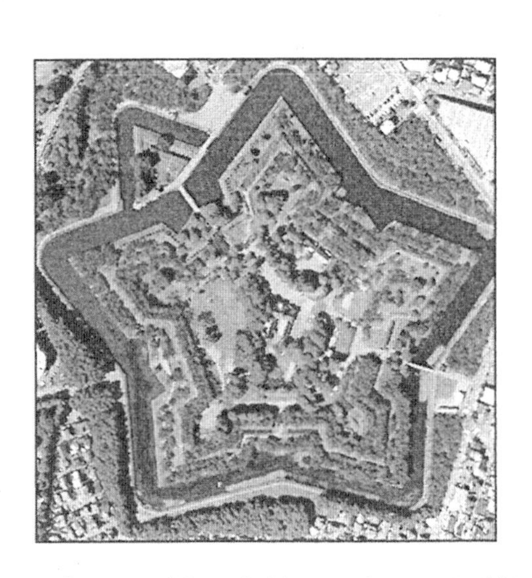

（１）五稜郭のような，星形をした城は日本に２か所しかありません。このような城の建築方法はどこから伝えられたと考えられますか。次から１つ選び，記号で答えなさい。

あ　朝鮮　　**い**　琉球(りゅうきゅう)　　**う**　西洋　　**え**　中国

（２）（　①　）・（　②　）にあてはまる語句を**漢字**で答えなさい。

（3）下線部③について，新しい国づくりの説明として，正しいものを次から１つ選び，記号で答えなさい。

あ　伊藤博文の名で，五箇条（ごかじょう）の御誓文（ごせいもん）が発表された。
い　廃藩置県（はいはんちけん）が行われ，府知事・県令が選挙で選ばれるようになった。
う　政府が学制を定めた翌年，ほぼすべての男子が就学した。
え　身分制度は改められたが，結婚（けっこん）や就職などでの差別はなくならなかった。

問２　次の２つの絵は、1872年，群馬県に完成した官営工場の様子を描（えが）いたものです。これらの絵を見て，この工場がまねようとした欧米の工業生産の様式（やり方）を説明しなさい。

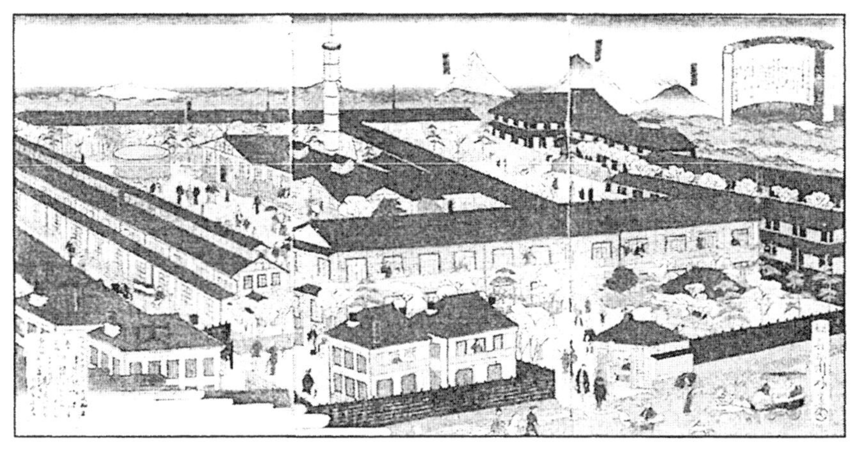

問３　日清戦争について,（１）・（２）に答えなさい。

（１）このころの日本の軍隊について説明した次の文中の（　Ａ　）にあてはまる法令を答えなさい。

日本は,（　Ａ　）を定め，富国強兵政策を推し進めたことによって，近代的で訓練された軍隊を組織することができた。

（２）次の写真は，この戦争の講和条約が結ばれた「春帆楼（しゅんぱんろう）」という建物の写真です。この建物は現在の何という都市にありましたか。都市名を**漢字**で答えなさい。

問4　日露(にちろ)戦争について説明した，次の文章中の（　A　）・（　B　）にあてはまる語句の組み合わせとして正しいものを下の**あ**～**か**から選び，記号で答えなさい。

> 日本は，ロシアの勢力拡大を抑(おさ)えたい（　A　）と同盟を結び，日露戦争を戦いました。戦争で，多くの犠牲者(ぎせいしゃ)を出しながらも，両国のなかだちをした（　B　）のポーツマスで講和条約が結ばれ，ロシアが韓国から退くことが決められました。

あ　A　アメリカ　B　フランス　　**い**　A　アメリカ　B　イギリス
う　A　ドイツ　B　アメリカ　　**え**　A　ドイツ　B　イギリス
お　A　イギリス　B　アメリカ　　**か**　A　イギリス　B　フランス

問5　次の資料1と資料2を比較(ひかく)すると，沖縄戦においては軍人・軍属(ぐんぞく)等の戦没(せんぼつ)者数に対して，民間人の戦没者数の割合が大きいことがわかります。これはなぜですか。理由を説明しなさい。

資料1　第二次世界大戦における日本の戦没者数（推計）

軍人の戦没者数	民間人の戦没者数	合計
230万人	80万人	310万人

資料2　沖縄戦における戦没者数（推計）

沖縄県出身軍人・軍属※および他都道府県出身兵士の戦没者数	民間人（一般沖縄県民）の戦没者数	合計
9.4万人	9.4万人	18.8万人

※軍属…軍隊に関わる仕事をする民間人

（資料1，2は，厚生労働省資料，総務省資料などより作成）

問６　次の写真は，1948年に作られた広島市立高女原爆慰霊碑です。中央の少女が持つ箱には,「$E=MC^2$」が刻まれています。作者は「原爆」という文字を使用せず，代わりに原爆の原理となった原子力エネルギーの公式「$E=MC^2$」を刻みました。

その理由を説明した次の文章中の［　　　　］にあてはまる言葉を答えなさい。

当時は，［　　　　］ため，原爆という文字を使うことができなかった。また，同じ理由でラジオ放送や報道も規制がかけられていた。

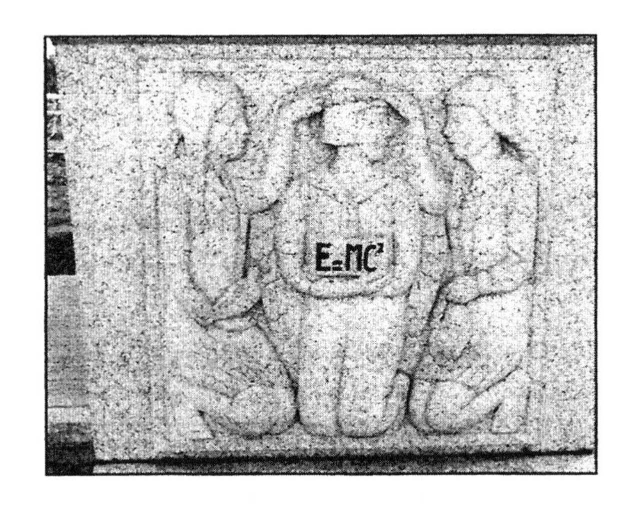

問7　次の資料はサンフランシスコ平和条約第2条の内容をわかりやすくまとめたものです。(　A　)・(　B　)には，日清戦争以降，日本が植民地とした地域の名前が入ります。(　A　)・(　B　)にあてはまる地名を答えなさい。

資料

・日本国は朝鮮の独立を承認して，済州(チェジュ)島…（中略）…に対するすべての権利などを放棄(ほうき)する。

・日本国は，初めて植民地として領有していた（　A　）及び澎湖(ボンフー)諸島に対するすべての権利などを放棄する。

・日本国は千島列島並びに日本国が1905年9月5日のポーツマス条約の結果として主権を獲得(かくとく)した（　B　）の一部…（中略）…に対するすべての権利などを放棄する。

問8　日本の中国への勢力拡大について述べた文として，**誤っているもの**を次から1つ選び，記号で答えなさい。

あ　満州事変で日本は満州を占領(せんりょう)すると，中国から切り離(はな)して満州国として独立させた。

い　国際連盟は満州の独立を認めなかったので，日本は国際連盟を脱退(だったい)した。

う　日中戦争が始まって半年もたたないうちに，日本は首都ナンキン（南京）を占領した。

え　日中戦争が始まってから終わるまで，日本国内は好景気にわき，資源の輸入も急激に増えていった。

問９　現在の日中関係について述べた文として，**誤っているもの**を次から１つ選び，記号で答えなさい。

あ　名目国内総生産（GDP）において，中国は日本を抜き，世界第２位に成長した。

い　日本政府は「尖閣諸島に関する領土問題は存在しない」と表明している。

う　共同声明文は出されたものの，両国は，依然，平和友好条約を結んでいない。

え　日本の最大の貿易相手国は中国である。

［３］　次のＡ・Ｂの問題に答えなさい。

Ａ　太郎さんたちは社会科の授業で次の新聞記事に関してグループ学習を行いました。これについて，後の問いに答えなさい。

新聞記事

18歳(さい)成人，22年4月から　改正民法が成立

成人年齢(ねんれい)を現行の20歳から18歳に引き下げる①改正民法が６月13日午前の参議院本会議で可決，成立した。1876年の太政官(だじょうかん)布告以来140年以上続く大人の定義が変わる。2022年４月１日に施行(しこう)する。

若者が親の同意なくローン※1などの契約(けいやく)を結べるようになる。既(すで)に18歳以上に引き下げられた②選挙権年齢と合わせ，若者の社会参画を促(うなが)す。女性が結婚(けっこん)できる年齢を16歳から18歳に引き上げて男女ともに18歳にする。成人年齢引き下げに合わせ，生活に関わるルールを定めた22本の法律についても「20歳未満」「未成年者」などの年齢要件を改める。

健康被害(ひがい)やギャンブル※2依存(いぞん)症への懸念(けねん)から，飲酒や喫煙(きつえん)，競馬や競輪などは現在の20歳の基準を維持(いじ)する。

親の同意なく契約した場合に原則取り消せる規定は，18，19歳は適用されなくなる。野党などから消費者被害の拡大を懸念する声が出ている。

（中略）

施行に向けた課題は多い。成人年齢引き下げで新成人が18歳になる年が大学受験などに重なるため，成人式の開催(かいさい)時期や方法を関係省庁の会議で検討する。少年法の適用年齢も20歳未満から18歳未満と変更(へんこう)すべきかどうかを法務省の法制審議(しんぎ)会で議論している。

（日本経済新聞2018年6月13日一部改）

※1 ローン…銀行などからお金を借りて，後から少しずつ返していくこと。

※2 ギャンブル…金品をかけて争う勝負事。

問１　新聞記事に関する発言として，内容の正しいものを次から１つ選び，記号で答えなさい。

あ　成人年齢が18歳になると,「成人の日」に，成人式を開催しやすくなるからいいね。

い　高校在学中でも18歳になれば，お酒を飲んだり，タバコを吸ったり，ギャンブルができるようになるね。学校の校則で禁止できなくなるね。

う　結婚できる年齢が男女で違(ちが)うのは平等じゃないよね。成人が早くなって，男女ともこれまでより早く18歳で結婚できるようになるんだね。

え　大学生で一人暮らしをする時にも，18歳になっていれば，自分でローンを利用して買い物ができるようになるね。お金が返せなくならないか心配だね。

お　少年法は，今は18歳から適用されているけど，これからはもっと低い年齢から罰(ばっ)せられるようになるかもしれないね。

問２　下線部①について，法律の改正には，法律の制定と同じ手続きが必要です。その手続きとして正しいものを次から１つ選び，記号で答えなさい。

あ　衆議院と参議院のそれぞれで，すべての議員の３分の２以上の賛成で可決し，さらに国民投票で過半数の賛成を得る。

い　衆議院と参議院のそれぞれで，出席している議員の過半数の賛成で可決し，住民投票で過半数の賛成を得る。

う　衆議院と参議院のそれぞれで，出席している議員の過半数の賛成で可決する。

え　内閣で，内閣総理大臣とすべての国務大臣の賛成で可決する。

お　地方議会で，出席している議員の過半数の賛成で可決する。

問３　下線部②について,（１）～（３）の問いに答えなさい。

（１）太郎さんは選挙権年齢がどのように移り変わってきたかを調べ，年表にまとめました。下線部(あ)～(け)のうち，**誤っている箇所を３つ見つけて**，その記号と正しい語句を答えなさい。

年表

<table>
<tr><th>年</th><th>出来事</th><th>選挙権</th></tr>
<tr><td>1881</td><td>国会開設の勅諭が出される</td><td>なし</td></tr>
<tr><td>（あ）1889</td><td>大日本帝国憲法が発布される</td><td rowspan="2">直接国税（か）3円以上を納めた満25歳以上の男子</td></tr>
<tr><td>1890</td><td>第一回（う）貴族院議員選挙が行われる</td></tr>
<tr><td>（い）1925</td><td>男子普通選挙制が実現する</td><td>満（き）25歳以上の男子</td></tr>
<tr><td>1945</td><td>（え）男女普通選挙制が実現する</td><td rowspan="4">満（く）20歳以上の男女</td></tr>
<tr><td>1946</td><td>日本国憲法が（お）施行される</td></tr>
<tr><td>1947</td><td>第一回参議院議員選挙が行われる</td></tr>
<tr><td>1950</td><td>公職選挙法が制定される</td></tr>
<tr><td>2015</td><td>選挙権年齢が引き下げられる</td><td>満（け）18歳以上の男女</td></tr>
</table>

（２）近年の選挙では,「投票時間の延長」や投票日よりも前に投票できる「期日前投票制度」が導入されています。これらは何を目的としているのですか。答えなさい。

（3）次郎さんは選挙権年齢や政治のしくみが他の国ではどのようになっているのか調べ，表にまとめました。表のA～Dにあてはまる国名の組み合わせとして正しいものを**あ**～**く**から選び，記号で答えなさい。

表　各国の選挙権年齢と政治のしくみ

国名	A	B	C	D
選挙権	18歳以上	18歳以上	19歳以上	なし
政治	50の州が合わさっている。大統領が世界に大きな影響（えいきょう）力を持つ。上院と下院の二つの議会がある。二つの政党が競っている。	多くの民族が暮らしている。一つの大きな議会がある。一つの政党が中心となって国家の政治を指導している。	同じ民族が二つの地域に分断された状態を統一することが課題となっている。大統領の権限が強い。議会は一つだけである。	イスラム教の指導者が政治に大きな力をもつ。国王を助ける評議会のメンバーは男性が中心となっている。

あ　A　アメリカ　B　イギリス　C　韓国　D　インド
い　A　アメリカ　B　イギリス　C　ドイツ　D　インド
う　A　ブラジル　B　中国　C　韓国　D　インド
え　A　ブラジル　B　中国　C　ドイツ　D　インド
お　A　アメリカ　B　中国　C　韓国　D　サウジアラビア
か　A　アメリカ　B　中国　C　ドイツ　D　サウジアラビア
き　A　ブラジル　B　イギリス　C　韓国　D　サウジアラビア
く　A　ブラジル　B　イギリス　C　ドイツ　D　サウジアラビア

令和四年度　国語　解答用紙

（※のらんには何も書かないこと。）

一

問一

問二　ア　イ

問三　・　・

問四

問五　Ⅰ　状況。　Ⅱ

問六　ア　イ

問七

問八　という考え方。

※　※　※　※　※

受験番号

※120点満点
（配点非公表）

合計　※

数　　解答用紙

1）（計算）

答　　cm³

2）（計算）

答　　cm

（3）（計算）

答　　cm

1）（計算）

答

2）（計算）

答　　台

（3）（計算）

答　　枚

得点欄（ここには何も記入しないこと）	
[1]	
[2]	
[3]	
[4]	
[5]	
合計	

受験番号

※120点満点
（配点非公表）

(5)

(6)

(7)

[4]

(1)	(2)	(3)	(4)	(5)	(6)			
cm	g			cm	①		②	

(7)	(8)		(9)	(10)
			倍	g

(11)	
移動させる方向	理由

受験番号				

※

※このわくには
何も記入しないこと

※80点満点
(配点非公表)

[3]

A 問1 　 問2

問3（1） 記号（　　）語句 　記号（　　）語句 　記号（　　）語句

（2） 　（3）

B 問1 （1） あ 　い 　（2） 　問2

問3 　問4 　問5

[4]

問1 A 　B 　C 　問2 　問3 ア 　イ 　ウ

問4 愛媛 　長崎 　鹿児島 　問5 　問6

問7

受験番号				

※80点満点
（配点非公表）

令和4年度　社会　解答用紙

[1]

問1 (1) (2) 問2 天皇

問3 問4 (1) (2)

問5 問6 写真ア 写真イ

問7 問8 問9 (1) (2)

[2]

問1 (1) (2) ① 条約 ② (3)

問2

問3 (1) (2) 市 問4

問5

問6

【解答

令和４年度　理　科　解答用紙

［１］

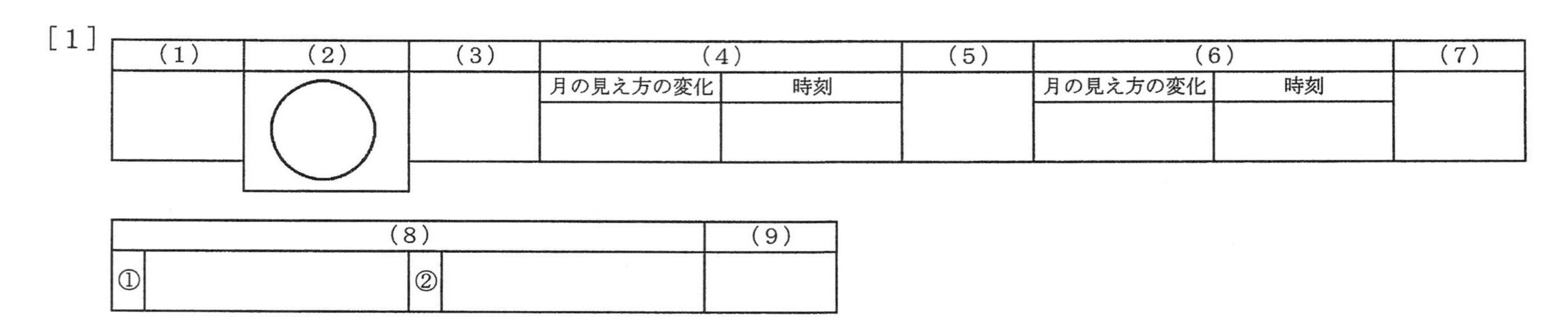

(1)	(2)	(3)	(4)		(5)	(6)		(7)
			月の見え方の変化	時刻		月の見え方の変化	時刻	

(8)				(9)
①		②		

［２］

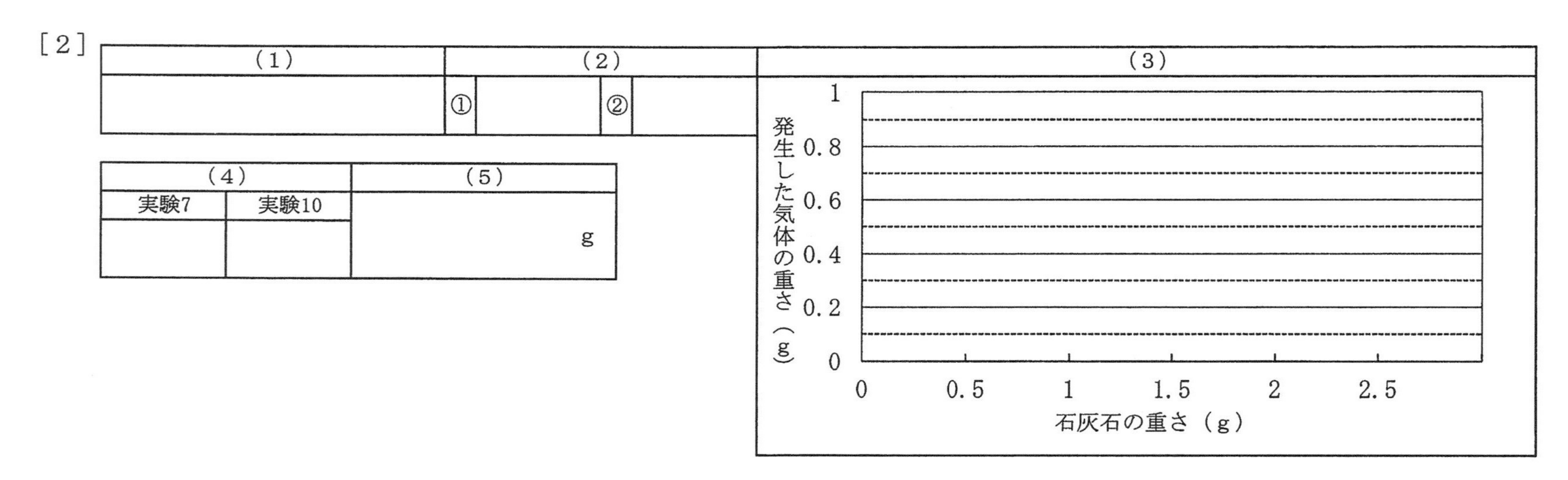

(1)	(2)			
	①		②	

(4)		(5)
実験7	実験10	
		g

(3)

［３］

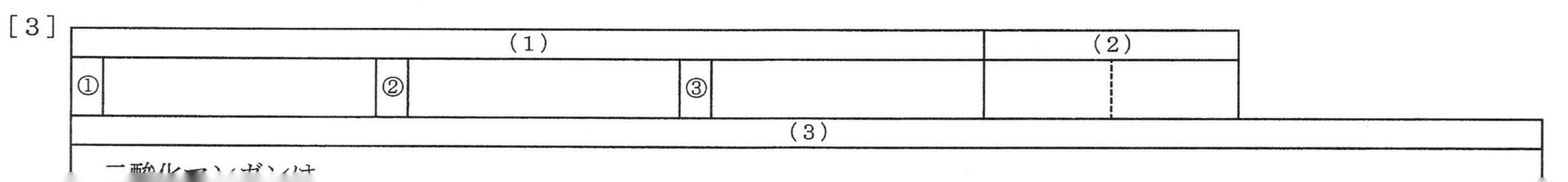

(1)						(2)
①		②		③		

(3)

二酸化マンガンは

【解答

令和4年度

[1]

(1)		(2)		(3)	
(4)		(5)		(6)	

[2]

(1) 答 枚

(2)(計算)

答 枚

(3)(計算)

答 回

[3]

(1) 答

(2)(計算)

答 cm^2

(3)(計算)

答 cm^2

二

問一	問二	問三	問四	問五	問六	問七	問八	問九
1	A	a						1
2	B	b						2
3	C	c						3
4	D							4
								5
								6
								7
								8
								9
								10
※		※		※		※		※

問十一	問十二
	ア
	イ
※	

B　基本的人権に関する国内外での動きについて，後の問いに答えなさい。

問１　「黒い雨」訴訟（そしょう）について，（１）・（２）に答えなさい。

（１）「黒い雨」について説明した次の文章の（　あ　）・（　い　）にあてはまる語句を答えなさい。

「黒い雨」とは，（　あ　）後に降った雨のことです。この雨は灰やすすで黒くなっていただけでなく，（　い　）を含（ふく）んでいたため，人体への影響（えいきょう）が考えられています。

（2）次の資料1は、2020年7月から2021年7月までの「黒い雨」訴訟についてまとめたものです。資料1に関する説明として、正しいものを下の**あ**～**え**から1つ選び、記号で答えなさい。

資料1

2020年7月	広島県・広島市は，「黒い雨」訴訟を起こした人たちは「黒い雨」を浴びた人などを援護（えんご）する法律の救済対象外だとしてきました。しかし，広島地方裁判所は，救済対象であるとする判決を出しました。
2020年8月	上の判決に対して，国・県・市は，広島高等裁判所に訴（うった）えることにしました。
2021年7月14日	広島高等裁判所は，広島地方裁判所の2020年7月の判決を支持しました。
2021年7月16日	県と市は厚生労働大臣に，県と市がさらに上級の裁判所に訴えないことを認めるように要請（ようせい）しました。
2021年7月26日	国は、県と市がさらに上級の裁判所に訴えることを断念すると表明しました。

あ　この訴訟では，国・県・市が原告側となり,「黒い雨」を浴びた人たちが被告側となった。

い　広島地方裁判所は、裁判員裁判によって2020年7月の判決を下した。

う　2021年7月16日に県と市は，国の行政組織や地方自治・通信などに関する仕事を行う省庁の大臣に要請を行った。

え　広島高等裁判所の判決後、三審制というしくみに基づいて県と市はさらに上級の裁判所に訴えることができたが，それを行わなかった。

問２　広島市で行われているユニバーサルデザインの取組みについて述べた文として，**誤っているもの**を次から１つ選び，記号で答えなさい。

あ　広島県立美術館は，外国人の観光客を増やすため，海外の有名な建築家が設計したものである。

い　広島市中心部の地下街のトイレには，赤ちゃんのおむつ替(か)え用のシートが設置されている。

う　市の政治に関する広報紙を発行する際には，その内容の音声をホームページ上でも配信している。

え　広島平和記念資料館では，敷地(しきち)内通路や玄関，出入口の段差をなくしている。

問３　昨年，東日本大震災(だいしんさい)から10年を迎(むか)えました。震災前の福島第一原子力発電所の主な電力供給先だった地域を次の資料２中の**あ～え**から１つ選び，記号で答えなさい。

資料２

問４　昨年開かれた東京オリンピックのマラソン競技のスタート地点では，その地の民族の伝統舞踊(ぶよう)が披露(ひろう)されました。この民族について説明した次の文章の（　Ａ　）～（　Ｃ　）にあてはまる語句・記号の組み合わせとして，正しいものを次ページの**あ～こ**から１つ選び，記号で答えなさい。

この民族は（　Ａ　）と呼ばれており，古くから資料３中の（　Ｂ　）の地域を中心に暮らしていました。この地域では明治時代以降に，この民族を日本国民の一員とするための同化政策が進められ，彼ら独自の文化が制限または禁止されました。その後，1997年に彼ら独自の文化を守るために「（　Ａ　）文化振興(しんこう)法」が制定され，2019年に彼らの（　Ｃ　）としての権利が正式に認められました。

資料３

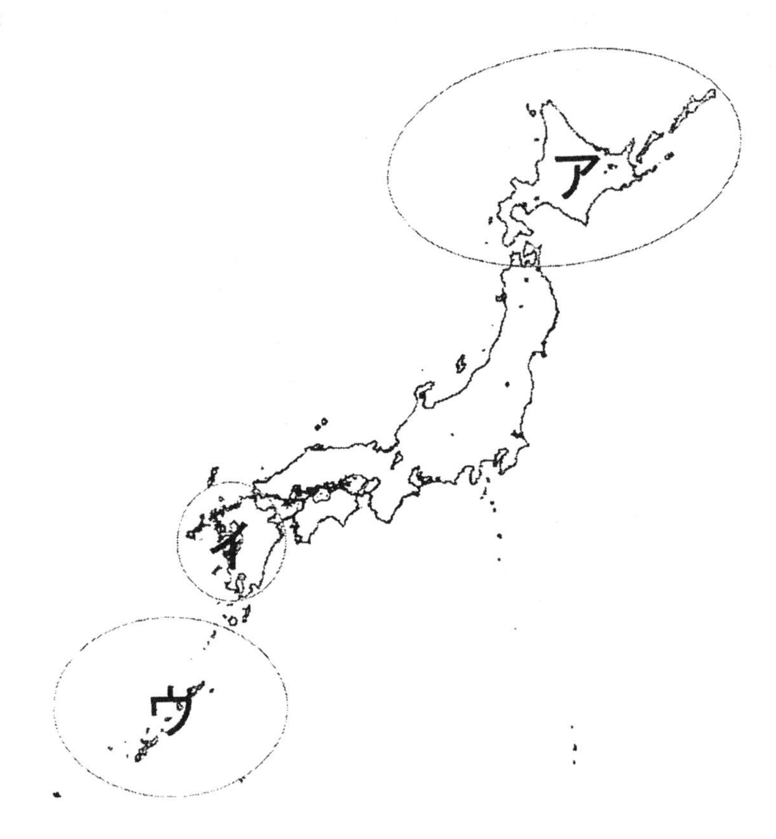

	A	B	C
あ	アイヌ	ア	移住民
い	アイヌ	ア	先住民
う	アイヌ	イ	移住民
え	アイヌ	イ	先住民
お	アイヌ	ウ	移住民
か	クマソ	ア	先住民
き	クマソ	イ	移住民
く	クマソ	イ	先住民
け	クマソ	ウ	移住民
こ	クマソ	ウ	先住民

問５　資料４は中国の地図です。資料４中のアの地域に関する資料５の内容を参考に，アの地域の名称（めいしょう）として正しいものを**あ〜え**から１つ選び，記号で答えなさい。

資料４

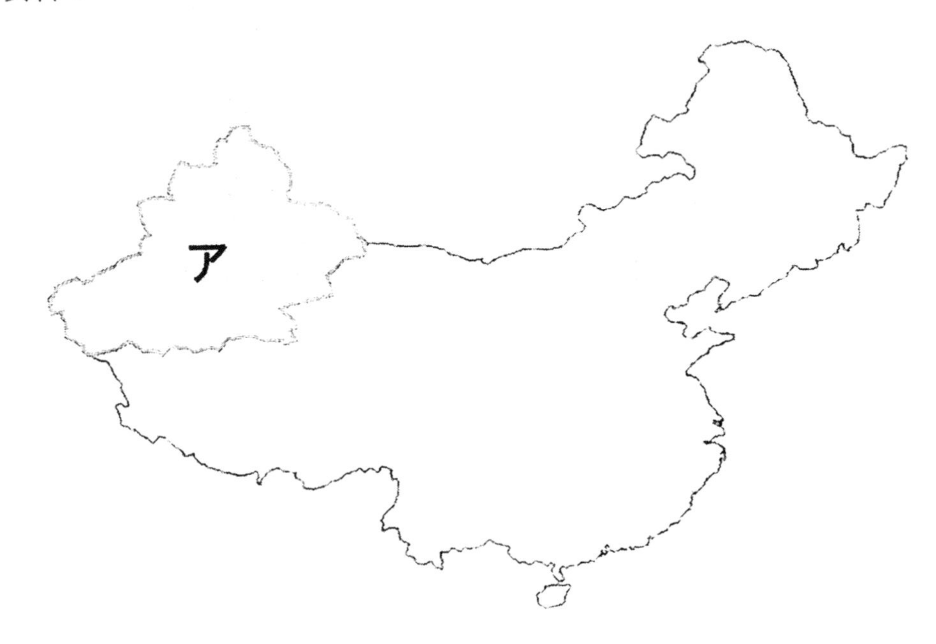

資料５

・アの地域は，中国に住むある少数民族が多く居住する地域です。
・この少数民族は，主にイスラム教を信仰（しんこう）しています。
・中国は，この少数民族に対する人権問題を国際社会から指摘（してき）されています。
・アの地域では，大規模な綿花生産が行われています。

あ　香港（ホンコン）特別行政区　　**い**　チベット自治区
う　シンチヤンウイグル自治区　　**え**　内モンゴル自治区

［4］ 日本の地理について，後の問いに答えなさい。

問1 次のA～Cは，日本の世界自然遺産についての説明です。その世界自然遺産がある都道府県を流れている川を下の**あ**～**え**から選び，それぞれ記号で答えなさい。あてはまる川がない場合は，解答欄(らん)に「×」と答えなさい。

A 中央に宮之浦岳(みやのうらだけ)をはじめとする高い山々がそびえています。年間4000～10000㎜もの多雨に恵(めぐ)まれていることなどから，樹齢(じゅれい)数千年のスギをはじめとする世界でも貴重な森林が広がっています。

B 人の影響(えいきょう)をほとんど受けていない，原生的なブナ天然林が世界最大級の規模で，2つの県にまたがって分布しています。広大な山地のうち，特に林道などの整備が全く行われていなかった中心地域が世界自然遺産に登録されました。

C 流氷が接岸することにより，海の生態系と陸の生態系が関係しあう特殊(とくしゅ)な環境(かんきょう)が見られます。国際的に貴重な動植物の生息地にもなっており，生物多様性にとっても重要な地域です。

あ 十勝川(とかち)　**い** 雄物川(おもの)　**う** 筑後川(ちくご)　**え** 阿賀野川(あがの)

問２　次のＡ～Ｃは日本のある川の説明です。次ページの図中のア～ウは，Ａ～Ｃのいずれかの川を示しています。Ａ～Ｃとア～ウの組み合わせとして，正しいものを次ページの**あ～か**から選び，記号で答えなさい。

Ａ　日本海に注ぐ大きな川で，長野県を流れている間と下流の県を流れている間で川の名前が変わります。古くは「大川（おおかわ）」などと呼ばれていましたが，のちの時代に上流の地域の旧国名をとった呼び名で親しまれるようになりました。

Ｂ　「坂東太郎（ばんどうたろう）」の異名を持つ暴れ川の一つで，江戸時代の初期には流路を変更（へんこう）された歴史をもちます。国内の経済活動上，重要な役割を果たす大きな川です。

Ｃ　標高2000メートル以上を水源とし，南西に流れます。昔はたびたび水害が起き，流域の人々が古代から治水に苦労し，輪中などの工夫がなされました。

図　日本の河川の長さと傾き

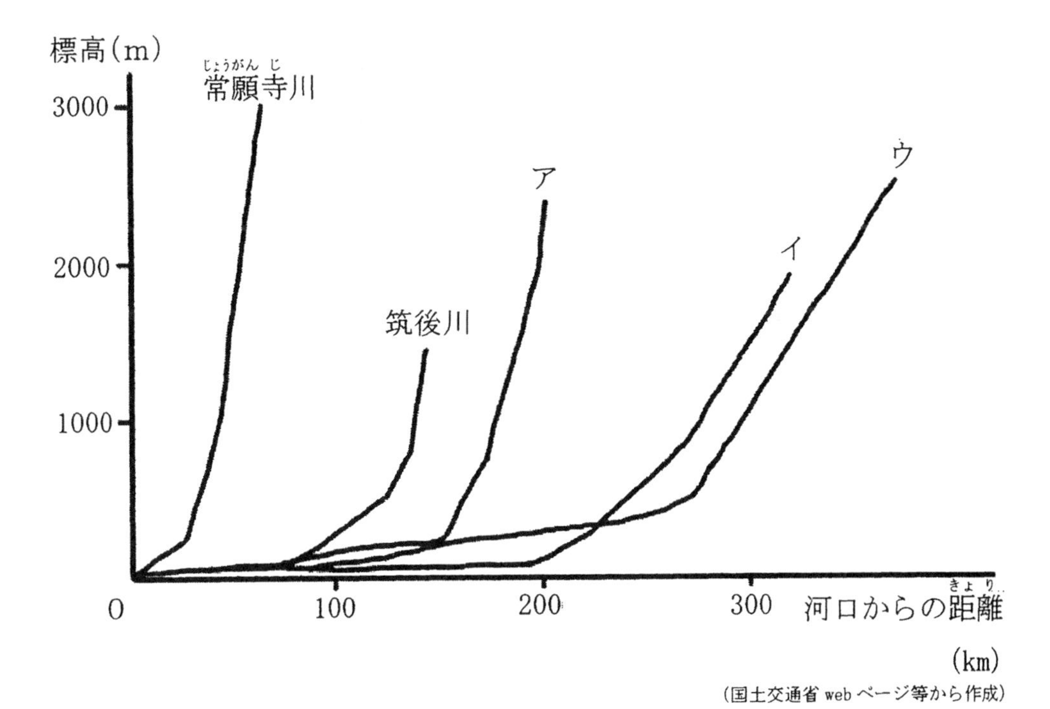

(国土交通省 web ページ等から作成)

あ	A－ア	B－イ	C－ウ
い	A－ア	B－ウ	C－イ
う	A－イ	B－ア	C－ウ
え	A－イ	B－ウ	C－ア
お	A－ウ	B－ア	C－イ
か	A－ウ	B－イ	C－ア

問３　次の図１～３は，次ページの地図中Ａ－Ｂ，Ｃ－Ｄ，Ｅ－Ｆの地形断面図のいずれかを示しています。図中のア，イ，ウの地点の雨温図を，30ページの選択肢（せんたくし）**あ～お**から選び，それぞれ記号で答えなさい。

図１

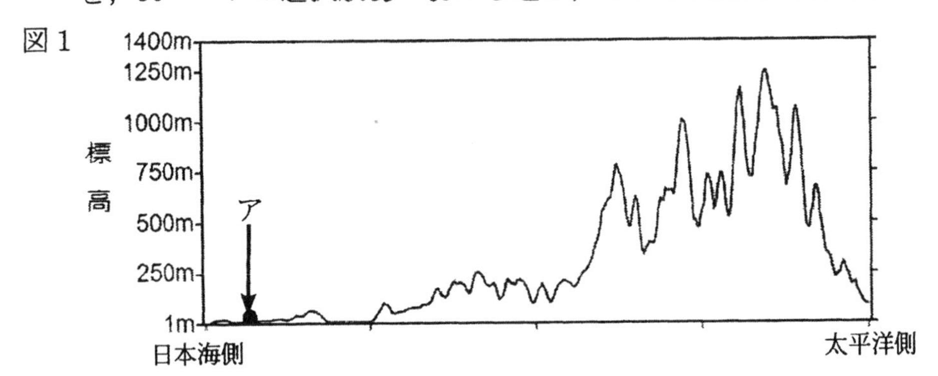

図２

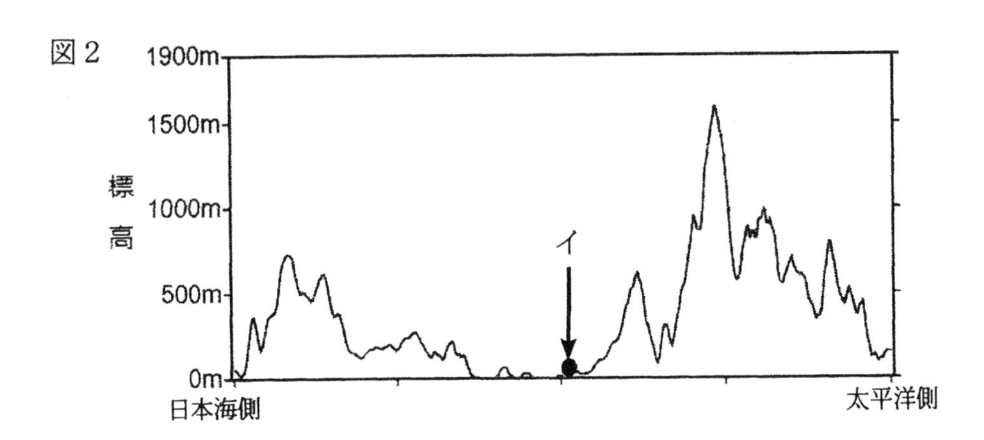

図３

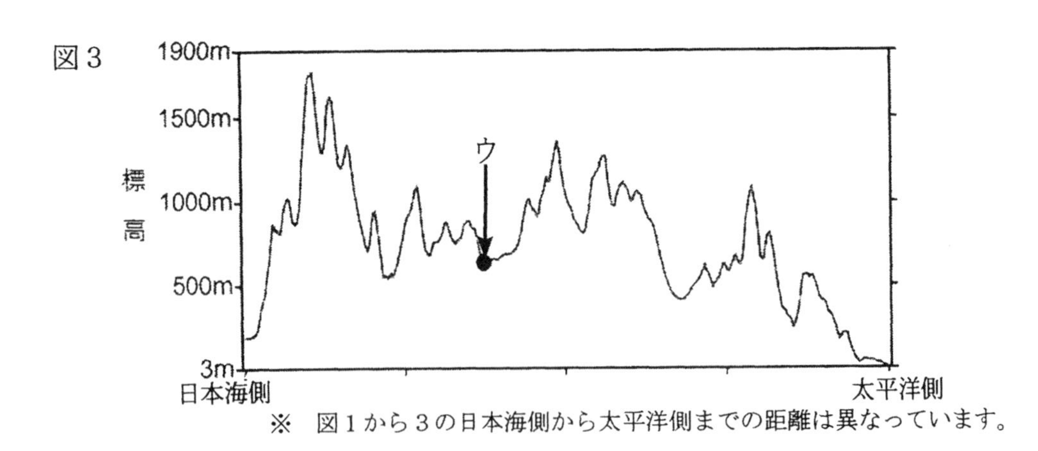

※　図１から３の日本海側から太平洋側までの距離は異なっています。

A
B
C
D
E
F

<選択肢>

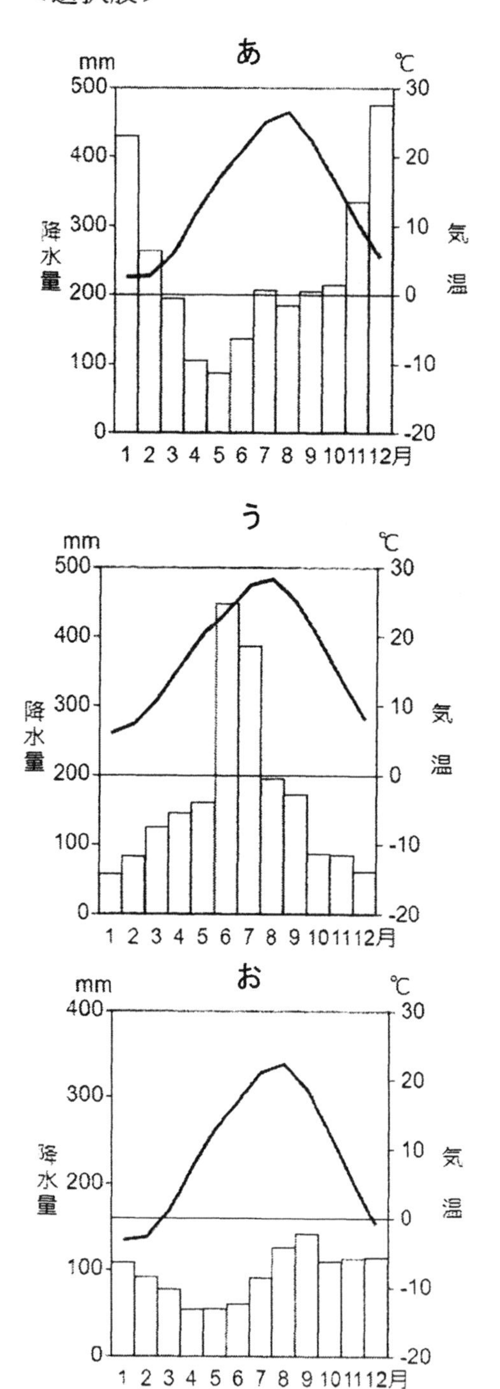

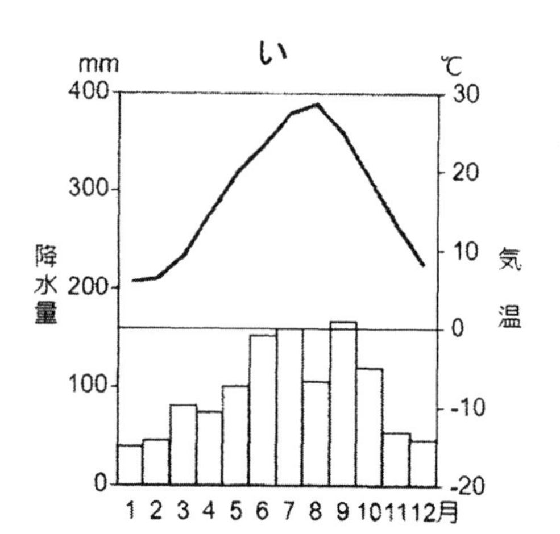

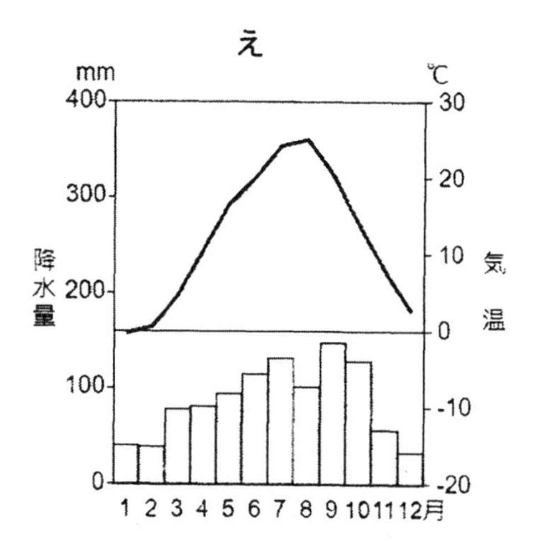

※　折れ線グラフは気温を，棒グラフは降水量を示しています。気温，降水量は，1991～2020年の平均値です。

問４　次の表中の道県には，北海道，愛媛，長崎，鹿児島，沖縄のいずれかの道県があてはまります。愛媛，長崎，鹿児島にあてはまる道県を表中の**あ**～**お**から選び，それぞれ記号で答えなさい。

道県	海岸線の長さ（km）【2017】	農業産出額（億円）【2018】	漁業漁かく量※（千トン）【2018】
あ	4446	12593	877
い	4171	1499	291
う	2643	4863	64
え	2029	988	16
お	1704	1233	75

※湖，川の漁かく量(りょう)を除く。

（日本国勢図会2020/2021より作成）

問５　次のＡ～Ｃは，農業人口のうつり変わり（万人），漁かく量のうつり変わり（万トン），耕作放棄(ほうき)地の面積のうつり変わり（万ha）のいずれかのグラフです。組み合わせとして正しいものを，次ページの**あ**～**か**から１つ選び，記号で答えなさい。

A

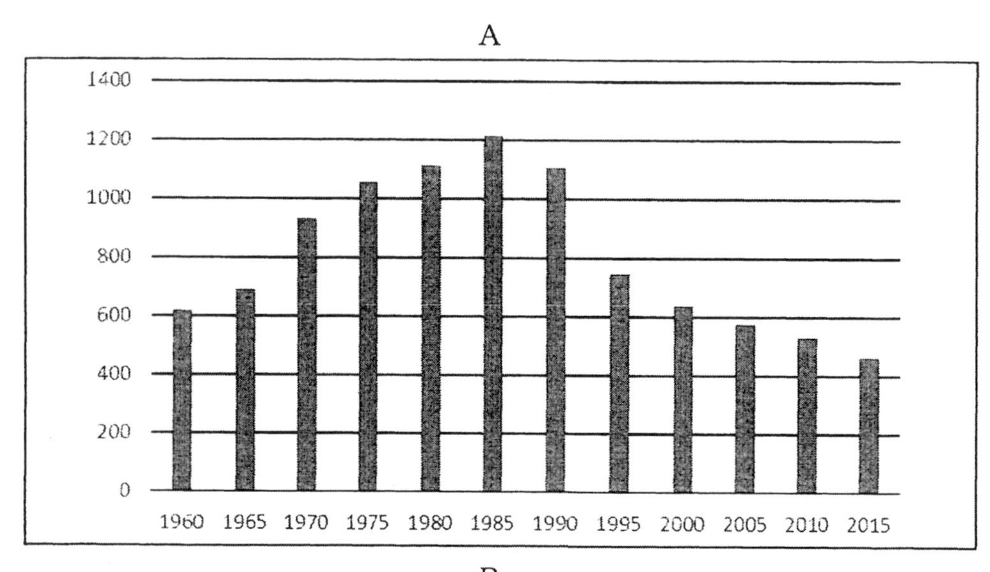

B

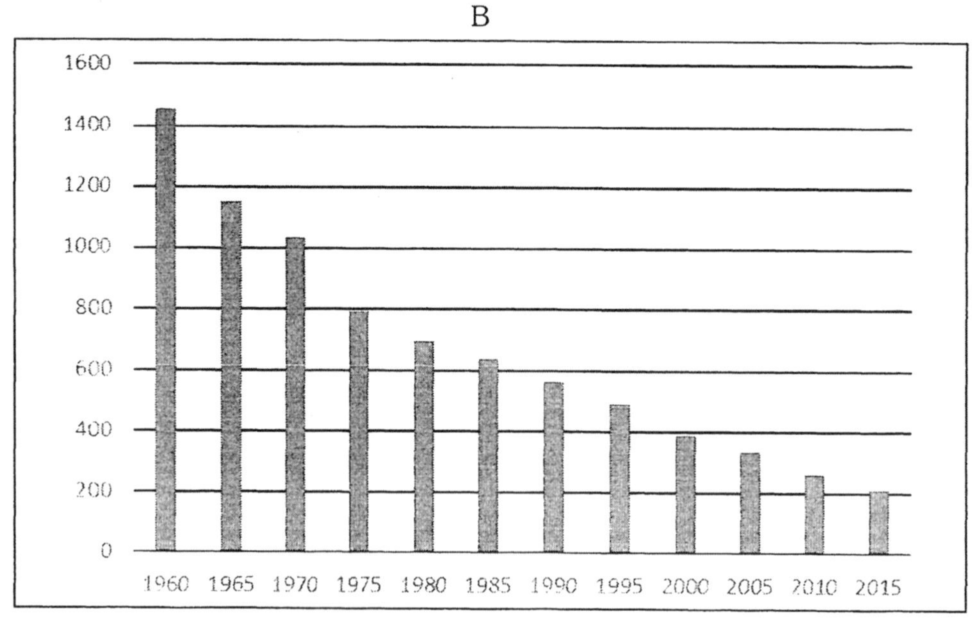

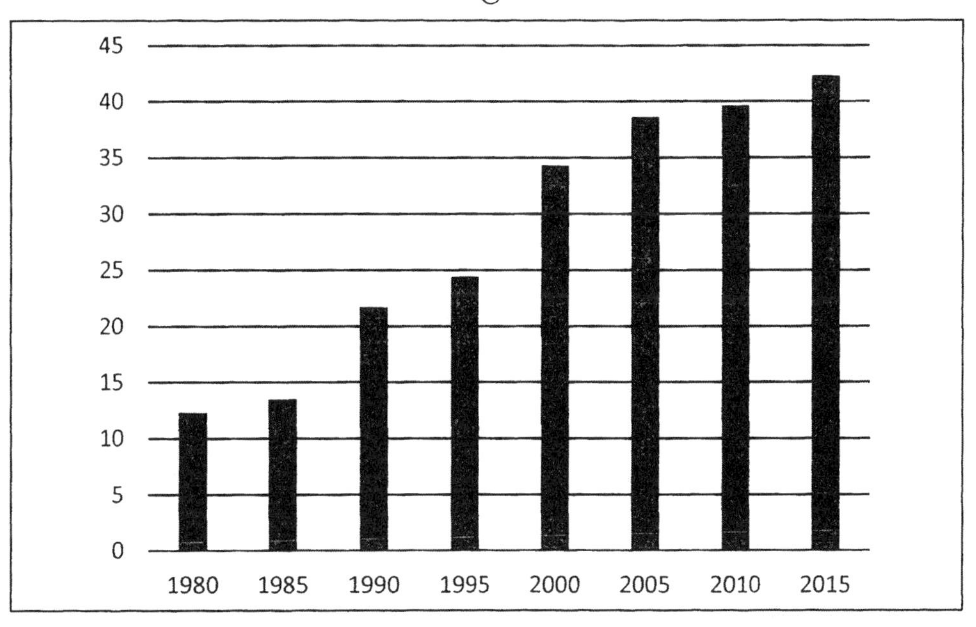

グラフの表題	あ	い	う	え	お	か
農業人口のうつり変わり	A	A	B	B	C	C
漁かく量のうつり変わり	B	C	A	C	A	B
耕作放棄地の面積のうつり変わり	C	B	C	A	B	A

（A～Cのグラフは，農林業センサス・海面漁業生産統計調査，農業構造動態調査などより作成）

問６　領海・排他的経済水域について説明した文Ａ～Ｃの正誤の組み合わせとして，正しいものを下の**あ**～**く**から１つ選び，記号で答えなさい。

Ａ　排他的経済水域の範囲内では，水産資源や鉱物資源を自分の国だけで利用できる権利が認められている。

Ｂ　領海とは，自国の海岸線から12海里までの海のことをいい，許可なく他の国の船などが入れない決まりがある。

Ｃ　領土・領海・排他的経済水域の上空を領空という。

	A	B	C
あ	正	正	正
い	正	正	誤
う	正	誤	正
え	正	誤	誤
お	誤	正	正
か	誤	正	誤
き	誤	誤	正
く	誤	誤	誤

問７　下の資料のように，インターネット上の多くのショッピングサイトでは，売り上げを増やすために人によって異なるおすすめの商品が表示されるようになっています。どのようなしくみで，それぞれの人に合わせたおすすめの商品を表示させているのですか。**次の語句をすべて用いて**，説明しなさい。

買った商品　　　人工知能（AI）

資料

Aさん・Bさん・Cさんのそれぞれのパソコン画面に表示されるおすすめの商品	Yシャツ（白）	Yシャツ（ピンク）	ぼうし	ジャケット
Aさん	―	○ おすすめ	―	○ おすすめ
Bさん	○ おすすめ	―	―	○ おすすめ
Cさん	―	○ おすすめ	○ おすすめ	―

※　資料中の「－」は商品が表示されていないことを示しています。

（問題は以上です）

令和４年度

広島学院中学校入学試験問題

理　　科

【４０分】

◎試験開始まで，問題用紙にも解答用紙にも手をふれてはいけません。
次の注意を読みなさい。

注　意

１．問題用紙
この問題用紙は２ページから19ページまでで，問題は４問あります。

２．解答用紙
解答用紙は別の用紙１枚で，この問題用紙にはさんであります。

３．記入・質問などの注意
（１）答えはすべて解答用紙のわくの中に，ていねいに記入しなさい。
（２）印刷が悪くて字のはっきりしないところなどがあれば，手をあげて監督（かんとく）の先生に知らせなさい。

［１］次の文章と図を見て，後の問いに答えなさい。

地球から見える月は，その日ごとに様々な形に変化します。これは，月が地球の周りを回ることで，太陽・地球・月の位置関係が変化するためです。月は太陽と異なり，自ら光を発して明るく見えるのではなく，月の表面で太陽に面している部分が，太陽の光を反射することで明るく見えています。月が地球の周りを回ることを公転と呼び，次の図１は，地球の北極側から見下ろしたとき，月が地球を公転する様子を表しています。なお，この図では地球の大きさは考えていません。

図１

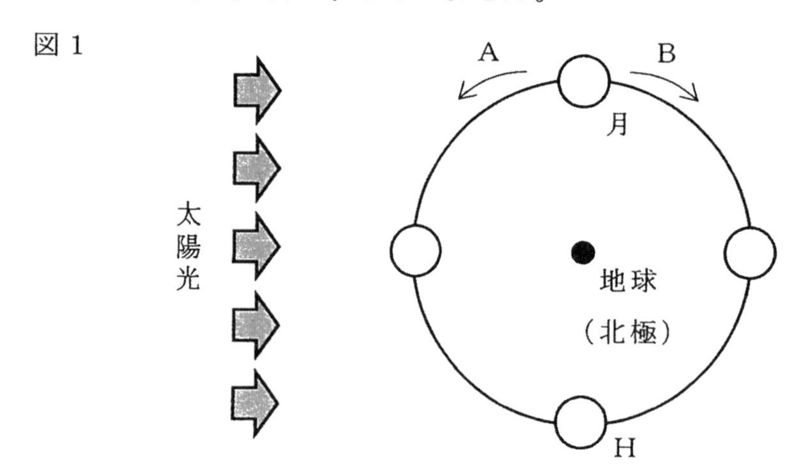

（１）地球からの月の見え方が，１日ごとに変わる理由として最も適切なものを，次の中から１つ選びなさい。

ア．月の表面で，太陽の光を吸収する部分が１日ごとに変わるため

イ．月は公転しながら，太陽に近い面で常に自ら光を発しているため

ウ．月が地球のかげにかくれて，太陽の光が当たらない部分ができるため

エ．月が公転し，太陽の光を反射する部分の見え方が変化するため

（２）月が図１のHの位置にあるとき，日本から真南の空に見える月の形を解答用紙の図にかきなさい。図には，解答例のように暗くなっている部分を黒くぬって答えなさい。

解答例

（3）月が地球を公転し，一周して元の位置にもどってくるまでの時間はどれくらいですか。最も近いものを，次の中から1つ選びなさい。

ア．12時間　イ．1日　ウ．15日　エ．30日　オ．365日

（4）ある日，日本で月を観測すると満月でした。この後何日かかけて日本で月を観測したときの，真南の空での月の見え方の変化をア～エの中から，真南の空に来る時刻の変化をX～Zの中からそれぞれ1つずつ選びなさい。ただし，　　　の部分は，暗くて見えなくなっている部分を表します。

月の見え方の変化

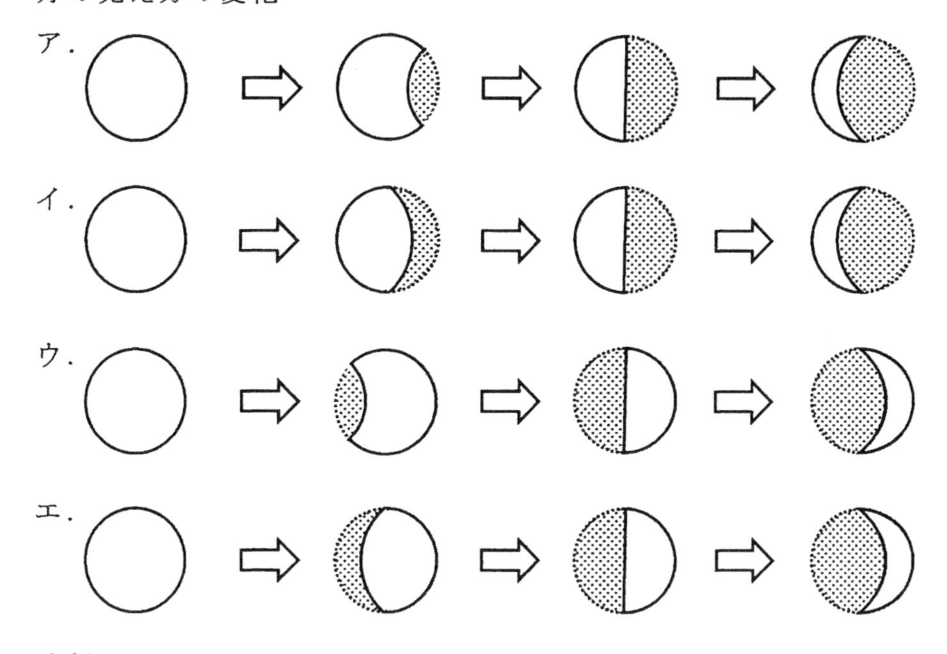

時刻

X．少しずつおそくなる　Y．変化しない　Z．少しずつ早くなる

（5）図1の月が公転する方向として，正しい方向はどちらですか。図中の矢印AかBから選びなさい。

（６）日本で満月が見えた（４）と同じ日に，南半球のオーストラリアで月を観測すると，満月が東の空からのぼり，北の空で最も高くなった後，西の空へとしずみました。また，日本で観測した満月（図２）と，オーストラリアで観測した満月（図３）を比べると，オーストラリアの満月は上下左右が反対に見えました。この後何日かかけてオーストラリアで月を観測したときの，真北の空での月の見え方の変化を（４）のア～エから，真北の空に来る時刻の変化を（４）のＸ～Ｚからそれぞれ選びなさい。

図２

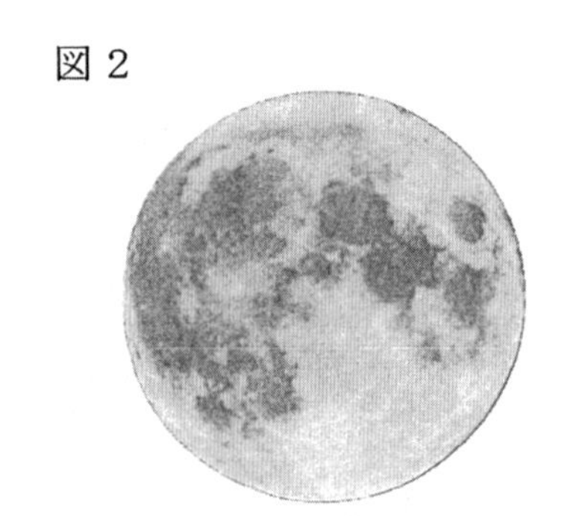

図３

（７）太陽・地球・月の位置関係と，その時の月の明るく見える部分の割合との関係について考えます。ここで，太陽の中心をＳ，地球の中心をＥ，月の中心をＭとしたとき，直線ＳＥと直線ＭＥが作る角度を，太陽と月が作る角度とします（図４）。また，ある日の月の明るく見える部分の割合とは，

【月の明るく見える部分の面積】÷【満月の時に明るく見える面積】

とします。この２つの関係を表したグラフとして最も適切なものを選びなさい。

図４

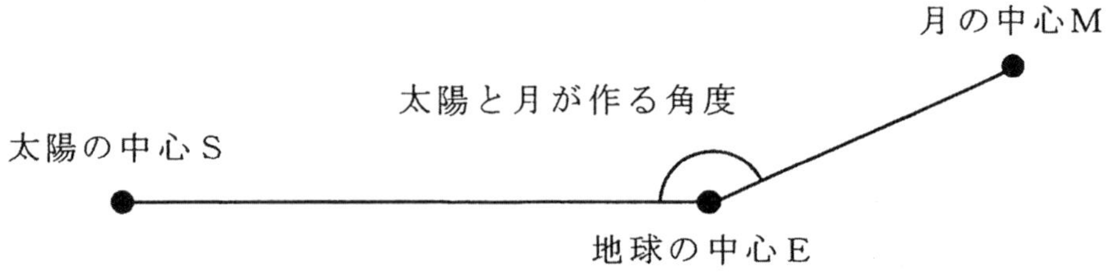

月の中心Ｍ

太陽と月が作る角度

太陽の中心Ｓ

地球の中心Ｅ

ア．

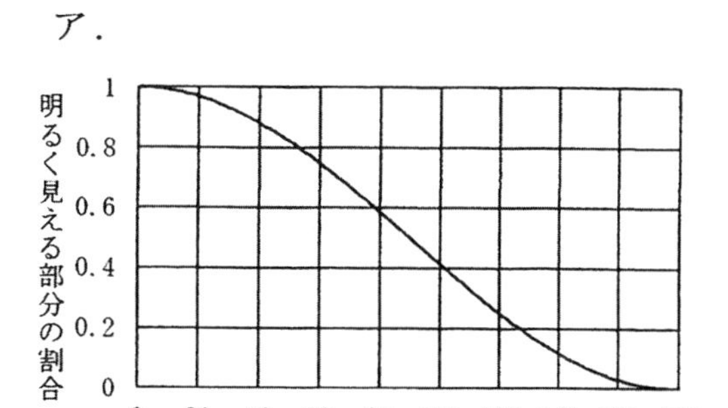
明るく見える部分の割合
1
0.8
0.6
0.4
0.2
0
0 20 40 60 80 100 120 140 160 180
角度（°）

イ．

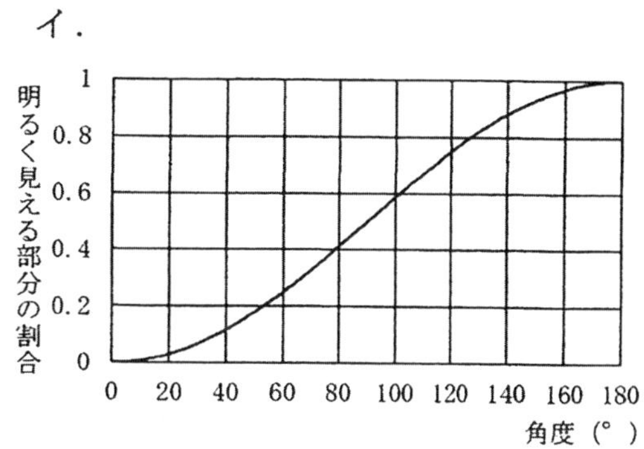
明るく見える部分の割合
1
0.8
0.6
0.4
0.2
0
0 20 40 60 80 100 120 140 160 180
角度（°）

ウ．

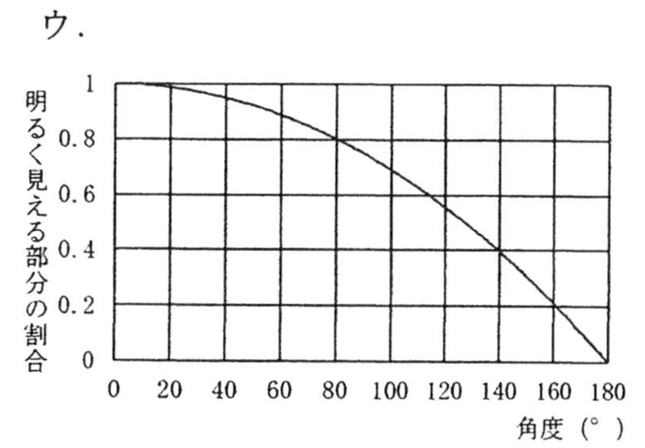
明るく見える部分の割合
1
0.8
0.6
0.4
0.2
0
0 20 40 60 80 100 120 140 160 180
角度（°）

エ．

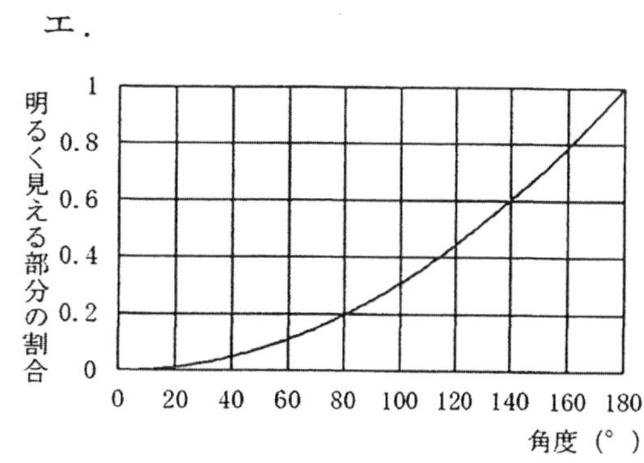
明るく見える部分の割合
1
0.8
0.6
0.4
0.2
0
0 20 40 60 80 100 120 140 160 180
角度（°）

オ．

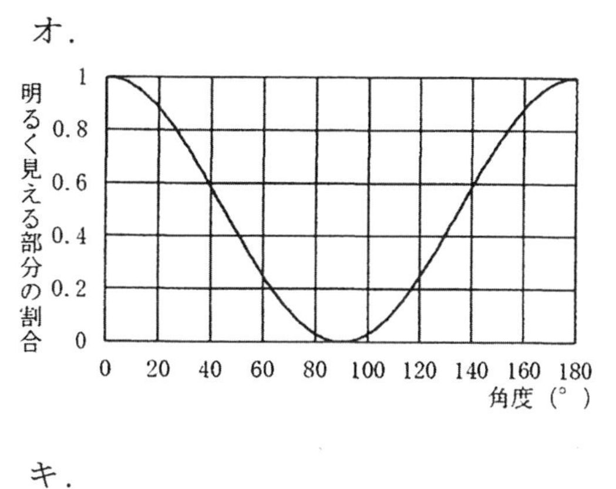
明るく見える部分の割合
1
0.8
0.6
0.4
0.2
0
0 20 40 60 80 100 120 140 160 180
角度（°）

カ．

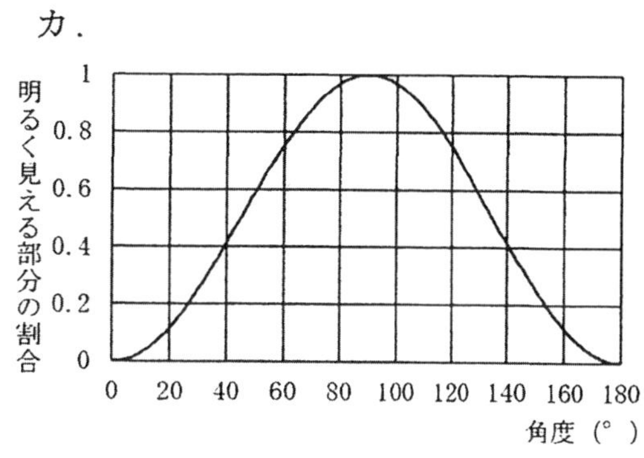
明るく見える部分の割合
1
0.8
0.6
0.4
0.2
0
0 20 40 60 80 100 120 140 160 180
角度（°）

キ．

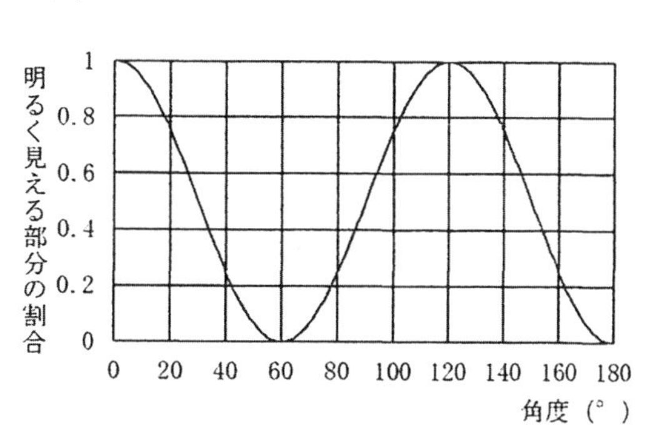
明るく見える部分の割合
1
0.8
0.6
0.4
0.2
0
0 20 40 60 80 100 120 140 160 180
角度（°）

ク．

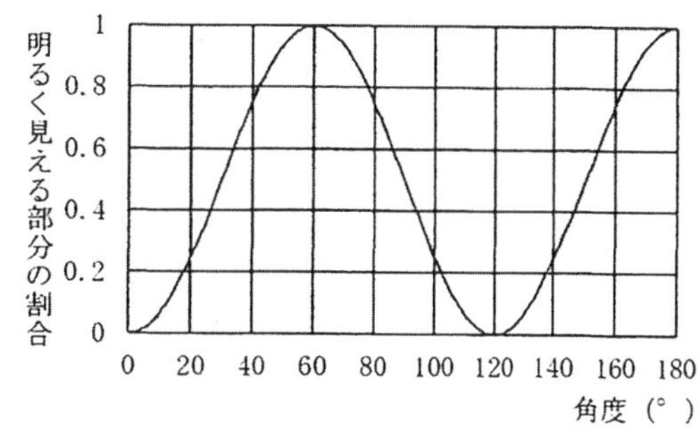
明るく見える部分の割合
1
0.8
0.6
0.4
0.2
0
0 20 40 60 80 100 120 140 160 180
角度（°）

地球から見える月の形は日にちが変わるごとに変化し，通常は一晩の間で形が急に変化することはありません。しかし，一晩の間に月の明るく見える部分がだんだんと欠けて暗くなり，その後また明るくなることがあります。この現象を月食と呼びます。この月食が起きる理由を考えましょう。

図５は，月食が起きる可能性があるときの太陽・地球・月の位置関係を，図１のように北極側から見た図です。このとき，太陽・地球・月の位置を真横から見ると，月は図６のＰ・Ｑ・Ｒの高さの位置にあることがあります。なお，これらの図では地球の大きさを考えています。

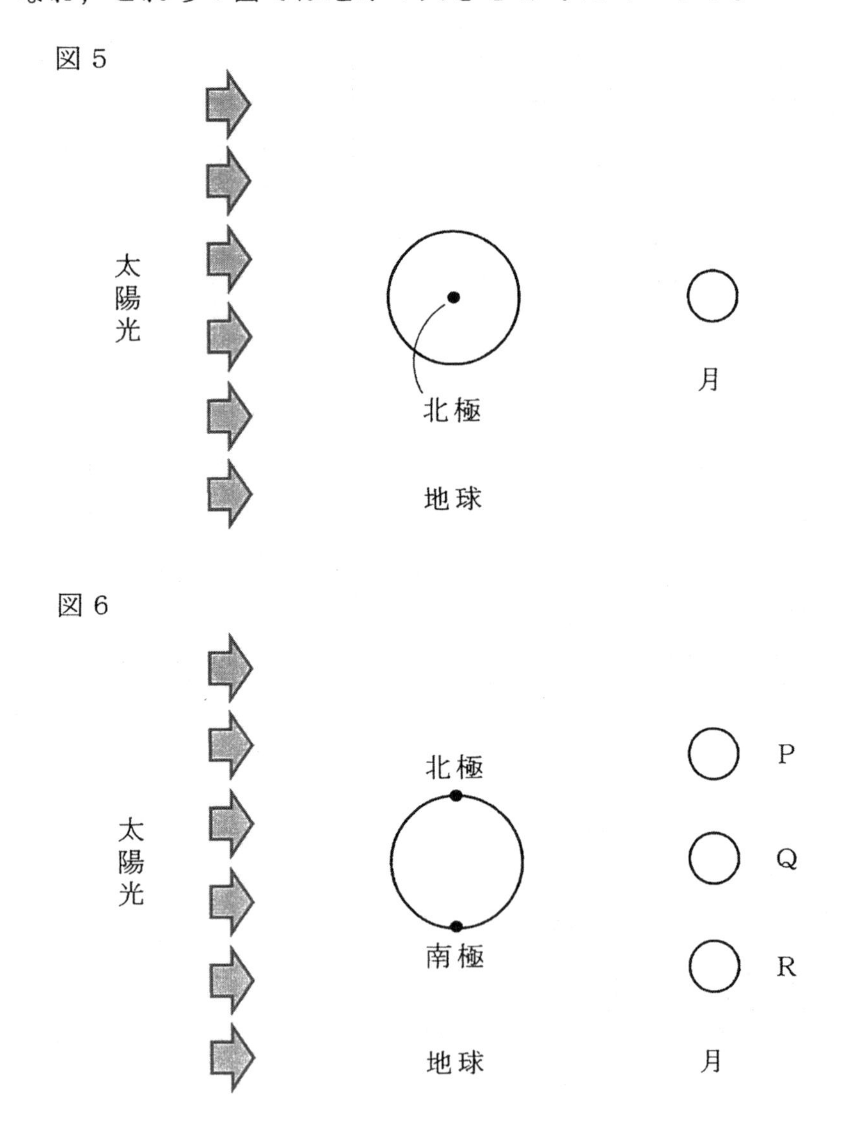

月が（①）の位置にあるとき，月には太陽光が当たります。しかし，月が（②）の位置にあるとき，月は地球のかげに入るため，光が当たらず月も明るく見えません。このとき月は公転しながら，少しずつ地球のかげに入っていきます。地球の作るかげの中に月がすべて入ると，月は太陽光が直接当たらないため，すべての部分が暗くなります。また，月が一部だけ地球の作るかげの中に入っているときは，月に地球のかげが映っていると考えることもできます。

（８）上の文章中の下線部の空らん（①），（②）に入る記号を，Ｐ・Ｑ・Ｒの中からそれぞれすべて選びなさい。

（９）上の文章から，日本で月食を観測した場合の，月の欠け方として最も適していると考えられるものはどれですか。ただし，［網かけ］の部分は暗くなっている部分を表します。

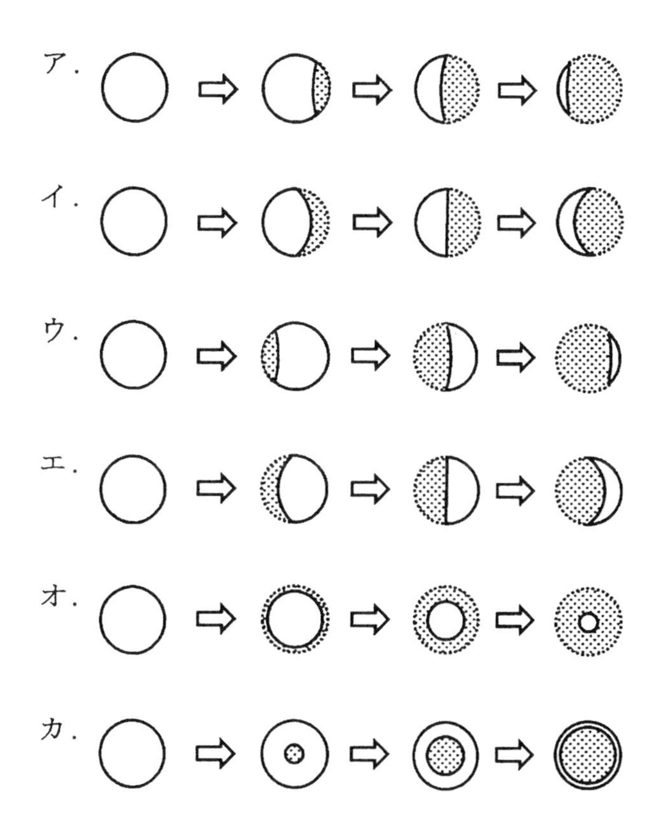

［２］気体に関する次の文章を読んで，後の問いに答えなさい。

石灰石と塩酸を混ぜると，石灰石がとけて減り気体が発生します。このことを利用して実験を行いました。図１のように，ペットボトルの中に石灰石と塩酸を混ざらないようにして入れ，ふたをした後で全体の重さを量りました。次に，図２のように，ふたをしたままのペットボトルをかたむけて，石灰石と塩酸が混ざるようにして気体を発生させました。しばらくすると気体が発生しなくなったので，そのときの全体の重さを量りました。石灰石の重さを変えて５つの実験を行い，それぞれ実験１～５としました。表１はこれらの実験結果をまとめたものです。なお，すべての実験で同じ塩酸を 30mL ずつ使いました。

図１　　図２

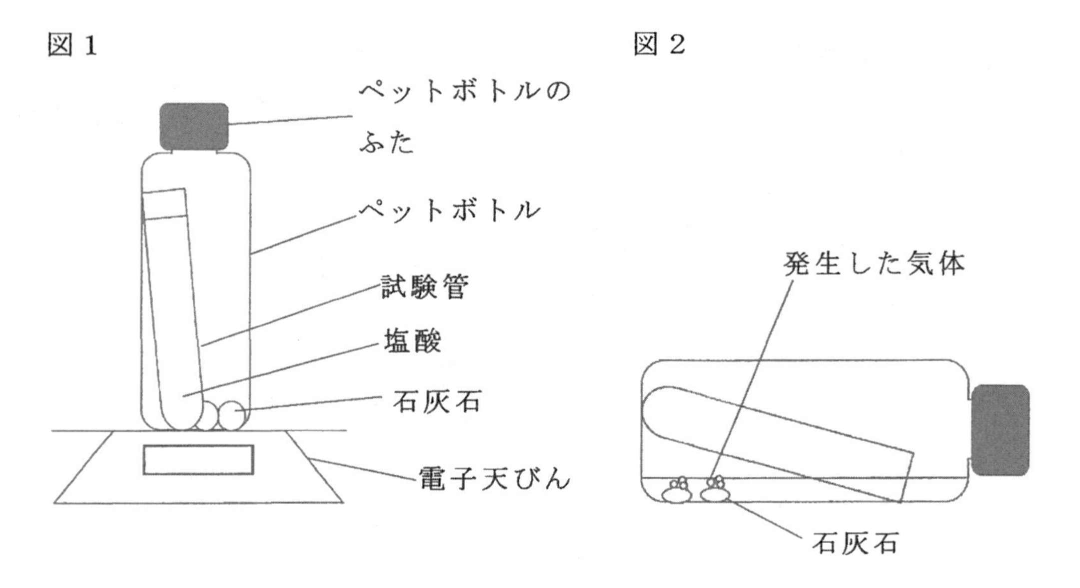

表１

	実験１	実験２	実験３	実験４	実験５
石灰石の重さ（g）	0.5	1	1.5	2	2.5
気体発生前の全体の重さ（g）	43.22	43.72	44.22	44.72	45.22
気体発生後の全体の重さ（g）	43.22	43.72	44.22	44.72	45.22

次に，ペットボトルのふたをせずに，同じ方法で実験６～10を行いました。表２はこれらの実験結果をまとめたものです。このとき，ペットボトルの中で発生した気体は完全ににげたものとします。

表２

	実験６	実験７	実験８	実験９	実験10
石灰石の重さ(g)	0.5	1	1.5	2	2.5
気体発生前の全体の重さ(g)	41.32	41.82	42.32	42.82	43.32
気体発生後の全体の重さ(g)	41.1	41.38	41.66	42.02	42.52

（１）この実験で発生した気体を石灰水に通すと，石灰水は白くにごりました。この気体の名前を答えなさい。

（２）次の文章は，実験１～10から考えられることについてまとめたものです。文章中の空らん（①），（②）に当てはまる最も適切なものを，後のア～ウからそれぞれ選びなさい。

ふたをして行った実験では，気体の発生前と比べて気体発生後の全体の重さは（①）。一方，ふたをしないで行った実験では，気体の発生前と比べて気体発生後の全体の重さは（②）。このことから，実験で発生した気体には重さがあるということが考えられます。

ア．増えています　　イ．変わりません　　ウ．減っています

（3）表2について，実験6～10で用いた石灰石の重さと発生した気体の重さとの関係を表すグラフを解答例にならって書きなさい。

解答例

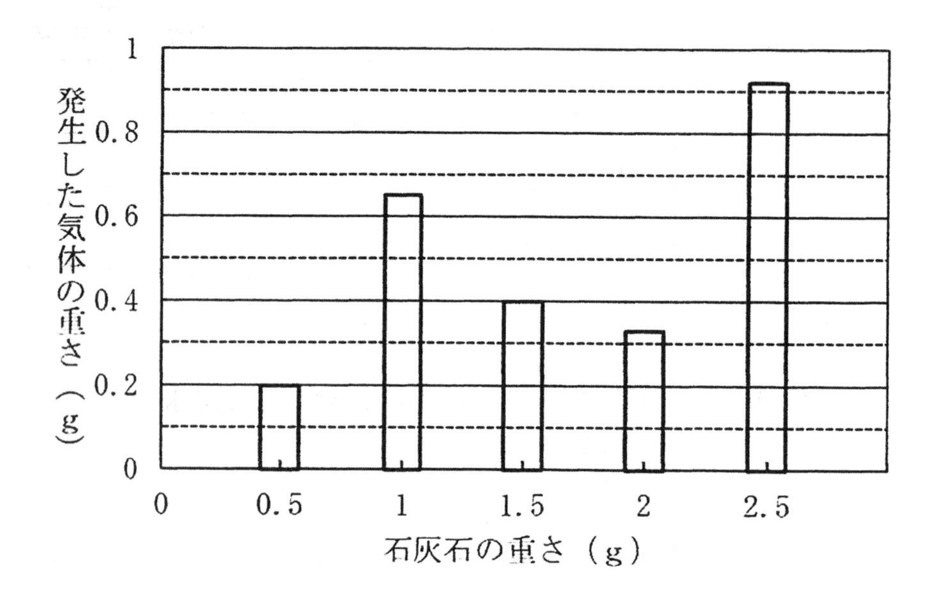

（4）実験7と実験10について，気体が発生しなくなったときのペットボトルの中身はどのような様子であったと考えられますか。気体が発生する前の図を参考にして，実験7はア～エ，実験10はオ～クから最も適切なものをそれぞれ選びなさい。

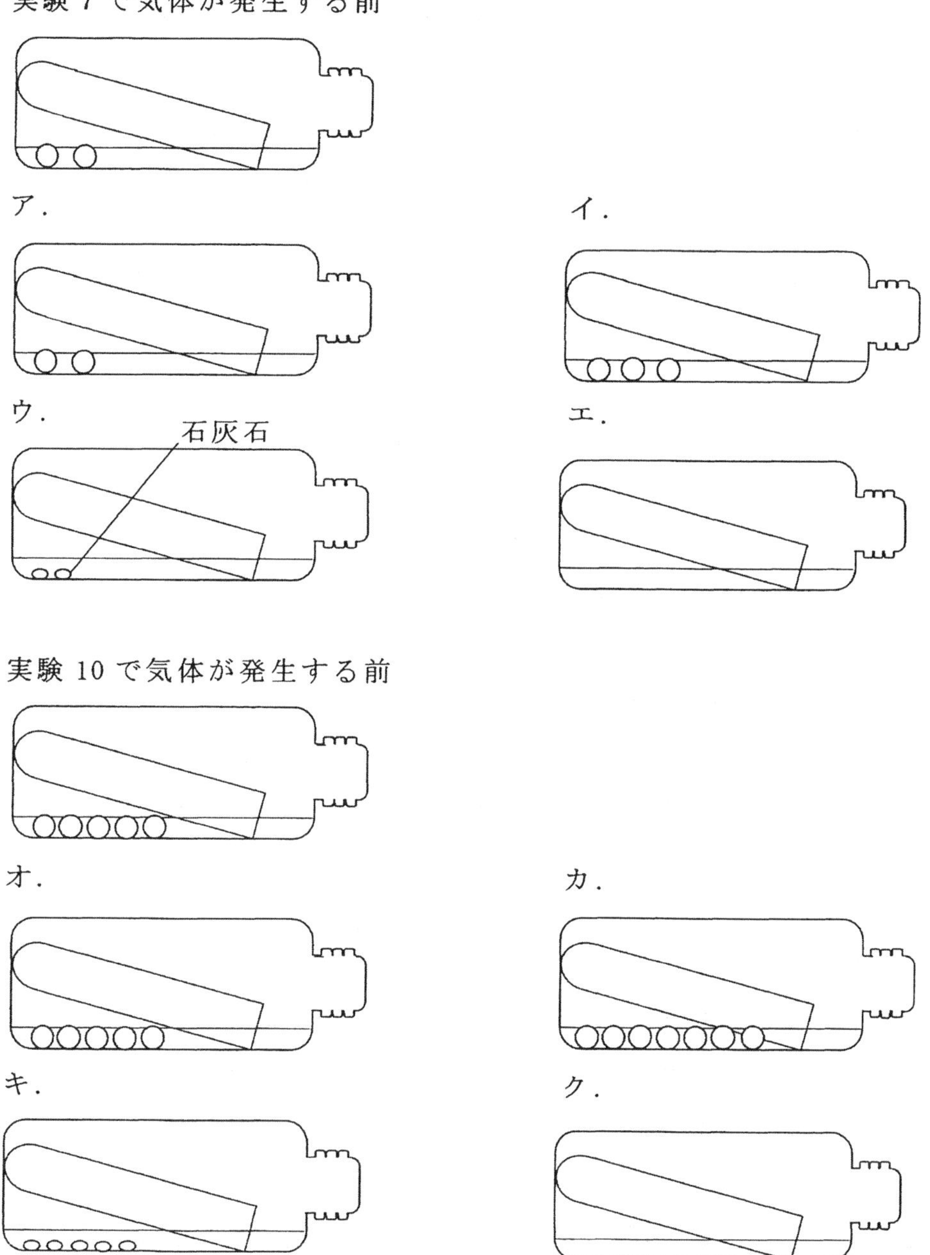

（５）この実験で使った塩酸 30mL に，石灰石は何ｇまでとけると考えられますか。小数第２位を四捨五入して答えなさい。

［３］次のⅠ・Ⅱの文章を読んで，後の問いに答えなさい。

Ⅰ　口から入った食べ物は食道を通って（①）に運ばれ，消化された養分は（②）で吸収されます。その後（③）で水分を吸収され，残ったものがこう門から便として体の外へ出されます。食べ物の消化には酵素というものが関わっています。酵素には分解を速くする性質がありますが，自分自身は変化しません。動物は酵素のはたらきで食べ物を養分に分解して，生きていくためのエネルギーを作ることができるのです。

（１）上の文章中の空らん（①）～（③）に当てはまる語を答えなさい。

（２）下線部の消化管とつながっている臓器を下から２つ選びなさい。

ア．肺　　イ．心臓　　ウ．かん臓　　エ．すい臓　　オ．じん臓

Ⅱ　生物の体には，二酸化マンガンと同じはたらきをするカタラーゼという酵素があり，この酵素がはたらくとオキシドールを分解して酸素が発生します。一般的な酵素の性質を調べるために，カタラーゼという酵素を多くふくんでいるダイコンを使って次のような実験を行いました。

うすいオキシドールの入った試験管を20本用意し，

Ａ：二酸化マンガン

Ｂ：ダイコン片を乳ばちに入れ，砂を混ぜてすりつぶしたもの

Ｃ：ふっとうしたお湯で煮たダイコン片を冷まして乳ばちに入れ，砂を混ぜてすりつぶしたもの

Ｄ：砂

を加えて，それぞれ５種類の温度で酸素の発生を調べ，表にその結果をまとめました。なお，－は酸素の発生がほとんどなかったこと，＋の数は酸素の発生の程度を表しています。

	5 ℃	20℃	35℃	50℃	65℃
A	－	＋	＋＋	＋＋＋	＋＋＋＋
B	－	＋＋	＋＋＋＋	＋＋	－
C	－	－	－	－	－
D	－	－	－	－	－

（3）この実験の結果から二酸化マンガンと酵素（こうそ）のはたらき方のちがいについて解答用紙の語を使って２行で答えなさい。

（4）ＢとＣをそれぞれ入れて実験したときの結果を比べて，わかることを１行で答えなさい。

（5）ＢとＤをそれぞれ入れて実験したときの結果を比べて，Ｄを入れた実験が必要な理由を１行で答えなさい。

（6）Ｂを 35℃で酸素の発生が止まるまで置いておいた試験管に，どのようなことをしてどのような結果となれば酵素（こうそ）自身が変化していないことを確かめることができますか。１行で答えなさい。

（7）自分で体温を保つことができないカエルやヘビは，できるだけエネルギーを使わないように土の中にもぐって冬ごしをします。Ⅰ・Ⅱの文章と実験の結果から，この理由について考えられることを２行以内で答えなさい。

［4］ばねとてこを使った実験について，後の問いに答えなさい。

図1のように，あるばねにおもりをいくつかつるし，おもりの重さとばねの伸(の)びを調べたところ，図2のグラフのようになりました。

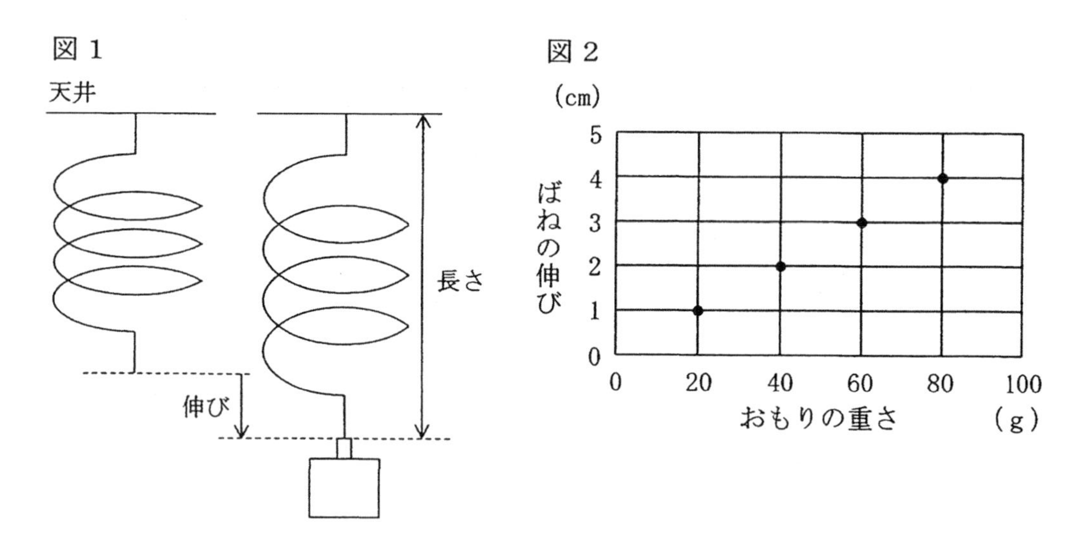

また，図3のように同じばねを床(ゆか)の上に立て，ばねの上に板をつけました。板の上におもりをいくつかのせたところ，ばねはもとの長さから縮みました。のせたおもりの重さとばねの縮みを調べたところ，図4のグラフのようになりました。ばねにのせた板の重さは考えないものとします。

図2と図4から，このばねの伸びや縮みはおもりの重さに比例することがわかります。これより後，実験に使うばねはこのばねだけとします。

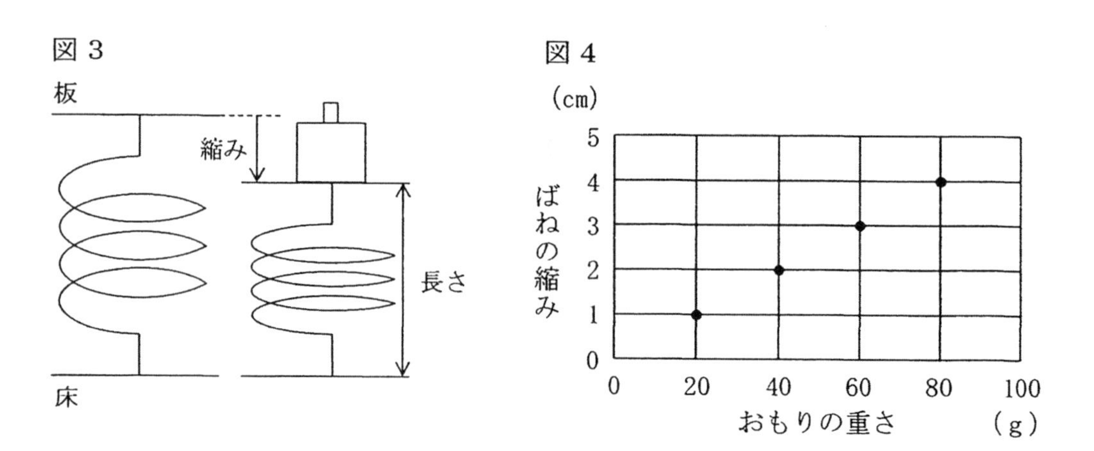

（１）ばねに30ｇのおもりをつるしたとき，ばねの伸びはいくらになると考えられますか。

（２）あるおもりを図１のようにばねにつるしたときのばねの長さは，同じおもりを図３のように板の上に置いたときのばねの長さにくらべて７cm長くなっていました。このおもりの重さはいくらですか。

図５のように，棒とひもを使っててこをつくりました。棒には同じ間かくで点Ａ～Ｍがあり，点Ｇをひもでつるして棒を支えました。棒や糸の重さは考えないものとします。

図５

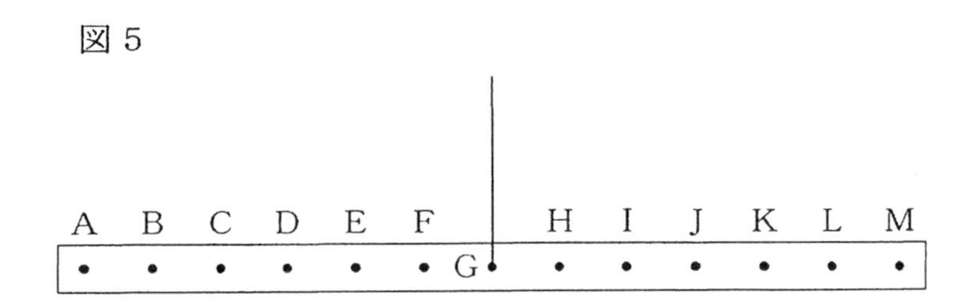

（３）点Ｂに30ｇのおもりをつるしました。このてこに，別の50ｇのおもりをつるしててこを水平につり合わせるには，50ｇのおもりを点Ａ～Ｍのどの点につるせばよいですか。

図５の点Ｂに30ｇのおもりをつるし，点Ｈ，Ｊ，Ｌのどこかにばねをつけて下向きに引いて，てこを水平につり合わせたところ，ばねの伸びは表１のようになりました。

表１

ばねをつけた位置	Ｈ	Ｊ	Ｌ
ばねの伸び（cm）	7.5	2.5	1.5

（4）表1の結果からどのようなことがわかりますか。最も適切なものを次のア～エから選びなさい。

ア．ある長さだけ伸びているばねは，その長さだけばねを伸ばすのに必要なおもりの重さと同じ大きさの力でてこを引っ張っている。

イ．ばねをつける位置を点1つ分右側に移動させるごとに，同じ長さずつばねの伸びが変化している。

ウ．ばねの伸びは，ばねをつける位置とは関係がない。

エ．おもりをつるす位置を左に移動させると，ばねの伸びは小さくなる。

（5）点Bにつるしたおもりをはずし，図6のように点Cに移動させました。さらに点Mにばねをつけて下向きに引いて，てこを水平につり合わせました。このときのばねの伸びはいくらですか。

図6

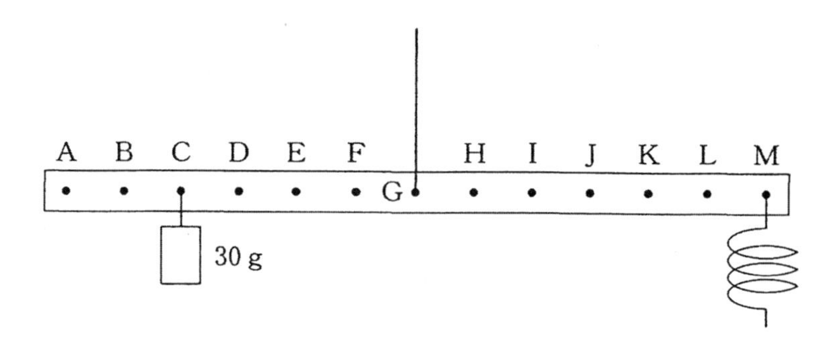

次に，図７のようなてこを作りました。点Ｍをひもでつるして棒を支え，点Ｅに60ｇのおもりをつるし，点Ａにばねをつけて上向きに引き，てこを水平につり合わせました。

図７

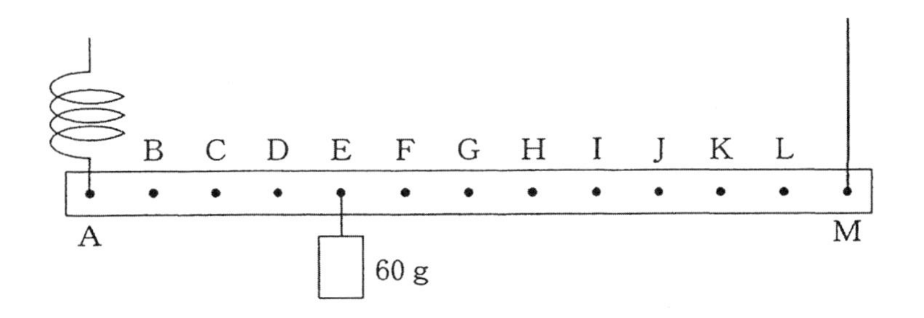

その後，ばねをつける位置を点Ａから点Ｅ，点Ｉに変えててこを水平につり合わせたとき，ばねの伸びは表２のようになりました。

表２

ばねをつけた位置	A	E	I
ばねの伸び（cm）	2	3	6

（６）次の文章は，表２の結果からわかることについてまとめたものです。文章中の空らん（①），（②）に当てはまる最も適切な言葉をそれぞれ答えなさい。

このてこでは，60ｇのおもりの位置が作用点，ばねで棒を引く位置が力点，ひもでつるした位置が支点となっています。表２の結果から，（①）から力点までの長さと，力点をばねが引く力の大きさの関係は（②）の関係となっていることがわかります。このように，支点が作用点と力点の間に無いてこが水平につり合うときには，
【作用点をおもりが引く力】×【（①）から作用点までの長さ】
と
【力点をばねが引く力】×【（①）から力点までの長さ】
が等しくなっています。

図８のように点Ｅに下からばねをつけ，ある点におもりをつるしててこを水平につり合わせました。

図８

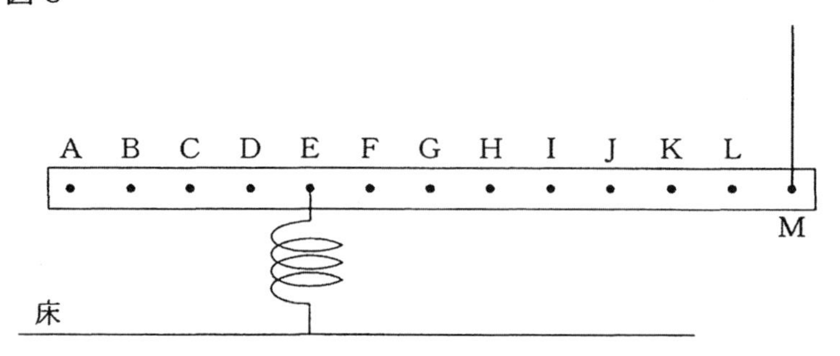

（７）100ｇのおもりを１つだけつるしててこが水平につり合ったとき，ばねの縮みを３cm 以上４cm 以下にするには，どの点におもりをつるせばよいですか。点Ａ～Ｍからすべて選びなさい。

図９はつめ切りの仕組みを表しており，板１と板２の２つのてこを組み合わせたつくりになっています。板１は支柱と点Ｐでつながっていて，点Ｐを中心に図のように回ることができます。支柱は板２に空いている穴を通して，折り曲げられた板３に固定されています。板２は板３と点Ｑでつながっており，点Ｑを中心に図のように回ることができます。また，棒は板１と板２に点Ｏと点Ｒではさまれており，点Ｏで板１が棒をおした力はそのまま点Ｒに伝わります。いま，板１と板２，棒の重さは考えないものとします。

図９

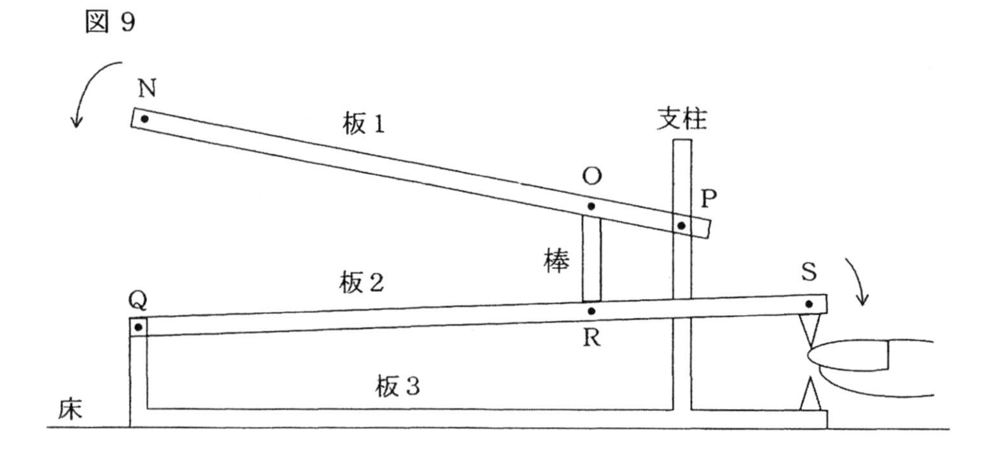

板３を床に固定し，点Ｎを下向きにおすと点Ｓが下がりつめが切れます。

図 10 では，つめを切るかわりに点Ｓのばねに力を加えることを考えます。このとき点Ｎ～Ｓは，てこの力点，支点，作用点のどれかを表しており，各点の間の長さは図 10 のようになっています。

図 10

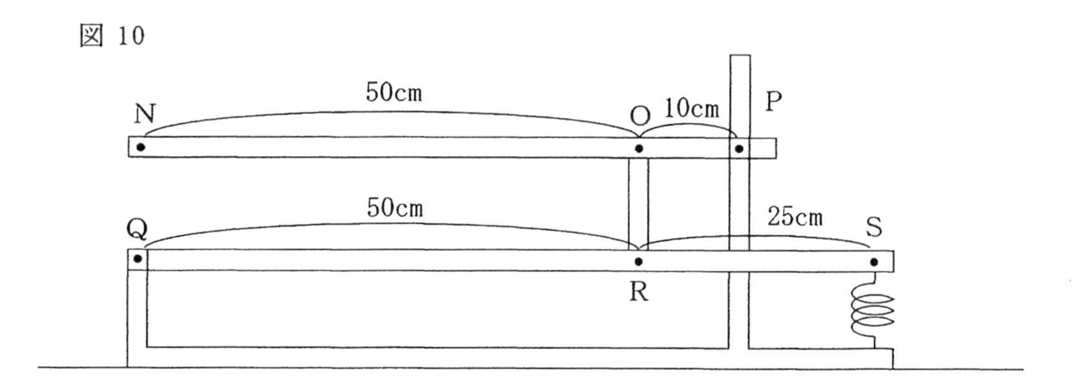

（８） 点Ｎ～Ｓのうち，てこの作用点となっている点を２つ選びなさい。

（９）図 10 のように板１が水平につり合っているとき，板２も水平につり合っており，棒は板１，板２と垂直になっています。このとき点Ｏが棒をおす力は，点Ｎを下向きにおす力の何倍ですか。

（10） ２つのてこがどちらも水平につり合っているとき，点Ｓのばねの縮みは５cm でした。このとき点Ｎを下向きにおす力の大きさは，何ｇのおもりをつるすのと同じだと言えますか。

（11） つめを切るために点Ｎを下向きにおす力をできるだけ小さくするには，点Ｏと点Ｒの間の棒を図の左右どちらに移動させるとよいですか。また，その理由を「支点」「力点」「作用点」という言葉を使って説明しなさい。ただし，棒は板１，板２と垂直なまま移動させることとします。

令和４年度

広島学院中学校入学試験問題

算　数

【６０分】

◎試験開始まで，問題用紙にも解答用紙にも手をふれてはいけません。

次の注意を読みなさい。

注　意

１．問題用紙

この問題用紙は２ページから７ページまでで，問題は５問あります。

２．解答用紙

解答用紙は別の用紙１枚で，この問題用紙にはさんであります。

３．記入・質問などの注意

（1）答えはすべて解答用紙のわくの中に，ていねいな字で記入しなさい。
ただし，割り切れない数のときは，できるだけ簡単な分数で答えなさい。
また，（計算）と書いてあるところはその答えだけでなく，途中（とちゅう）の式・計算も書きなさい。

（2）問題用紙のあいたところは，解答の下書きに使ってもかまいません。

（3）印刷が悪くて字のはっきりしないところなどがあれば，手をあげて監督（かんとく）の先生に知らせなさい。

［1］次の□にあてはまる数を答えなさい。

（1） $1\frac{3}{7}\times\left\{0.7+1.4\div\left(1\frac{2}{9}-0.25\right)\times\frac{7}{18}\right\}=\square$

（2）家から学校までの 4.8 km の道のりを時速 6 km で行く予定でしたが，道のりの半分進んだところで時速□km に変えたので，予定より 16 分遅れて学校に着きました。

（3）図のように，正方形ABCDと正三角形BCEが重なっています。（あ）の角度は□°です。

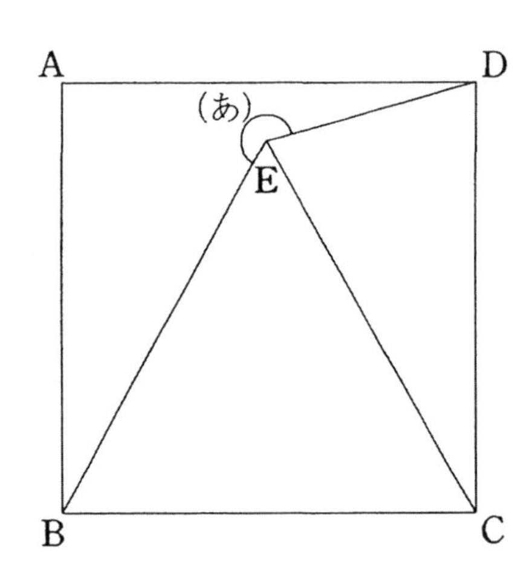

（4）9枚のカードに，1から9までの数字が1枚に1つずつ書いてあります。この中から2枚のカードを取り出します。2枚のカードに書かれた数字の和が偶数（ぐうすう）になる組み合わせは□通りです。

（5）図のような長方形から正方形を除いた図形を，1辺が1 cmの正方形の色紙を

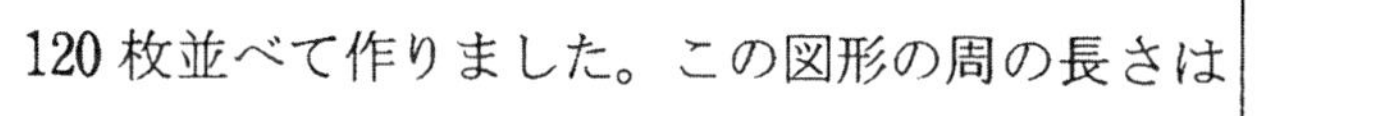
120枚並べて作りました。この図形の周の長さは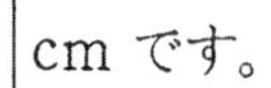cmです。

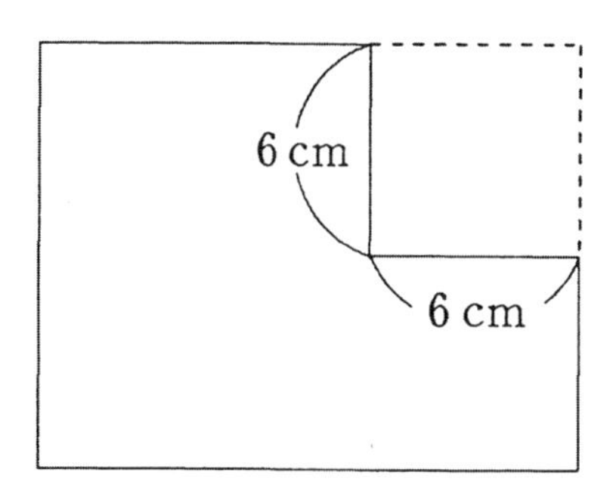

（6）ある数を2倍した数が1以下のときは1からその数を引き，2倍した数が1より大きいときはその数から1を引く操作をくり返し行います。

例えば，初めの数を$\frac{1}{9}$とすると，2回目の数は$1-\frac{2}{9}=\frac{7}{9}$となり，3回目の数は$\frac{14}{9}-1=\frac{5}{9}$となります。

いま，初めの数を$\frac{1}{11}$とすると，初めの数から22回目までの数の合計は

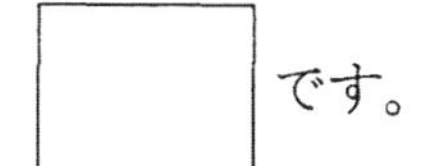
です。

［2］A君とB君がコインを50枚ずつ持っています。2人はじゃんけんをし，勝者はコインが2枚増え，敗者はコインが1枚減ります。ただし，あいこは回数に数えません。次の問いに答えなさい。

（1）5回じゃんけんをして，A君が2回勝ちました。B君はコインを何枚持っていますか。

（2）12回じゃんけんをして，A君の持っているコインの枚数が47枚になりました。B君はコインを何枚持っていますか。

（3）32回じゃんけんをして，A君の持っているコインの枚数とB君の持っているコインの枚数の比が6：5になりました。A君は何回勝ちましたか。

［３］正方形ABCDがあり，辺ADと辺BCの真ん中の点をそれぞれ点E，Oとします。図のように点Oを中心としたOEを半径とするおうぎ形を重ねます。三角形GOHは正三角形です。さらに三角形OEFを図のように重ねます。辺EFと辺GOの交点をI，辺EFと辺ABの交点をJとすると，EIとIFの長さの比は３：２で，EJとJFの長さの比は３：１です。三角形OEJと三角形OIFの面積の差は28 cm^2 です。次の問いに答えなさい。

（１）EIとJFの長さの比を最も簡単な整数の比で表しなさい。

（２）三角形OEJの面積を求めなさい。

（３）図の斜線（しゃせん）部分の面積を求めなさい。ただし，円周率は3.14とします。

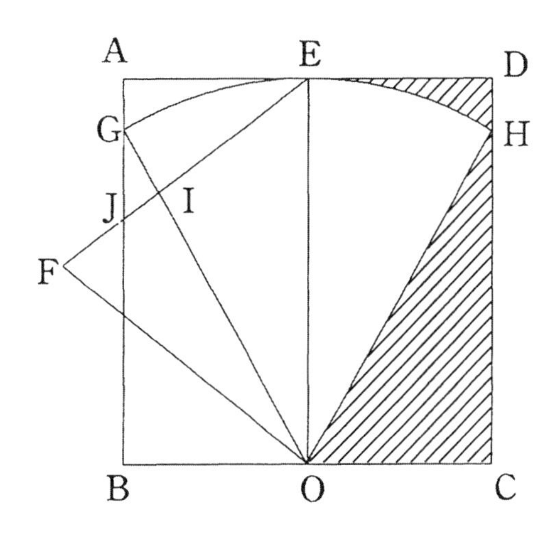

［4］図1のように，円柱の容器に水が底面から15 cm のところまで入っています。
容器の底面の半径は10 cm，高さは34 cm です。この容器に円柱の形をした高さ20 cm のおもりを入れてふたをして，容器を横にたおしました。おもりは完全に水中にしずみ，水面は容器のちょうど半分の高さでした。次の問いに答えなさい。ただし，円周率は3.14 とします。

（1）おもりの体積は何 cm^3 ですか。

（2）おもりを入れたまま，この容器を図2のように立てました。水面の高さは何 cm ですか。

（3）容器のふたを外して，同じおもりを立てた状態で1本ずつ容器に入れていくと，何本目かでおもりが完全に水中にしずみました。おもりがしずみきったときの水面の高さは何 cm ですか。

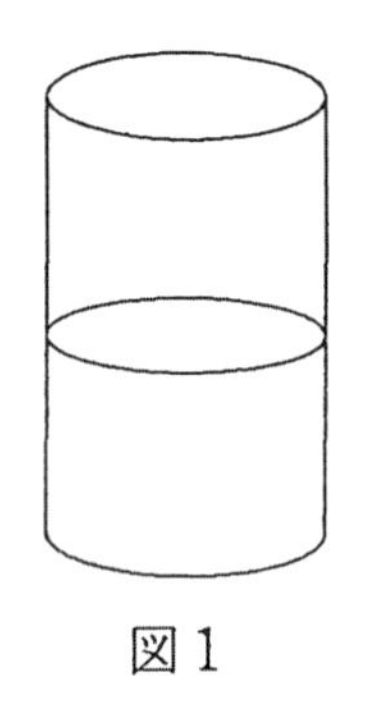

図1

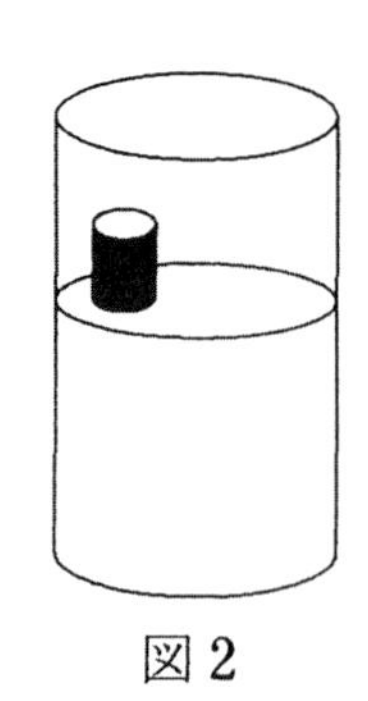

図2

［5］あるポスターを印刷するときに，印刷機Aを使うと15秒で32枚印刷でき，印刷機Bを使うと25秒で64枚印刷できます。次の問いに答えなさい。

（1）AとBが10分間に印刷できる枚数の比を最も簡単な整数の比で表しなさい。

（2）Aを何台か使って，ある枚数のポスターを印刷しました。同じ枚数のポスターを，Aよりも2台少ない台数のBを使って印刷すると，同じ時間かかりました。Aを何台使って印刷しましたか。

（3）Aを何台か使って，ある枚数のポスターを印刷すると37分30秒かかりました。同じ枚数のポスターを，Aよりも15台多い台数のBを使って印刷すると，12分30秒かかりました。Aを使って印刷されたポスターは何枚でしたか。

令和三年度

広島学院中学校入学試験問題

国語【五十分】

◎試験開始まで、問題用紙にも解答用紙にも手をふれてはいけません。
次の注意を読みなさい。

注意

一、問題用紙
この問題用紙は、２ページから15ページまでで、問題は二問あります。

二、解答用紙
解答用紙は別の用紙１枚で、この問題用紙にはさんであります。

三、記入・質問などの注意
(一) 答えはすべて解答用紙のわくの中に、ていねいな字で記入しなさい。
(二) 印刷が悪くて字のはっきりしないところなどがあれば、手をあげて監督(かんとく)の先生に知らせなさい。

【一】　次の《詩》と《文章》とを読んで、後の問いに答えなさい。《詩》の1〜15は連の番号を示しています。《文章》は《詩》を作成するまでの作者の体験を記したものです。

《詩》

動詞「ぶつかる」

吉野　弘

1
ある朝
テレビの画面に
映し出された一人の娘さん
日本で最初の盲人電話交換手

2
その目は
外界を吸収できず
光を　明るく反映していた
何年か前に失明したという　その目は

3
司会者が　①通勤ぶりを紹介した
「出勤第一日目だけ　お母さんに付添ってもらい
そのあとは
ずっと一人で通勤してらっしゃるそうです」

4
「お勤めを始められて　今日で一ヵ月
②すしづめ電車で片道小一時間……」
そして聞いた
「朝夕の通勤は大変でしょう」

5
彼女が答えた
「ええ　大変は大変ですけれど
あっちこっちに　ぶつかりながら歩きますから、
なんとか……」
③「ぶつかりながら……ですか？」と司会者
彼女は　ほほえんだ
「ぶつかるものがあると
かえって安心なのです」

6
目の見える私は
ぶつからずに歩く
人や物を
避けるべき障害として

7 盲人の彼女は
ぶつかりながら歩く
ぶつかってくる人や物を
世界から差しのべられる荒っぽい好意として

8 路上のゴミ箱や
ボルトの突き出ているガードレールや
身体を乱暴にこすって過ぎるバッグや
坐りの悪い敷石や焦々した車の警笛

9 それは　むしろ
彼女を生き生きと緊張させるもの
したしい障害
存在の肌ざわり

10 ぶつかってくるものすべてに
自分を打ち当て
火打ち石のように爽やかに発火しながら
歩いてゆく彼女

11 人と物との間を
しめったマッチ棒みたいに
一度も発火せず
ただ　通り抜けてきた私

12 世界を避けることしか知らなかった私の
鼻先に
1フイにあらわれて
したたかにぶつかってきた彼女

13 避けようもなく
もんどり打って尻もちついた私に
彼女は　ささやいてくれたのだ
ぶつかりかた　世界の所有術を

14 ④動詞「ぶつかる」が
そこに　いた
娘さんの姿をして
ほほえんで

15 彼女のまわりには
物たちが　ひしめいていた
彼女の目配せ一つですぐにも唱い出しそうな
したしい聖歌隊のように

《文章》

かなり前のことですが、NETテレビの「モーニング・ショー」に、日本で第一号という盲人電話交換嬢が紹介されたことがあります。この「第一号」というのが、女性だけの第一号だったか、男女を通じての最初だったか、はっきりした記憶はないのですが、［A］、あとのほうだったと思います。

二十三、四歳ぐらいの、その娘さんの目は、あいてはいるが見えない目で、確か疾患による後天的な失明だったと記憶しています。外見では、普通の人の目と全く変りません。ただ、物のひとつところを注視するというふうな目ではなく、外界を弱々しく反映する感じの目でした。

スタジオでは、当の娘さんと、勤務先の上司（社長さんだったかもしれません）が並んで椅子に腰をかけ、そして娘さんのお母さんは、いなかったと思います。

ホスト・奈良和さんの紹介によると、娘さんは、東京の郊外から約小一時間、電車に揺られ、白い杖一本をたよりに、都心の勤務先に通勤しているとのことで、勤務先での2ヒョウバンも大変に良いとのこと。［B］、出勤の第一日目にお母さんから付き添ってもらっただけで、翌日からあとは、ずっと一人で通勤し、もう一ヵ月にもなるとのことで、顔立ちのやさしさからは窺えない、負けん気の強い娘さんのようでした。

［C］、不自由な目での一人歩きが楽な筈はありません。毎日、どんな思いで雑踏にもまれているだろうかとは、誰しも思うことです。ホストの奈良和さんも同じ気持だったようで、娘さんにこう話しかけました。

「一人っきりの通勤は、しかし、大変でしょう」

ところが娘さんは少しほほえんで、こう答えたものです。「ええ、大変は大変ですけれど、まわりのものにぶつかりながら歩いてまいりますから、なんとか……」

思いもかけない返辞でした。奈良和さんも、ちょっと、あっけにとられたふうで「ぶつかりながら……ですか？」と聞き返しました。娘さんは再びほほえんで答えました。「ええ、ぶつかるものがあると、かえって安心なのです」

ぶつかる——とはいっても、勿論、疾走している車では困るわけで、それは⑤身体をこすってすれちがう人だったり、バッグを乱暴にぶつけて行きすぎる人だったり、白い杖の先で確かめる道路の段差であったり、ガードレールの端だったり、時に、路上に置かれた自転車やゴミ箱だったり、あるいは、耳にぶつかってくる人々の話し声、足音、駅の拡声器から響いてくる案内のアナウンス、有線放送から流れる流行歌、顔や胸もとに感じられる人いきれ、などなど、そういうものの全部と考えていいのでしょうが、この「ぶつかる」ということが、目の不自由な娘さんにとっては、⑥見えない世界と親しい接触を保ち、絶えず結ばれてゆくための不可欠の条件だったことを教えられて、⑦私は強い衝撃をうけました。「ぶつかる」ことの必要な人々がいることへの驚き。

そのときまで私は「ぶつかる」ということなど D 意識したことがなかったと言えます。かすかに意識していたとしても、それは単にうとましいというだけの「ぶつかる」であったにすぎません。

人の多い都会に住んでいますと、盛り場でも路上でも、駅の3コウナイでも電車の中でも、お互いが無遠慮に不作法にぶつかりあっています。しかし、ぶつかることで世界や他人とのふれあいを意味あるものとして意識するなどということは、目の見える人の間に、まず皆無でしょう。ぶつかることに無感覚になってしまうか、 E 極端に神経質になって、ぶつかることを嫌悪するようになるか、二つに一つといったところでしょう。

私などは、東京に、もう二十年近く住んでいるのに、無神経にぶつかってくる人が嫌いで、人ごみではかなり神経質に人を避けて歩くほうです。したがって、他人とぶつかることを通じて世界とふれあっているという意味深さなどを感じたことはそれまで一度もありませんでした。まあ、見渡したところ、都会の人間は私と似たりよったりで、「ぶつかる」よりは「ぶつかるまい」というのが日常の姿であり心の働きかたではないでしょうか。

ところが、この娘さんの場合は、 F 「ぶつかる」ことが必要なのであり、ぶつかることを通じて世界を感受し所有し、その中で生きるための位置を見つけているわけです。とにかく「ぶつかる」ということの持つ値打ちが、目の見える人の場合とは比べようもなく大きいのです。

それにひきかえ、目の見える私たちにとっての「ぶつかる」は、なんと値打ちの少ないことでしょう。⑧ぶつかりたくない気持を抱いて歩き回り、生きている私たちの、なんという孤立！　この孤立は私たちの精神的な4リョウイキについてもあてはまるのではないでしょうか。私たちは世界にさわって生きていることを、きれいさっぱり忘れています。私たちが物を見るということも、実は、目が（視線が）物にぶつかることなのですが、それさえ忘れているのです。

さて、私は、かなりの人ごみの中でも、ぶつからずに歩くことにかけては自信があるのですが、この娘さんの口からなにげなく飛び出した言葉「ぶつかる」を避けることは到底できませんでした。もんどり打って、はねとばされました。

⑨手にふれるすべてのものを金に変えてゆくマイダス王の寓話があったように記憶していますが、私はこの話の中の金を、たぐいないやさしさに置き変え、手でふれられるものを、孤立している私たちになぞらえてみたい気がします。娘さんは、無愛想な人のとげとげした心に、手をふれ、それらを孤立から解放しやさしく結び合わせながら過ぎてゆくように思えます。

（《詩》も《文章》も、吉野弘『現代詩入門』による）

※　問いで、字数制限のあるものについては、すべて　、や　。や「　」も字数にふくみます。

問一　――線部①「通勤ぶり」・②「すしづめ電車」をそれぞれわかりやすく言いかえなさい。ただし、①の「通勤」・②の「電車」はそのまま使いなさい。

問二 ――線部③『ぶつかりながら……ですか？』と司会者」について、

Ⅰ 「司会者」が――線部③のような反応を示したとき、「司会者」はどんな気持ちだったのですか。

Ⅱ Ⅰで答えたような気持ちになったのは、「司会者」や作者がどのような考えを持っていたからですか。それが記された《詩》の連の番号を一つ答えなさい。

問三 ――線部④「動詞『ぶつかる』」に出会って、作者は、そのことばをどんなことばだと感じましたか。ふさわしくないものを次のア～オから一つ選んで、記号で答えなさい。

ア 目の見える自分にとって、これから積極的に大事にしていかなければならないことば。

イ 目の見える自分にとって、今まで考えたこともないような深い意味を持つことば。

ウ 目の不自由なこの娘さんにとって、目の見える人の場合と比べられないほどの値打ちを持つことば。

エ 目の不自由なこの娘さんにとって、都会に住む人たちの無遠慮や不作法を感じさせることば。

オ 目の不自由なこの娘さんにとって、世界とつながるために欠かせないことば。

問四 [A]～[F]に入ることばを、それぞれ次のア～カから選んで、記号で答えなさい。

ア しかも　イ それにしても　ウ あるいは　エ 多分　オ 殆ど　カ まさしく

問五 ――線部⑤の多くは**ぶつかるといやなもの**ですが、《詩》の中では、それらを**いやなだけではないもの**として表現しています。その表現をふくむ連の番号を三つ答えなさい。

問六　――線部⑥「見えない世界と親しい接触を保ち、絶えず結ばれてゆく」とありますが、これとほぼ同じ内容を述べている部分を、――線部⑥より後から二十五字以上三十字以内で二か所ぬき出し、それぞれ初めの五字で答えなさい。

問七　――線部⑦「私は強い衝撃をうけました」とありますが、《詩》の中でその様子が表現された一行をぬき出して答えなさい。

問八　――線部⑧「ぶつかりたくない気持を抱いて歩き回り、生きている私たちの、なんという孤立！」について、

Ⅰ　「私たち」は、《詩》では何にたとえられていますか。ぬき出して答えなさい。

Ⅱ　Ⅰに対して娘さんは、《詩》では何にたとえられていますか。ぬき出して答えなさい。

問九　――線部⑨「手にふれるすべてのものを金に変えてゆくマイダス王の寓話」について述べた次の文章の［ア］～［ウ］にそれぞれ五字以内のことばを入れ、文章を完成させなさい。

「手にふれるすべてのものを金に変えてゆくマイダス王の寓話」とは、マイダス王（ミダス王）がものにふれると、その手にふれたものが黄金に変わってゆくというギリシャ神話にあるお話です。吉野弘の文章では、［ア］が［イ］にふれると、［イ］が［ウ］に変わってゆくのです。

問十　――線部1～4のカタカナを、それぞれ漢字に直しなさい。（一点一画をていねいに書きなさい。）

【二】次の文章は、中学生の雪人(ゆきと)が、修学旅行で広島の平和記念資料館をおとずれた時のお話です。これを読んで、後の問いに答えなさい。

著作権に関係する弊社の都合により
本文は省略いたします。

教英出版編集部

著作権に関係する弊社の都合により
本文は省略いたします。

教英出版編集部

著作権に関係する弊社の都合により
本文は省略いたします。

教英出版編集部

（中澤晶子「くつ」による）

問一　文章中に二か所ある□には同じ漢字一字が入ります。□に入る漢字を答えなさい。

問二　文章中の〔　A　〕～〔　D　〕に入ることばを、それぞれ次のア～オから選んで、記号で答えなさい。

ア　ばらばら　　イ　くすくす　　ウ　ふらふら　　エ　ちかちか　　オ　よちよち

問三　――線部①「ハイカットくん」とありますが、雪人が修学旅行に「ハイカットくん」を履いてきたのはなぜですか。

問四　――線部②「資料館の展示室」での雪人の様子を説明したものとして、もっともふさわしいものを次のア～オから選んで、記号で答えなさい。

ア　資料館の展示がみじめなものばかりなので、気持ちも暗くなり、一刻も早く資料館から出たがっている。

イ　今回の修学旅行で一番大切な施設（しせつ）だと思っていたので、混雑はしていたが、ずっと関心をもって見ている。

ウ　展示を見ていくうちに、だんだんと、当時の人々の生活を思いうかべて、展示に引きつけられるようになった。

エ　後ろにいる人や通り過ぎる人たちがしゃべっていることが気になって、展示を見ることに集中できなかった。

オ　あまりに時代がちがうことを痛感して、自分には当時の人たちの生活が想像できないと、頭の中が混乱している。

問五　――線部③「目の前に広がる公園は、広々として清潔で、明るく、礼儀正しく整備されていた」とありますが、これは雪人のどんな気持ちをあらわしていますか。もっともふさわしいものを次のア～オから選んで、記号で答えなさい。

ア　世の中が七十五年前の出来事から見事に立ち直って平和になったことを、よろこぶ気持ち。
イ　七十五年前の出来事に関心を持たずに生きている今の自分を、はずかしく思う気持ち。
ウ　わずか七十五年で技術が進歩して世の中が便利になったことに、おどろく気持ち。
エ　七十五年前の悲惨な出来事がまるで無かったかのような町の姿に、とまどう気持ち。
オ　七十五年前とすっかり町の様子が変わったことを原爆のせいだと考え、いきどおる気持ち。

問六　――線部④「にやりと笑って」とありますが、このときの俊介の気持ちとしてもっともふさわしいものを次のア～オから選んで、記号で答えなさい。

ア　見くだす気持ち　　イ　親しみの気持ち　　ウ　さびしい気持ち
エ　あわれむ気持ち　　オ　あこがれの気持ち

問七　――線部⑤「たしかに、そうだ」とありますが、「そう」の指す内容を文章中からぬき出して答えなさい。

問八　――線部⑥「やさしく歩くのに、ちょうどええ」とありますが、おばあさんの言う「やさしく歩く」とはどういうことですか。

問九　――線部⑦「足もとが揺らぐのを感じ」とありますが、このときの雪人の気持ちを説明したものとして、もっともふさわしいものを次のア～オから選んで、記号で答えなさい。

ア　全身黒ずくめのおばあさんが、「ぴったり」をくりかえしながら遠ざかっていく姿を見て、不吉（ふきつ）なものを感じている。

イ　おばあさんが意味のわからないことばかり言うのでつかれてしまい、どうしたらいいかわからずに混乱している。

ウ　おばあさんが靴とは関係ない戦争の話をすることにあきれると同時に、自分の靴のよさをわかってもらえずにおちこんでいる。

エ　しつこく話しかけてくるおばあさんが全身黒ずくめなので気味悪く思い、そのおそろしい話に重苦しさを感じている。

オ　おばあさんによって、自分の靴と原爆で亡（な）くなった人とがつながることに気づかされ、冷静でいられなくなっている。

問十　――線部1～4のカタカナを、それぞれ漢字に直しなさい。（一点一画をていねいに書きなさい。）

令和３年度

広島学院中学校入学試験問題

理　　科

【３０分】

◎試験開始まで，問題用紙にも解答用紙にも手をふれてはいけません。
次の注意を読みなさい。

注　意

1．問題用紙
この問題用紙は２ページから17ページまでで，問題は４問あります。
2．解答用紙
解答用紙は別の用紙１枚で，この問題用紙にはさんであります。
3．記入・質問などの注意
（1）答えはすべて解答用紙のわくの中に，ていねいに記入しなさい。
（2）印刷が悪くて字のはっきりしないところなどがあれば，手をあげて監督（かんとく）の先生に知らせなさい。

［１］次の（１）～（５）のＡ，Ｂの文章について，正しいものを○，誤りをふくむものを×とするとき，下のア～エのどの組み合わせに当たるかをそれぞれ答えなさい。

	ア	イ	ウ	エ
Ａ	○	○	×	×
Ｂ	○	×	○	×

（１）Ａ　ビーカーに入れた水がふっとうした後，さらに強く加熱するとふっとうしている水の温度が少しずつ上がる。

Ｂ　水は水蒸気に変わっても氷に変わっても体積が大きくなる。

（２）Ａ　コーヒーシュガーを水に入れてよく混ぜると固体がすべて無くなり，すき通った液体になるが，茶色なので水溶(よう)液とは言えない。

Ｂ　コーヒーシュガーを水に溶(と)かした茶色の液体をろ過すると，無色の液体になる。

（３）Ａ　スチールウールとアルミニウムを塩酸に入れると，どちらもあわを出して溶ける。

Ｂ　塩酸にアルミニウムを溶かした後に蒸発させると，元のアルミニウムを取り出すことができる。

（４）Ａ　塩酸，炭酸水，食塩水，水酸化ナトリウム水溶液の４種類の水溶液がある。これらのうち，リトマス紙だけを使って見分けられる水溶液は食塩水と水酸化ナトリウム水溶液の２種類である。

Ｂ　塩酸に水酸化ナトリウム水溶液を少しずつ加えると酸性が打ち消され，食塩水に変わっていく。塩酸に水酸化ナトリウム水溶液をいくらか加えたが，水溶液は酸性のままであった。これを蒸発させて残ったものを水に溶かすと酸性になる。

2021(R3) 広島学院中
K 教英出版

（５）下の表はミョウバンと食塩について，水の温度と 50mL の水に溶ける重さとの関係をそれぞれ表したものです。

	10℃	30℃	60℃
ミョウバン	4 g	8 g	28 g
食塩	18 g	18 g	18 g

A　20℃の水 50mL にミョウバンと食塩をそれぞれ溶かせるだけ溶かしてできた水溶液の重さを比べると，食塩水の方が重い。

B　食塩とミョウバンをそれぞれ 30℃の水 150mL に 10 g ずつ溶かした後 10℃まで冷やすと，ミョウバン水溶液からのみ，つぶを取り出すことができる。

［２］次の（１）～（５）のア～エの文について，誤りをふくむものを１つ選びなさい。ただし，誤りをふくむものがない場合は〇と答えなさい。

（１）ア．メダカのひれはオス・メスともに５種類で，合計７枚ある。
イ．メダカのオスとメスは，背びれと腹びれで見分けることができる。
ウ．メダカのたまごと精子の受精は水中で起こる。
エ．水草についたメダカのたまごは受精卵(らん)である。

（２）ア．ヒトの受精卵はメダカのたまごよりも小さい。
イ．ヒトのおなかの中の子どもは，心臓が動き始めた後で鼻や目ができる。
ウ．ヒトの子どものへそのおは，母親の子宮のかべにある胎盤(たいばん)とつながっている。
エ．ヒトの子どもの血液は，胎盤で母親の血液と混ざって酸素などを交かんする。

（３）ア．モンシロチョウはキャベツの葉に縦長のたまごを産む。
イ．アゲハはミカンやサンショウの葉に丸いたまごを産む。
ウ．モンシロチョウの幼虫は，たまごから出てきたときはうすい緑色をしている。
エ．アゲハの４枚のはねと６本のあしは，すべて胸から出ている。

（４）ア．ジャガイモは花がさき，受粉して種子をつくる。
イ．ゴマの種子には，でんぷんがあまりふくまれていない。
ウ．アサガオの花につぼみのときからふくろをかぶせておいても実はできる。
エ．インゲンマメの発芽には，適当な温度と光が必要である。

2021(R3) 広島学院中
K 教英出版

（5）ア．ヒトの体の中で，水分の吸収は大腸のほか小腸でも行われる。

イ．ヒトのはく息の中で最も多い気体は二酸化炭素である。

ウ．クジラは鼻から空気を取り入れ，肺を使って呼吸をしている。

エ．フナはえらを使って酸素を取り入れ，えらから水中に二酸化炭素を出している。

［３］次の文章を読んで，後の問いに答えなさい。

「エジプトはナイルの賜物（たまもの）」という言葉があります。エジプトは，アフリカ大陸北部にある国で，世界で一番長い川であるナイル川の河口があります。その河口にある広大な土地は，ナイル川によってつくられたという意味です。この土地をナイル川デルタといいます。

ナイル川を河口から上流へさかのぼると，主に青ナイル川と白ナイル川という２つの川に分かれます。このうち，青ナイル川の周囲には広大な高原があり，青ナイル川はこの高原を①けずり取っています。

ナイル川の下流周辺は，ほとんど雨が降らず，農業のできない砂ばく地帯が広がっています。昔は，青ナイル川の周辺で雨が多く降ると，下流のナイル川では流れる水の量が増え，洪水（こうずい）を引き起こしていました。この洪水によって，上流でけずり取られた栄養豊かな土砂がナイル川の周辺に運ばれて，農業が可能となり，エジプトの古代の文明は発展しました。また，河口付近では上流から運ばれた土砂が②たい積し，ナイル川デルタをつくりました。

しかしながら，人口が増え，街が発展するにつれて，ナイル川による洪水は街をこわすやっかいなものと見なされるようになりました。そこで，③エジプトでは大きなダムがつくられました。

このダムの完成により，ナイル川は洪水を起こさなくなり，その被（ひ）害は少なくなりました。一方，ダムは水だけでなく，上流から流れてくる土砂もせき止めます。そのため，ナイル川の下流では［　A　］。

2021(R3) 広島学院中
K 教英出版

（1）文中の下線部①について，流れる川によるこのはたらきの特ちょうとして正しいものを，次の中から２つ選びなさい。

ア．雨が多く，川の水量が増えるほど強くなる。

イ．雨が少なく，川の水量が減るほど強くなる。

ウ．川の曲がった所では，外側にいくほど強くなる。

エ．川の曲がった所では，内側にいくほど強くなる。

（2）文中の下線部②について，川によって運ばれ，たい積する土砂の特ちょうとして正しいものを，次の中から１つ選びなさい。

ア．川の上流ほど，より小さな石や砂がたい積する。

イ．川の下流ほど，より角張った石がたい積する。

ウ．川の水量が増えるほど，川によってけずられたり運ばれたりする土砂は増えるが，たい積する土砂は減る。

エ．川の長さが短いほど，下流でも大きな石がたい積する。

（3）文中の下線部③について，このダムの役割として正しいものを，次の中から１つ選びなさい。

ア．ダムに貯める水の量を一定に保つことで，下流の川の水量を一定にする。

イ．ダムによる水力発電を行うことで，洪水が起きたときにポンプで水をくみ出しやすくする。

ウ．上流から流れてくる土砂をせき止めることで，下流の洪水被害を少なくする。

エ．上流から流れてきた水をいったん貯めることで，下流の水量を安定させる。

（４）文中の空らんＡに入る文として最も適当なものを，次の中から１つ選びなさい。

ア．川底がけずられ，深い谷ができるようになっています

イ．流れる水の量が減り，農業に必要な水が足りなくなっています

ウ．たい積する土砂が減り，ナイル川デルタが次第に小さくなっています

エ．栄養分をより多くふくむ水が流れ，農業がより発展しています

ナイル川に対する青ナイル川のえいきょうの大きさを知るため，２つのデータを調べました。

（５）次の図は，１年間にナイル川に流れこむ川のそれぞれの水量と，ナイル川の中流での水量を表したものです。

① 図中の空らんＢに当てはまる語句を答えなさい。また，空らんＣに当てはまる数を答えなさい。

② ナイル川中流を流れる水のうち，青ナイル川から流れこんだ水の割合は何％ですか。小数第一位を四捨五入して整数で答えなさい。

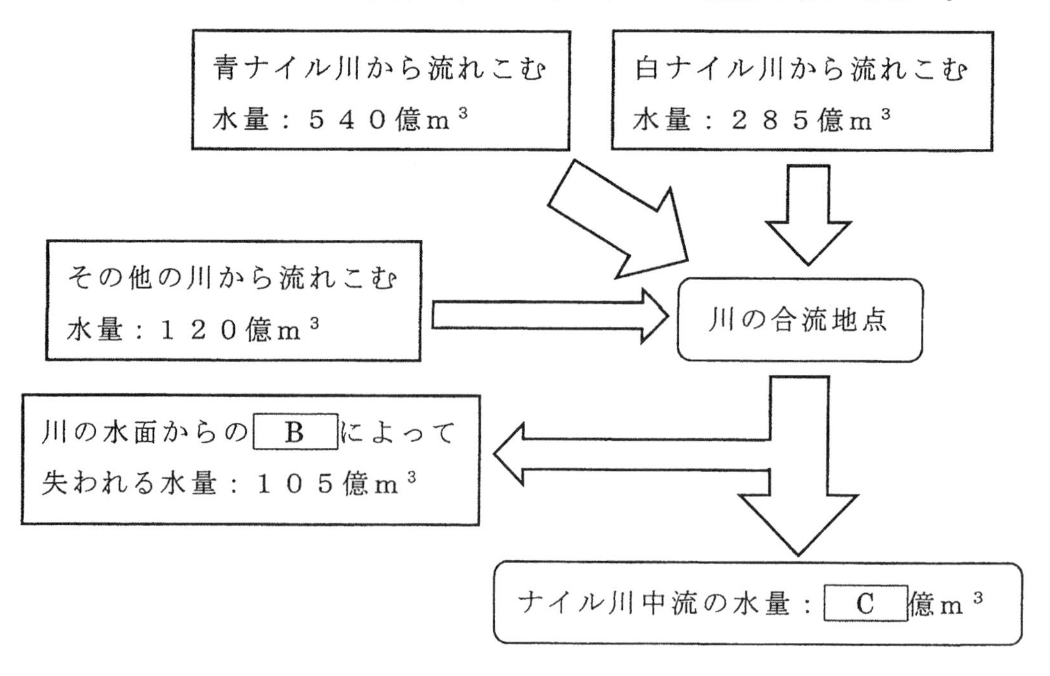

2021(R3) 広島学院中
K 教英出版

（6）次の図1と図2は，青ナイル川周辺のある地点Pと，白ナイル川周辺のある地点Qでの降水量を月ごとに表したグラフです。このとき，ナイル川中流のある地点Rでの川の水量を月ごとに表したグラフとして，最も適当なものをア～エの中から選びなさい。ただし，PとR，QとRの間の川の長さはどちらも3600km，川の流れる速さはどちらも平均で時速3kmであるとします。

図1

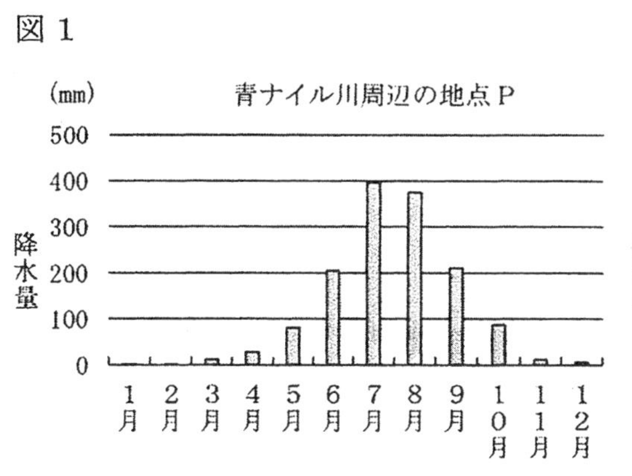

図2

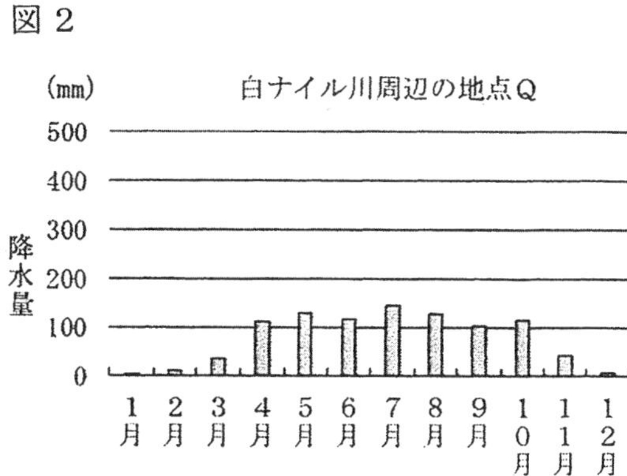

ア.

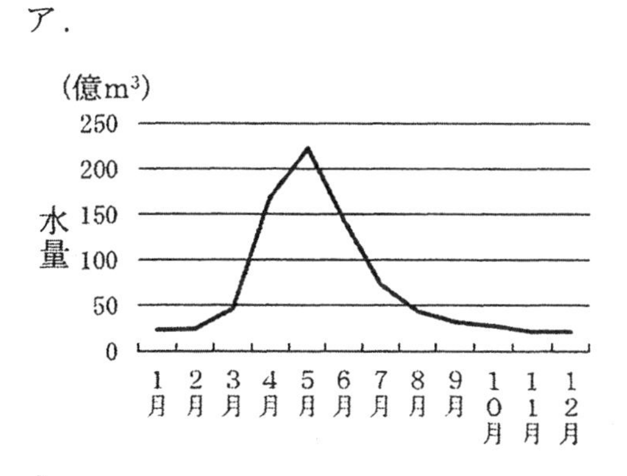

イ.

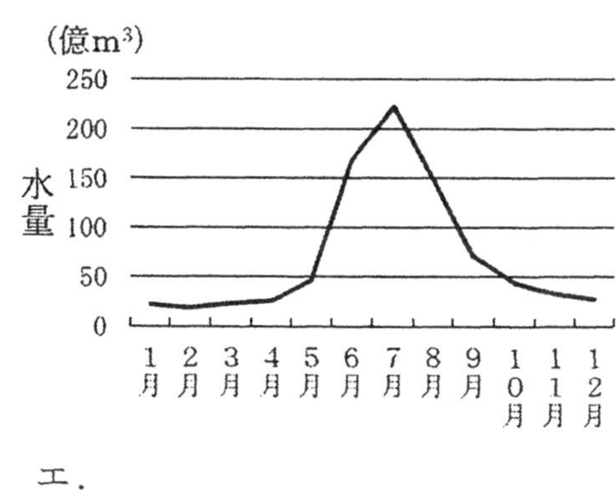

ウ.

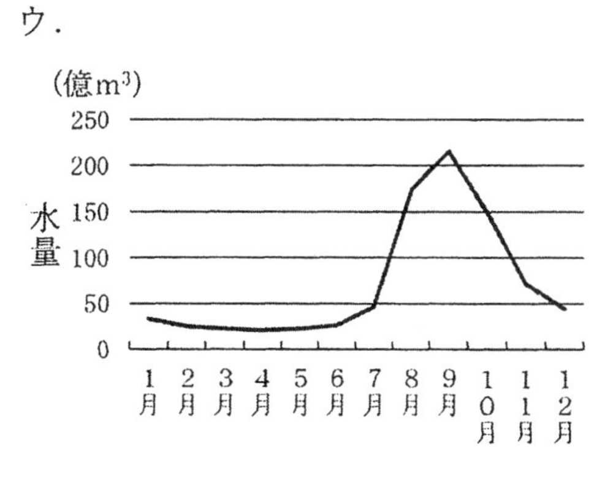

エ.

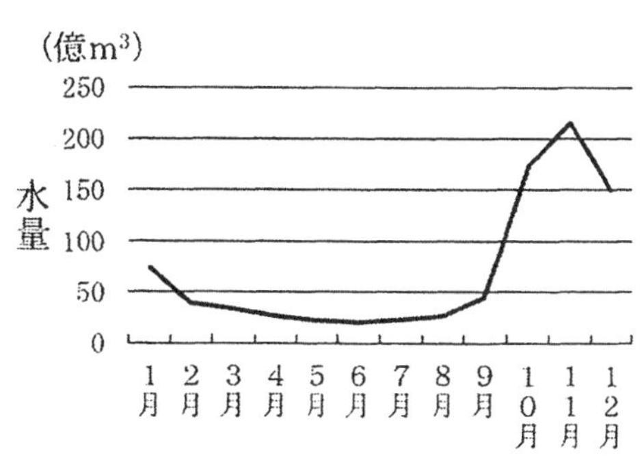

［４］次の文章を読んで，後の問いに答えなさい。

光が鏡に当たったとき，光がはね返される現象を光の反射といいます。先生，一郎君，二郎君のあわせて３人が，太陽光を鏡で反射させる実験をしました。図１のように，かべによって日かげになっているグラウンドに鏡で反射させて太陽光を当てました。

図１

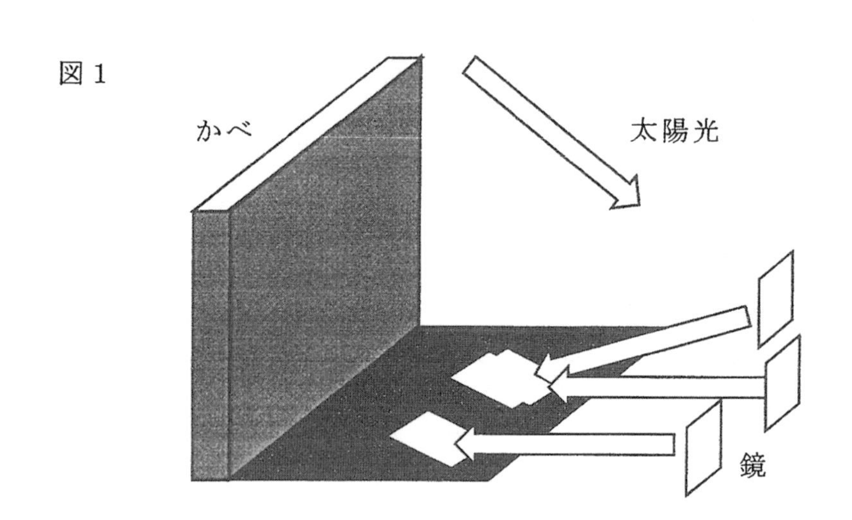

グラウンドには，①鏡を１枚使って太陽光を当てた部分，②鏡を２枚使って太陽光を重ねて当てた部分，③日かげのままの部分の３か所があります。３人はそれぞれの部分について温度計を使って土の温度を測定し，比かくしました。

３人の結果をまとめると，表１のようになりました。ただし，A，B，Cは①～③のうちいずれかの場所で測定した結果です。

表１

	先　生	一　郎	二　郎
結果A	15.2℃	16.1℃	15.8℃
結果B	10.8℃	11.9℃	10.6℃
結果C	12.4℃	13.4℃	12.6℃

（1）一郎君は表１を見て，どこを測定しても自分の測定温度が他の２人より高めであると感じました。友人たちに相談したところ，ア～エのようにアドバイスしてくれました。しかし，１つだけ自分で測定したとは言えなくなるものがあります。そのアドバイスはどれですか。

ア．「温度計がこわれていたのかもしれないから，別の温度計で測定し直すといいと思うよ」

イ．「測定方法にまちがいがあったかもしれないから，同じ温度計でもう一度測定し直すといいと思うよ」

ウ．「一度測定したデータだから，そのままで大丈夫だと思うよ」

エ．「先生の結果が１℃くらい低めだから，３か所の測定したデータをすべて１℃ずつ低く直したらいいと思うよ」

（2）①～③の測定結果は，それぞれＡ～Ｃのどれであると考えられますか。また，最も明るい場所で測定した結果は，Ａ～Ｃのうちどれであると考えられますか。

地面の上に黒い紙を置き，地面と平行に虫眼鏡を持って真上から太陽光を当てました。その結果，図２のように，紙の上で明るさが異なる３つの場所ができました。この３つの場所を内側からＡ，Ｂ，Ｃとします。また，虫眼鏡をこの高さから少し下げるとＡの面積は小さくなります。

図２

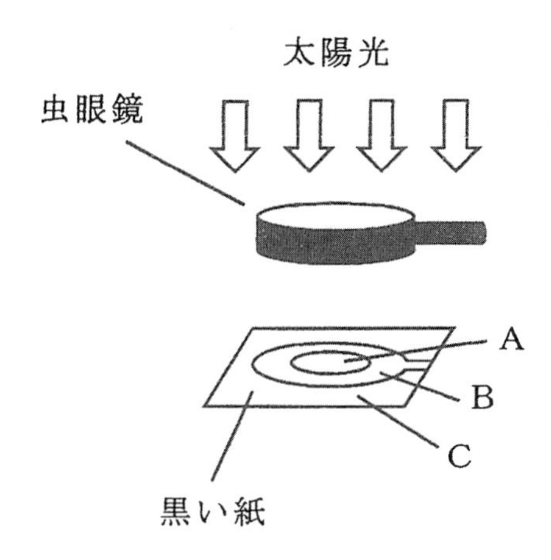

（３）地面に平行なまま虫眼鏡をこの高さからゆっくり下げたときの様子を表す文として，誤りをふくむものをすべて選びなさい。ただし，誤りをふくむものがない場合は〇と答えなさい。

ア．Ａの面積はいったん小さくなった後，大きくなる。

イ．Ａの面積が小さくなると，Ｂの面積も小さくなる。

ウ．Ａの面積が小さくなると，Ａの温度は下がる。

エ．ＡとＢとＣの明るさを明るい順に並べると「Ａ，Ｂ，Ｃ」になる。

（４）（３）の実験でＢの面積が大きくなるとＡの温度はどうなりますか。「上がる」「下がる」「変わらない」のどれかで答えなさい。また，その理由を書きなさい。

2021(R3) 広島学院中
K 教英出版

図３のように，光電池に豆電球と電流計をつなぎ，真上から強い光を当てました。そして，光電池の傾（かたむ）きを変えながら，できる光電池の影（かげ）の大きさと流れる電流の大きさの関係を調べました。光電池の大きさは図４のように縦が 20cm，横が 30cm で，図５のように傾けることができます。ただし，「持ち上げた高さ」は図５が表す部分，「影の横の長さ」は図６が表す部分のことをいいます。

図３

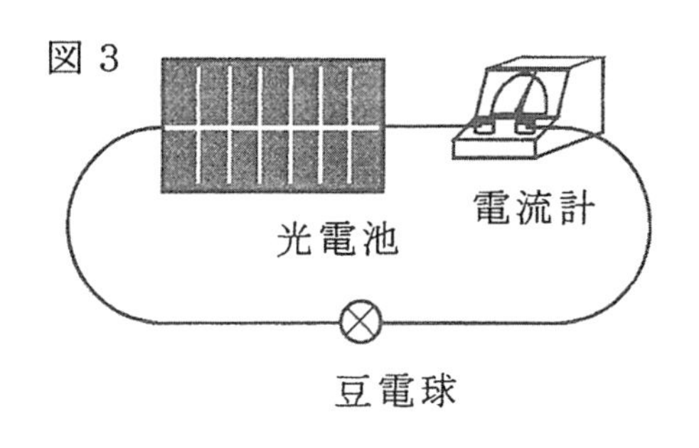

図４

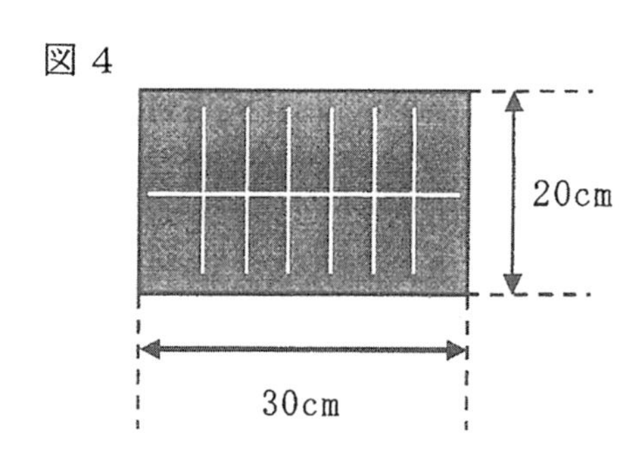

図５

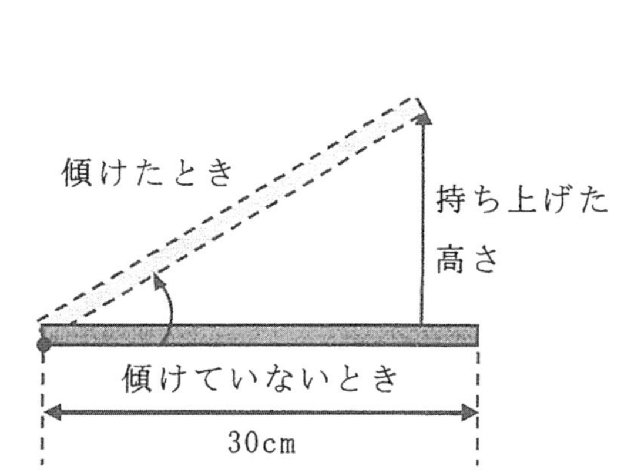

図６

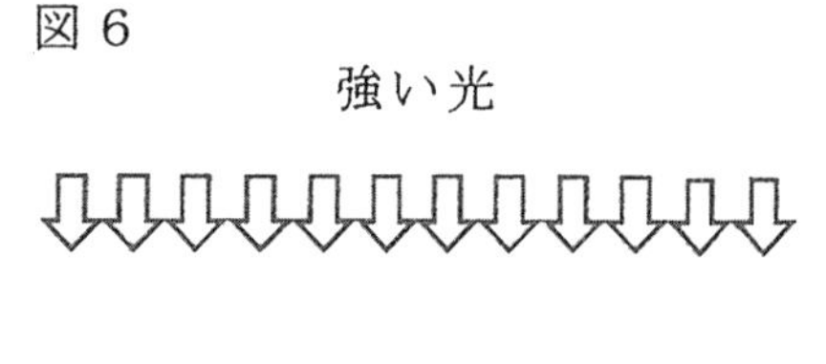

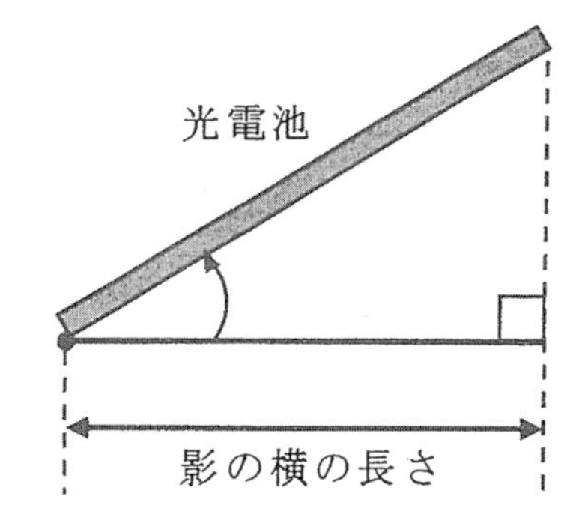

影の面積と流れる電流の大きさの関係は，表２のようになりました。

表２

影の面積（cm^2）	200	300	400	500
流れる電流（mA）	40	60	80	100

（５）光電池がつくる影の横の長さが 22cm であるとき，流れる電流の大きさは何 mA ですか。

（６）流れる電流の大きさが 96mA であるとき，光電池を持ち上げた高さは何 cm ですか。必要であれば，下の三角形の辺の比を参考にしなさい。

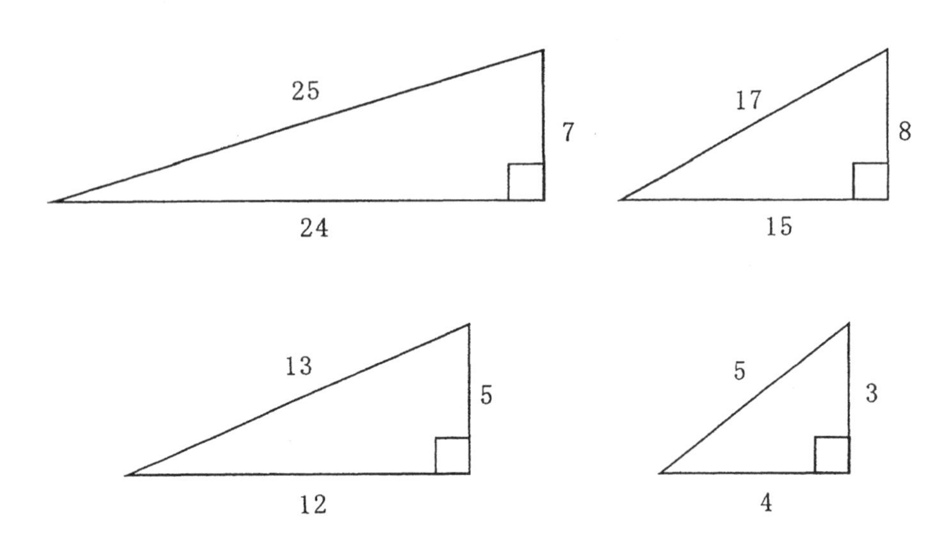

2021(R3) 広島学院中
教英出版

レーザーポインターと鏡を使って光が反射する様子を観察しました。レーザーポインターからは，細くまっすぐに進む強い光（レーザー光）が出され，レーザー光が進む道筋を観察することができます。図７のように，反射した光は，再びまっすぐに進みます。

図７

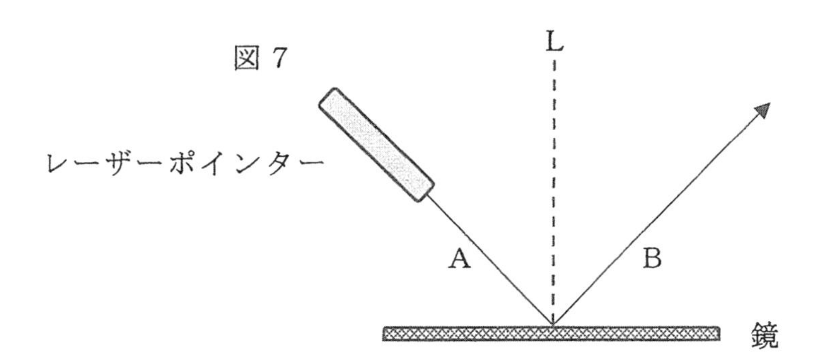

鏡に垂直な点線Ｌと，反射する前の道筋Ａがつくる角度を「入射角」といいます。また，点線Ｌと反射した後の道筋Ｂがつくる角度を「反射角」といいます。反射するとき，入射角と反射角は等しくなります。

（７）分度器を鏡の上に置き，レーザー光が反射するときの光の道筋を観察しました。そのときの様子が図８です。このときの反射角の大きさを整数で答えなさい。

図８

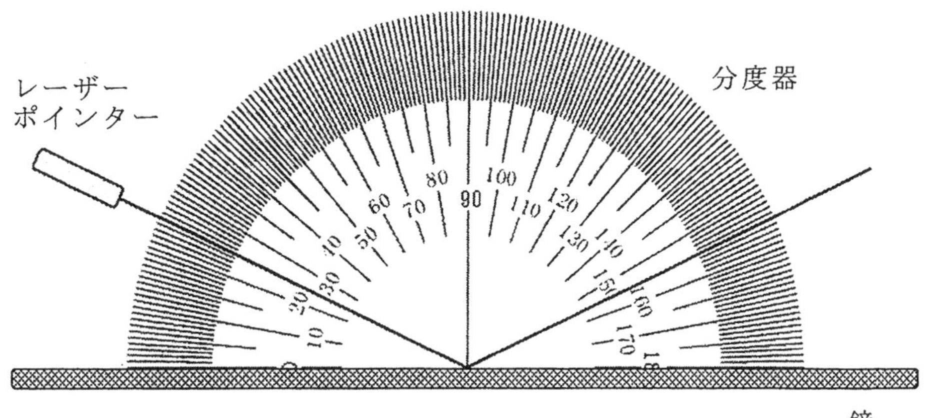

（８）三郎君は鏡に反射させたレーザー光を的に当てる実験をしました。部屋の様子を真上から見ると図９のようになっており，床(ゆか)には幅(はば)１ｍのマス目があります。また，この部屋のかべの１つは鏡になっています。そこで，（○）の位置に的を立て，（■）の位置に三郎君が立ちました。三郎君がレーザー光を鏡に反射させながら①～③の位置にある的に当てるためには，点ア～エのうちそれぞれどれに当てればよいですか。ただし，どの点に当てても的に当たらない場合は×と答えなさい。

図９

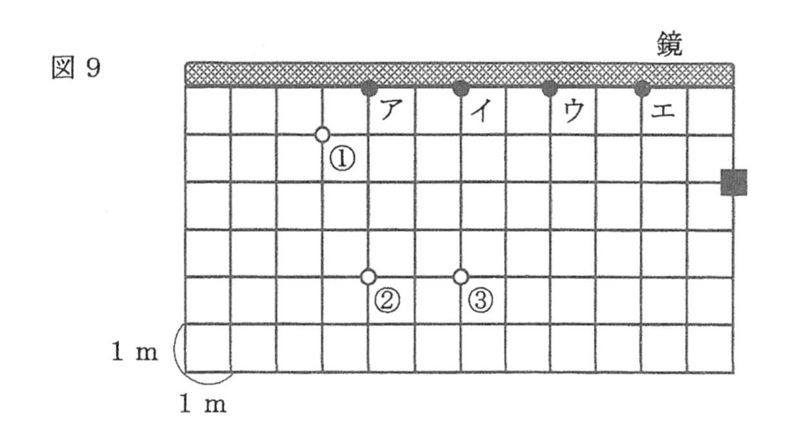

2021(R3) 広島学院中
K 教英出版

太陽の光を鏡で反射させて集めることにより，火を起こす装置を考えます。この装置の断面が図 10 であり，１マスの幅は，縦横とも 10cm です。

（９）断面が１辺 10cm の正方形である物体１つを，マス目に合わせて固定します。真上から太陽光が当たるとき，物体が最も熱くなると考えられるのは，どの位置に固定したときですか。解答例のように，解答らんのマス目をぬりつぶして答えなさい。ただし，図 11 のアとイでは，イの方が光が多く当たっているため，熱くなっているものとします。

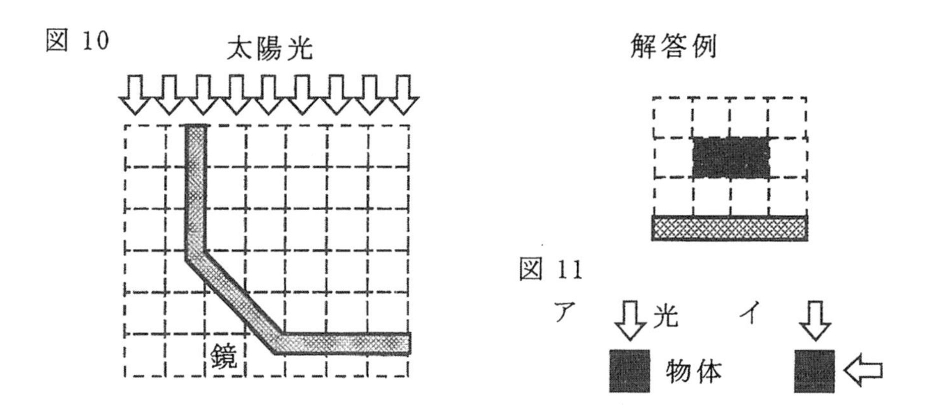

（10）火を起こす装置を図 12 のような形に変えました。真上から太陽光が当たるとき，物体が最も熱くなると考えられるのは，どの位置に固定したときですか。（９）の解答例のように，解答らんのマス目をぬりつぶして答えなさい。

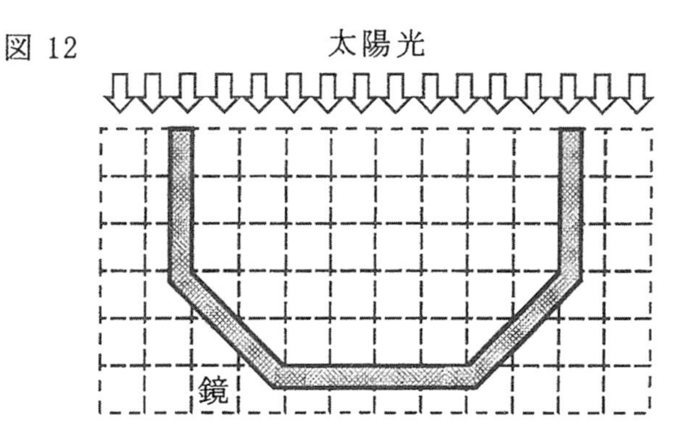

令和３年度

広島学院中学校入学試験問題

社　会

【３０分】

◎試験開始まで，問題用紙にも解答用紙にも手をふれてはいけません。
次の注意を読みなさい。

注　意

１．問題用紙
この問題用紙は，２ページから27ページまでで，問題は５問あります。

２．解答用紙
解答用紙は別の用紙１枚で，この問題用紙にはさんであります。

３．記入・質問などの注意
（１）答えはすべて解答用紙のわくの中に，ていねいな字で記入しなさい。
（２）記号を選択（せんたく）する問題では，**問題の指示する記号**で答えなさい。
（３）印刷が悪くて字のはっきりしないところなどがあれば，手をあげて監督（かんとく）の先生に知らせなさい。

[１] 次の各問いに答えなさい。

問１　平和記念公園や基町(もとまち)地区の中央公園は，1949年に国会で制定された法律に基づき，国の援助(えんじょ)を受けて作られました。この法律の名前を何といいますか。**漢字**で答えなさい。

問２　昨年におきた出来事について述べた文として，正しいものを次から１つ選び，記号で答えなさい。

あ　アメリカ大統領選挙にて，民主党のドナルド=トランプ氏が大統領に選出された。
い　大阪市を廃止(はいし)して４つの特別区を設置する案についての住民投票が行われ，反対派が多数となった。
う　日本の内閣総理大臣が交代し，新しく日本維新(いしん)の会に所属する内閣総理大臣が誕生した。
え　香港(ほんこん)にて国家安全維持(いじ)法が制定され，香港では政府を批判する意見を表明したり，デモを行ったりする権利が認められた。

問3　次の図は，現在の日本の三権分立の関係をまとめたものです。図中の①～③の矢印は，国民が政治に参加する権利を示しています。①～③について説明した各文の正誤の組み合わせとして，正しいものをあ～くから１つ選び，記号で答えなさい。

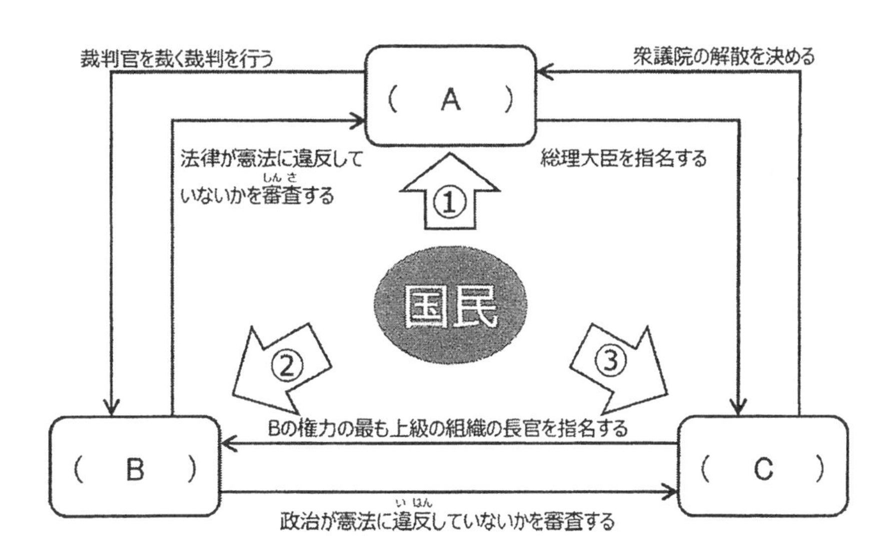

【①～③の矢印についての説明】

①　これには，18歳から行使することができる権利が含まれる。

②　これには，すべての裁判官がその職に適しているかを審査する権利が含まれる。

③　これには，憲法改正のための国民投票をする権利が含まれる。

	①	②	③
あ	正	正	正
い	正	正	誤
う	正	誤	正
え	正	誤	誤
お	誤	正	正
か	誤	正	誤
き	誤	誤	正
く	誤	誤	誤

問４　次の資料を参考に,（１）・（２）に答えなさい。

資料

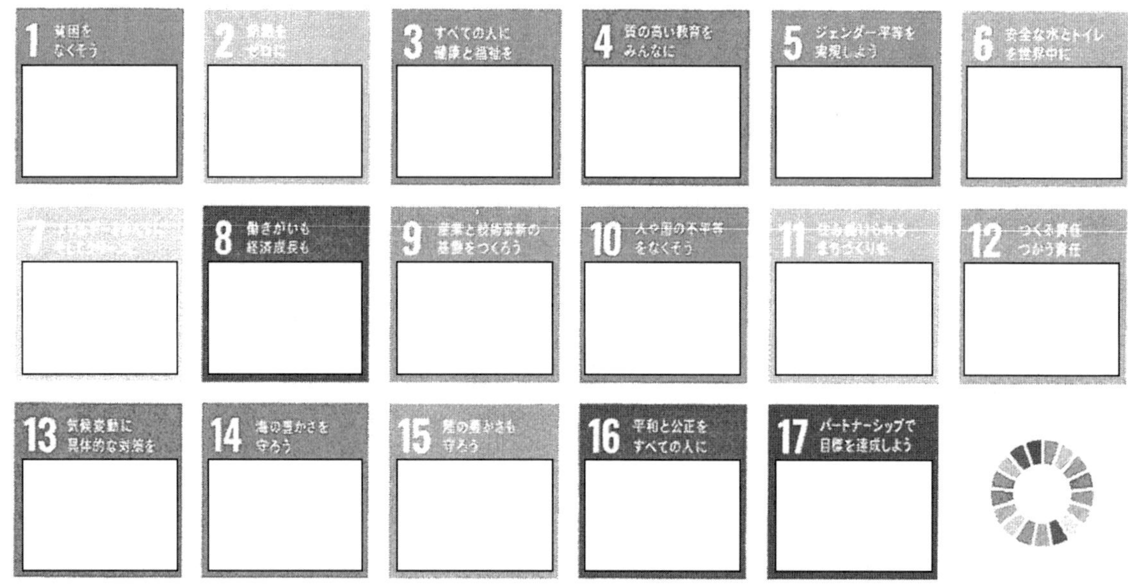

※イラスト省略

（外務省webページより引用）

（１）資料は，2015年にニューヨークの国連本部で開かれた会議で設定された17の目標です。この目標を何といいますか。答えなさい。

（２）資料の目標11「住み続けられるまちづくりを」に関連して，広島市のめざす「ゼロエミッションシティ」の説明として，最もふさわしいものを次から１つ選び，記号で答えなさい。

あ　家庭や会社などから出るごみをできるだけなくす。
い　豪雨や台風時に洪水（こうずい）・浸水被害（しんすいひがい）を可能な限り抑（おさ）える。
う　二酸化炭素の排出量（はいしゅつりょう）を，森林等が二酸化炭素を吸収する量以下におさめる。
え　市役所や区役所の手続きを電子化し，手続きのために役所で待つ時間を短くする。

問5　次の文章中の「この地」として正しいものを，地図中の**あ**～**え**から1つ選び，記号で答えなさい。

この地では，アメリカ同時多発テロ事件以降，アメリカ軍などが軍事行動をとりました。医師の中村哲(てつ)氏は，この地の紛争(ふんそう)からの復興に向けた人道支援に取り組んでいました。しかし，この地で2019年12月，武装勢力の銃撃(じゅうげき)を受け，命を落としました。

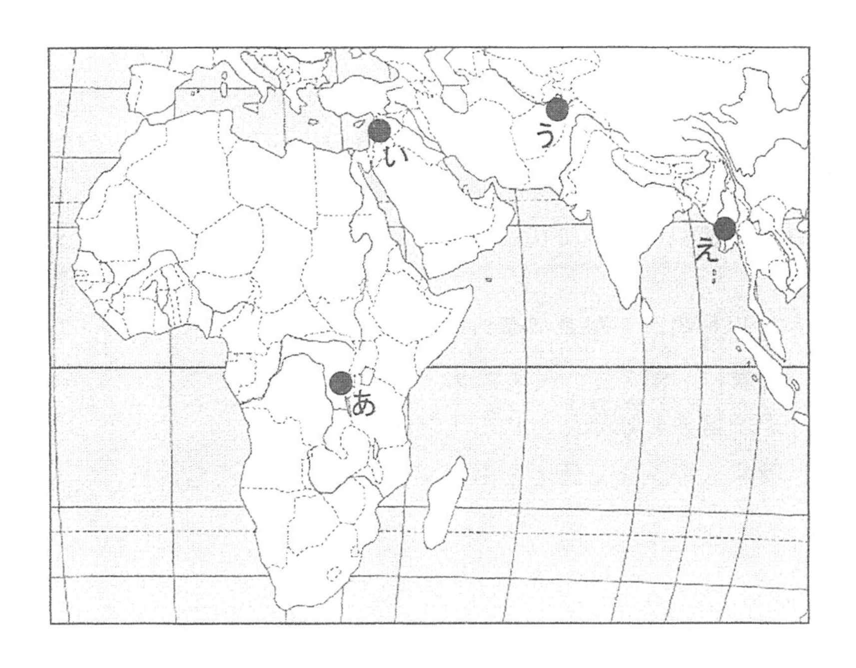

［2］ 次の各問いに答えなさい。

問1 **資料1**は，昔，日本に降(くだ)った神々の子孫が国をつくる様子が記された書物の一部を現代語に訳したものです。この書物がつくられたころの日本の様子として正しいものを，下の**あ～え**から1つ選び，記号で答えなさい。

資料1

ヤマトタケルは，武勇にすぐれた皇子でした。 ヤマトタケルは，天皇の命令を受けて， 九州へ行って，クマソを平らげ， 休む間もなく，東日本のエミシをたおしました。 ヤマトタケルは，広い野原で焼きうちにあったり， あれる海とたたかったりして苦労しながら征服(せいふく)を進めました。

あ 九州北部の支配者が漢の皇帝(こうてい)から金印をあたえられた。
い 奈良に平城京がつくられ都とされた。
う 小野妹子が遣隋使(けんずいし)として大陸に派遣(はけん)された。
え 渡来(とらい)人の伝えた技術を用いて大仙古墳(だいせんこふん)がつくられた。

（問題は次のページに続きます）

問２　資料２は，日本の昔の様子が記された書物の一部を現代語に訳したものです。これを見て，(１)・(２) に答えなさい。

資料２

対馬(つしま)国から，また南へ海を1000余里渡ると一大(いき)国に着く。 一大国から，さらに海を1000余里渡ると末盧(まつら)国に着く。 末盧国から東南に500里行くと，伊都(いと)国に到着(とうちゃく)する。 東南に100里行くと，奴(な)国に至る。 東に100里行くと，不弥(ふみ)国に至る。 南に水行20日行くと，投馬(とうま)国に至る。 南に水行10日，陸行１月行くと，邪馬台(やまたい)国に至る。女王の都である。

(１) この文書の説明として，正しいものを次から１つ選び，記号で答えなさい。

あ　この文書は，日本において書かれた最も古い書物の一部である。
い　この文書は，渡来人によって書かれ，後に中国に伝えられた。
う　この文書は，漢字のほかに，一部ひらがなで書かれている。
え　この文書は，中国において書かれた書物の一部である。

（2）この文書に記されたころの日本に，最も関係の深いものを次から1つ選び，記号で答えなさい。

あ　石皿とすり石

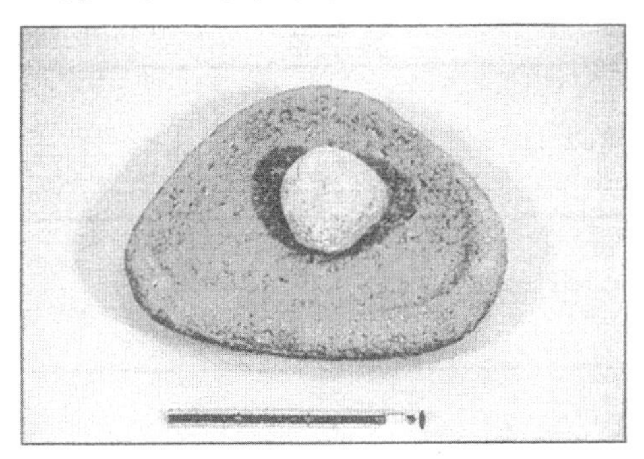

い　かめ棺（かん）に入った首の無い人骨

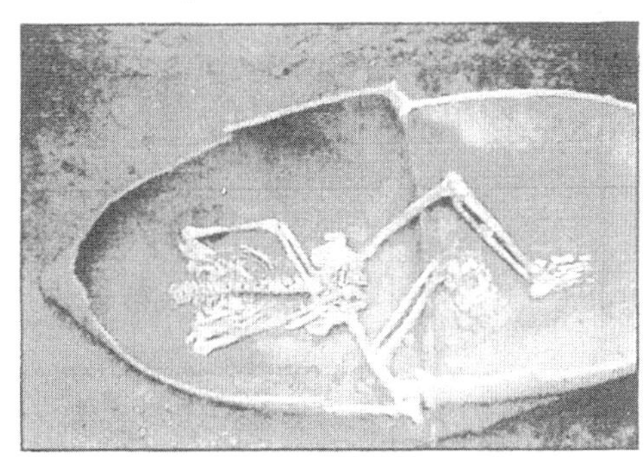

う　のぼりがま（復元）

え　水時計（復元）

問3　**資料3**は奈良時代の農民に課された税の一覧です。**資料4**は，奈良時代に書かれた租税（そぜい）台帳の内容の一部を現代語に訳したものです。これらを見て（1）・（2）に答えなさい。

資料3

税	内容	負担者
（　☆　）	口分田（くぶんでん）の収穫（しゅうかく）の約3％	6歳（さい）以上の男女
（　ア　）	特産物または布	17～65歳の男
庸（よう）	都で年10日の労働または布	21～65歳の男
（　★　）	50戸ごとに2人が都で3年間労働	21～60歳の男
雑徭（ぞうよう）	地方で土木工事など年60日以下の労働	17～65歳の男
兵役	軍団で兵士として勤務	21～60歳の男3～4人につき1人

（☆，★は問いに関係ありません）

資料4

726年の山背国愛宕郡出雲郷（←地名）の租税台帳
出雲臣吉事（←人の名前）一家の記録
　去年の記録
　　一家の総人数30名（内訳：男5名／女19名／奴隷（どれい）6名）
　今年の記録
　　一家の総人数31名（内訳：男5名／女20名／奴隷6名）
　　労働・兵役免除（めんじょ）の者30名
　　　（内訳:男4名【障がい者1名・子ども3名】／女20名／奴隷6名）
　　労働・兵役義務のある者1名（内訳：男1名）

（1）**資料3**の中の（　ア　）にあてはまる税を，**漢字で**答えなさい。

（2）**資料4**の租税台帳を見ると，男女の比率が不自然になっています。これは，調査の際に性別を偽（いつわ）って登録したものと考えられます。このような，偽った登録があったのはなぜですか。**資料3**を参考にして，その理由を答えなさい。

問4　**資料5**は『枕草子（まくらのそうし）』と同じころに書かれた日記『小右記（しょうゆうき）』の一部を現代語に訳したものです。（　　　）にあてはまると考えられる語句を答えなさい。

資料5

全国の土地という土地は，ことごとく（　　　）家の領地となってしまい，国家の土地である公領は，わずかな土地もない。悲しむべき世の中である。

問５　次の資料は広島県北広島町で行われている「壬生の花田植」といわれる伝統行事の様子を示したものです。この行事は，室町時代に農民が行っていた田植えの際のおどりが起源とされています。この室町時代の田植えおどりのことを何といいますか。**漢字で**答えなさい。

問６　江戸時代の出来事について述べた文として，**誤っているもの**を次から**２つ**選び，記号で答えなさい。

あ　岡山藩では，百姓や町人とは別に身分上厳しく差別されてきた人たちが，生活上の厳しい制約に対し団結して立ち上がった。
い　江戸時代の初めには，日本人の商人がたくさん東南アジアに出かけ，東南アジアの各地に日本町ができた。
う　浮世絵が大量につくられ，歌川広重の「富嶽三十六景」などの風景画が人気を集めた。
え　徳川家光によって，祖父の家康をまつる日光東照宮が大規模に建て直された。
お　江戸幕府には，将軍を支える臨時の最高の職として大老という職があった。
か　町や村では寺子屋が各地でつくられ，主に武士の子どもたちが学んだ。

［3］ 次の各問いに答えなさい。

問1 明治時代の製糸業と紡績(ぼうせき)業について説明した次のA～Dの文のうち，正しいものの組み合わせを下の**あ～か**から選び，記号で答えなさい。

A 製糸業は，くわの葉から生糸をつむぐもので，中部地方から関東地方で盛んだった。

B 紡績業は，綿花から糸をつむぐもので，大阪を中心に近畿地方で盛んだった。

C 製糸業も紡績業も，その労働者の多くは女性で，長時間働かされた。

D 製糸業も紡績業も原料は国産だったので，輸出が増えるほど日本の利益が増えた。

あ A・B　**い** A・C　**う** A・D
え B・C　**お** B・D　**か** C・D

問2 次の**あ～え**の出来事を**年代の古い順**に記号で答えなさい。

あ 沖縄県が設置された。
い 小村寿太郎が条約改正を達成した。
う ヨーロッパに岩倉使節団が送られた。
え ノルマントン号事件がおこった。

問3　1914年から1918年までの間に，日本の貿易輸出額は３倍以上に増加しました。次の文はその理由について説明したものです。（　１　）・（　２　）にあてはまる語句を答えなさい。

（　１　）で（　２　）がおこり，日本はアメリカや（　１　）地域への工業製品の輸出を増やしたから。

問4　次の地図中に○で示されている地域について述べた文として，**誤っているもの**を下の**あ～え**から１つ選び，記号で答えなさい。

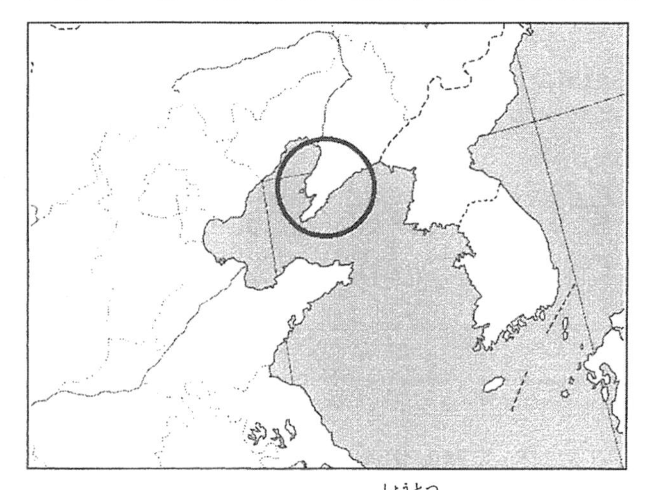

あ　日本軍と中国軍のこの地域での衝突(しょうとつ)をきっかけとし，日中戦争が始まった。

い　ロシア，ドイツ，フランスの干渉(かんしょう)にあい，日本はこの地域を中国に返還(へんかん)した。

う　日露(にちろ)戦争後，この地域の南端(なんたん)部は事実上，日本が治める権利をもつことになった。

え　この地域を走った南満州鉄道は，日本の満州進出における重要な交通手段となった。

令和三年度　国語　解答用紙

（※のらんには何も書かないこと。）

受験番号

合計
※

※100点満点
（配点非公表）

一

問一 ① ②

問二 Ⅰ Ⅱ

問三

問四 A B C D E F

問五

問六 ・ ・

問七

問八 Ⅰ Ⅱ

問九 ア イ ウ

※ ※ ※ ※

答	

答	

答	

[5]

(1)(計算)

答	cm

(2)(計算)

答	cm

(3)(計算)

答	cm

得点欄(ここには何も記入しないこと)

1	
2	
3	
4	
5	
合計	

受験番号

※100点満点
(配点非公表)

（4）　　理由

（5）　　mA　（6）　　cm　（7）　　。

（8）　①　　②　　③

（9）

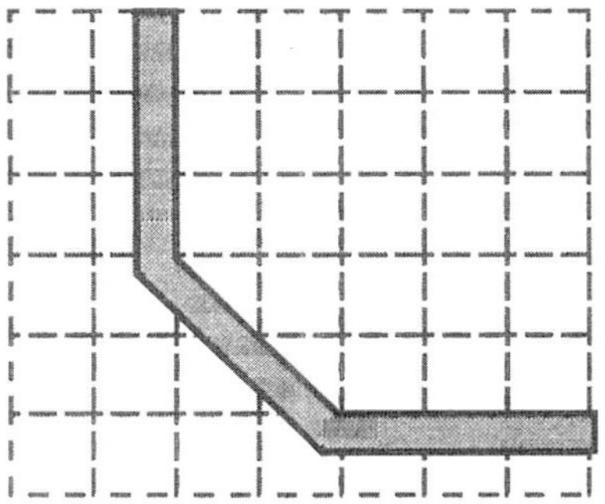

（10）

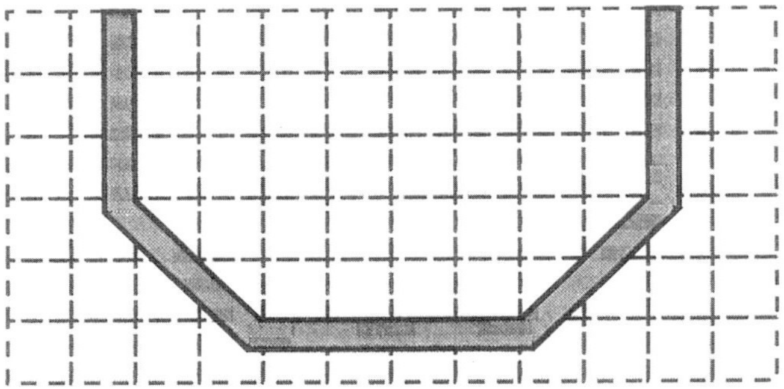

受験番号				

※

※65点満点
（配点非公表）

※このわくには
何も記入しないこと

問８

［４］

問１ （１） （２） 問２ ① ② ③

問３ A B

［５］

問１

問２ （１）

問２ （２） ① ② ③ 問３ A B

受験番号				

※65点満点
（配点非公表）

令和３年度　社会　解答用紙

［１］

問１ 　　問２ 　　問３

問４（１） 　　（２） 　　問５

［２］

問１ 　　問２（１） 　　（２） 　　問３（１）

問３（２）

問４ 　　問５ 　　問６

［３］

問１ 　　問２ → → → 　　問３（１）

問３（２） 　　問４ 　　問５ A 　　B

問６

問７（１）

【解答

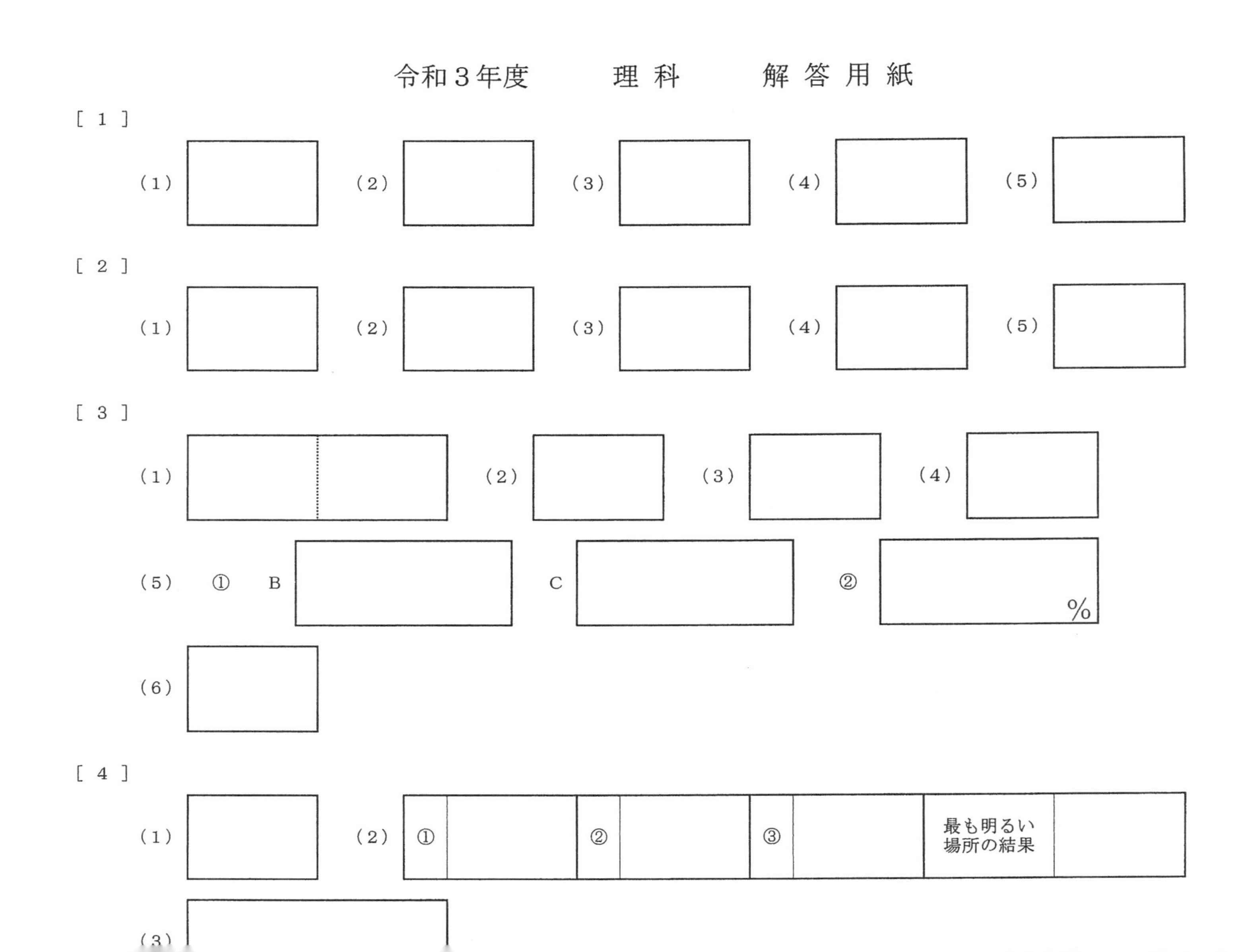

令和３年度　理 科　解 答 用 紙

[1]

(1)　(2)　(3)　(4)　(5)

[2]

(1)　(2)　(3)　(4)　(5)

[3]

(1)　(2)　(3)　(4)

(5)　①　B　C　②　%

(6)

[4]

(1)　(2)　①　②　③　最も明るい場所の結果

(3)

【解答

令　和　３　年　度　　算　数　　解　答　用　紙

［１］

(1)		(2)		(3)	
(4)		(5)		(6)	

［２］

(1)（計算）

答　　分

(2)（計算）

答　　分　秒

(3)（計算）

答　　分　秒

［３］

(1)（計算）

答　　秒後

(2)（計算）

答　　cm

(3)（計算）

答

【解答

二

問一	問二	問三	問四	問五	問六	問七	問八	問九	問十
	A								1
	B								2
	C								3
	D								4

※	※	※	※	※

問５　次のＡ・Ｂの出来事がおこった時期としてあてはまるものを，下の**あ～か**から選び，それぞれ記号で答えなさい。

Ａ　日本がドイツ・イタリアと軍事同盟を結んだ。
Ｂ　日本が国際連盟を脱退(だったい)した。

満州国が建国された。
あ
五・一五事件がおこった。
い
二・二六事件がおこった。
う
国民全員を総動員する法律ができた。
え
米が配給制になった。
お
学徒出陣(しゅつじん)が始まった。
か
ソ連が条約を破って日本に侵攻(しんこう)した。

問６　次の**資料**は，1939年と1948年の各年齢（ねんれい）における男児の平均身長を示したものです。この時期に，日本の近代史上，初めて男児の平均身長が縮み，同じ傾向（けいこう）は，女児にも見られました。なぜ，この時期に，どの年齢においても，男女ともに平均身長が縮んでしまったのでしょうか。理由を答えなさい。

資料　子どもの平均身長の推移（単位：cm）

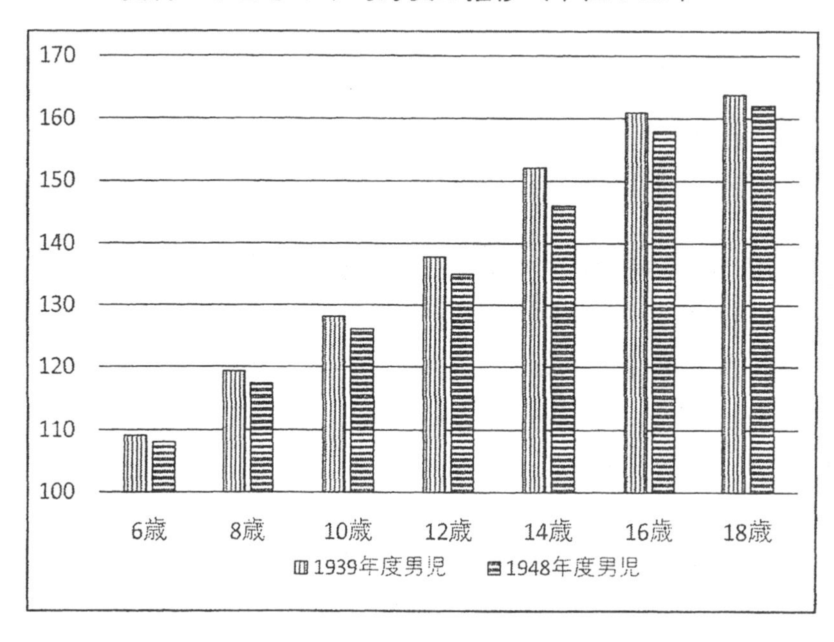

（文部科学省「体力・運動能力調査」などより作成）

（問題は次のページに続きます）

問７　次の文章は，**資料１・２**を見た時にわかることをまとめたものです。
これらを見て，(１)・(２) に答えなさい。

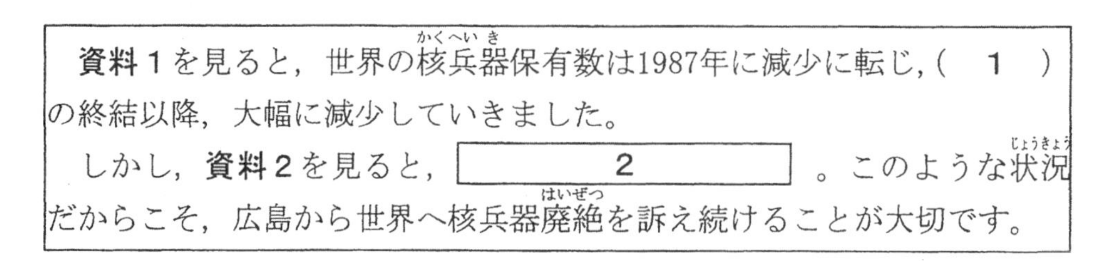

資料１を見ると，世界の核兵器保有数は1987年に減少に転じ，(　１　) の終結以降，大幅に減少していきました。
しかし，**資料２**を見ると，［　２　］。このような状況だからこそ，広島から世界へ核兵器廃絶を訴え続けることが大切です。

資料１　世界の核兵器保有数の推移（1945 ～ 2019年）

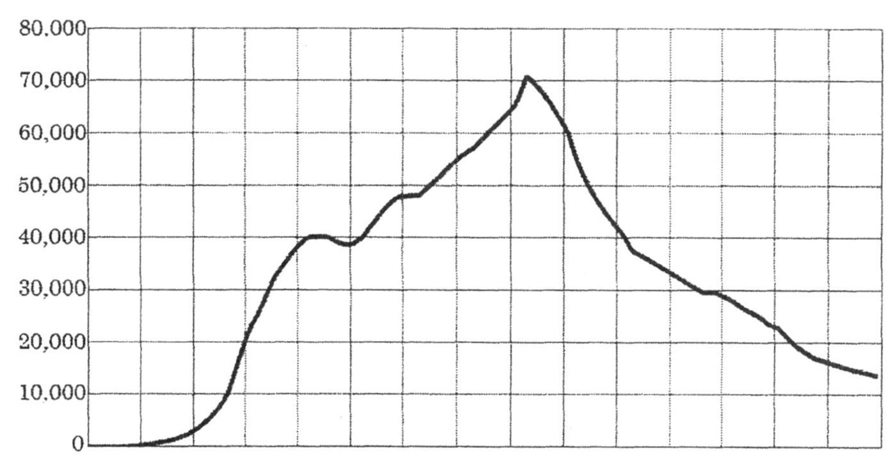

資料２　世界の核兵器保有国のうつりかわり

年	核兵器保有国
1990年	アメリカ，ソ連，イギリス，フランス，中国，インド，イスラエル
2019年	アメリカ，ロシア，イギリス，フランス，中国，インド，パキスタン，イスラエル，北朝鮮

（資料１，資料２ともに広島県ウェブページより作成）

（1）（　1　）にあてはまる語句を答えなさい。

（2）［　　2　　］にあてはまる一文を答えなさい。

問8　日本，ドイツ，韓国，イタリア，カナダ各国は，いずれも核兵器を保有していないにもかかわらず，核兵器禁止条約の交渉（こうしょう）に参加していません。次の文章は，これらの国々がこの条約の交渉に参加しない背景の１つを説明したものです。（　　　）にあてはまる語句を答えなさい。

アメリカは，同盟国に加えられた攻撃（こうげき）については，アメリカへの攻撃と同様とみなして報復する安全保障を同盟国に約束しています。これは，アメリカの同盟国が核兵器で攻撃されると，アメリカが核兵器で反撃する，ということです。すなわち，アメリカの同盟国の現在の平和は，アメリカのいわゆる『（　　　）』に依存（いぞん）している，と考えることもできます。

［4］ 次の各問いに答えなさい。

問1 次の地図を見て，（1）・（2）に答えなさい。

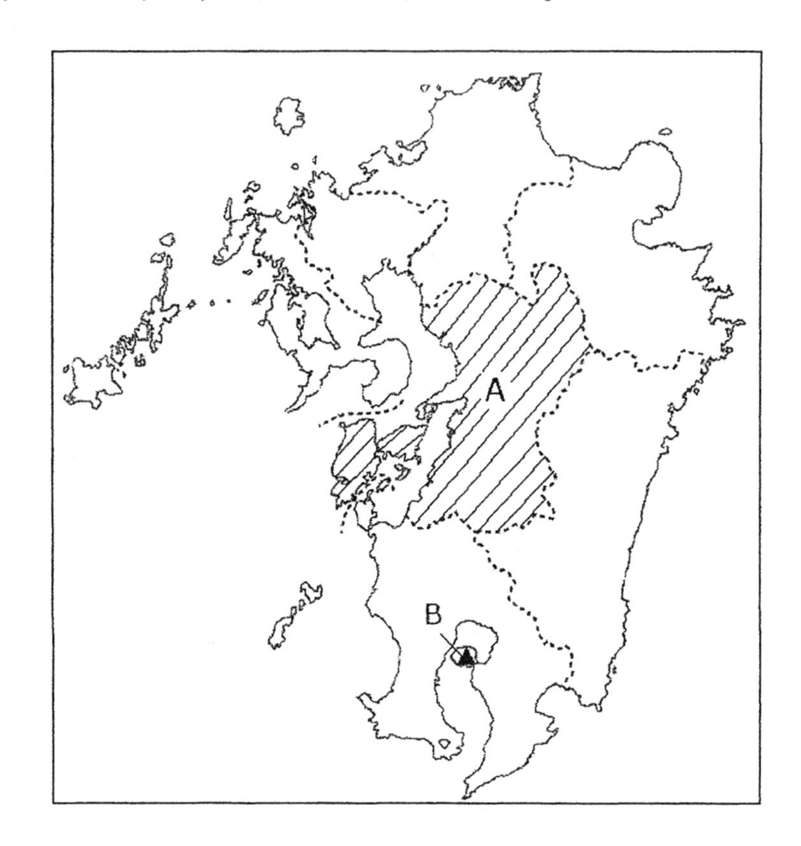

（1） 次の**あ～き**は，それぞれ図中の県の代表的な特産品を示しています。図中の**A**の県にあてはまるものを次から1つ選び，記号で答えなさい。

あ たけのこ，焼・味付のり　**い** 養殖のり，たまねぎ
う あじ，びわ　**え** トマト，すいか
お サツマイモ，豚　**か** マンゴー，鶏肉
き かぼす，乾しいたけ

（2） 図中のBは火山を示しています。この火山の特徴（とくちょう）について述べた文として正しいものを次から1つ選び，記号で答えなさい。

あ この火山の周辺では，明治の中ごろまで砂鉄が多く採取され，伝統的なタタラ製鉄が行われていた。
い この火山の周辺では，シラス（白みをおびた火山灰）が厚く堆積（たいせき）した台地が広く分布している。
う この火山のカルデラには大きな湖がありジオパークに認定されているとともに，観光名所としても知られている。
え この火山は世界有数の広大なカルデラをもち，その中を鉄道や道路が通っている。

問2 下の資料は，九州各県（沖縄県をのぞく）の宿泊施設（しせつ）（ホテル・旅館）数と，そのうち温泉地にかかわるものの割合を表にまとめたものです。表の中の①～③に入る県名をそれぞれ答えなさい。

県	宿泊施設数	宿泊施設のうち温泉地にかかわるものの割合（%）
熊本	1213	33.8
①	1162	70.9
鹿児島	1032	30.1
②	957	11.2
長崎	611	15.1
宮崎	465	14.6
③	355	25.4

（『データで見る県勢2020年版』より作成）

問３　次の図は，和歌山県の農業産出額に占(し)める米，野菜，畜産(ちくさん)，その他の割合を示したものです。都道府県を産出額の割合が最大になる品目にしたがって，下のようにグループＡ～Ｄに分類したとき，和歌山県は，グループＢに入ることがわかります。グループＡとグループＢに入る都道府県の組み合わせとして正しいものを**あ**～**え**から選び，それぞれ記号で答えなさい。

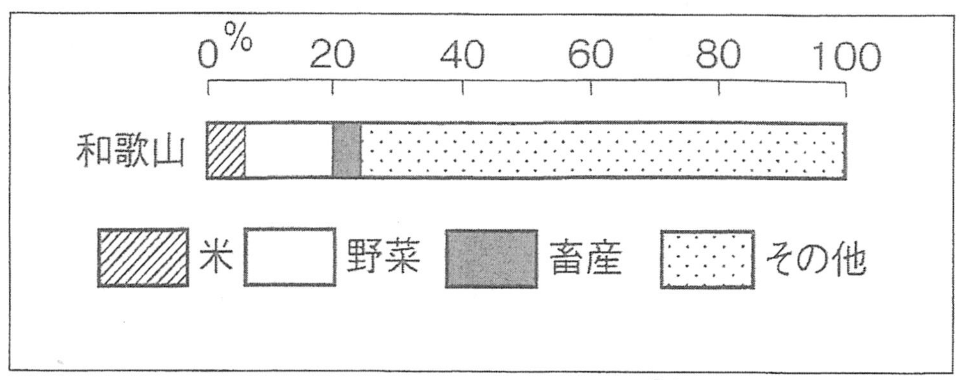

（『データで見る県勢2020年版』より作成）

グループＡ　畜産の産出額が最大となっている都道府県
グループＢ　その他の産出額が最大となっている都道府県
グループＣ　野菜の産出額が最大となっている都道府県
グループＤ　米の産出額が最大となっている都道府県

あ　北海道・宮崎県　　　**い**　秋田県・新潟県
う　山梨県・愛媛県　　　**え**　埼玉県・高知県

［5］ 次の文章を読み，後の問いに答えなさい。

昨年，広島は被爆(ひばく)から（ ① ）年の節目の年を迎(むか)えました。長い年月が経ち，原爆や戦争の恐(おそ)ろしさを直接体験した世代(せだい)も少なくなりましたが，広島市内に今でも残されている被爆の痕跡(こんせき)から，私たちは多くを学ぶことができます。

広島市南区にある②最大級の被爆建物は，保存するか取り壊(こわ)すかの議論に揺(ゆ)れ，全国的にも注目を集めています。また，「（ ① ）年間は草木も生えぬ」と言われた広島で，③被爆した樹木たちは傷つきながらもたくましく生き抜(ぬ)いており，今もなお爆心地の方向を教えてくれています。

問１ （ ① ）にあてはまる数字を答えなさい。

問２ 下線部②について，この建物の**写真**と**年表**を見て，（１）・（２）に答えなさい。

写真

年表

1913年	兵員のための軍服・軍靴(ぐんか)やマント，下着類，靴下(くつした)，手袋(てぶくろ)などの製造や貯蔵を行う施設(しせつ)として建設された。
1943年	A倉敷(くらしき)，児島(こじま)，宇品(うじな)などに製造設備や貯蔵設備が分散された。
被爆時	多くの負傷した被爆者が避難(ひなん)し，救護所として使われた。
戦後	学校の校舎や役所の庁舎，運送会社の倉庫などとして利用されていたが，1997年以降は使用されていない。

（1）年表の下線部Aについて，この理由を答えなさい。

（2）この建物について,「取り壊したほうがよい」という意見を持つ人（A～C）と,「保存したほうがよい」という意見を持つ人（D～F）に分かれて話し合いました。リーダーのまなぶ君は，それぞれの意見を以下のように表にまとめることにしました。A～Cにならって，①～③にあてはまるものをD～Fから選び，それぞれ記号で答えなさい。

【取り壊したほうがよいという意見】

A「100年以上前に建てられた古い建物なので，安全に保存していくためには耐震（たいしん）工事に多額の費用が必要になると思います。」

B「現在まで40年以上何にも使われていなかったので，保存するよりも住民の希望する施設に建て替（か）えたほうがよいと思います。」

C「将来広島市でも少子化が予想されているので，小学校や中学校を新設するための用地にしたほうがよいと思います。」

【保存したほうがよいという意見】

D「広島県ではこれまで震度４以上の地震がおこったことがないので，耐震工事に費用をかけずに美術館として利用できると思います。」

E「ユネスコが世界文化遺産に認定すれば，災害時に必要となる衣服や食料の備蓄倉庫として活用できると思います。」

F「被爆した人の救護所として利用されていた歴史があるので，原爆に関係する資料として大変貴重だと思います。」

	取り壊したほうがよいという意見	保存したほうがよいという意見
正しい事実をもとに意見を述べている。	A	①
誤った事実をもとに意見を述べている。	B	②
事実と意見との間につながりがない。	C	③

問３　下線部③について，被爆した樹木には特徴(とくちょう)が見られ，下の**図**はその特徴を説明したものです。また，**写真Ａ・Ｂ**は，ある場所で撮影(さつえい)された被爆樹木のものです。(これらの樹木は，被爆後に伐採(ばっさい)されたり移動されたりしたものではありません)

写真とその説明を参考に，**写真Ａ・Ｂ**が撮影された場所を地図中の**あ〜く**から選び、それぞれ記号で答えなさい。

図　被爆樹木の特徴

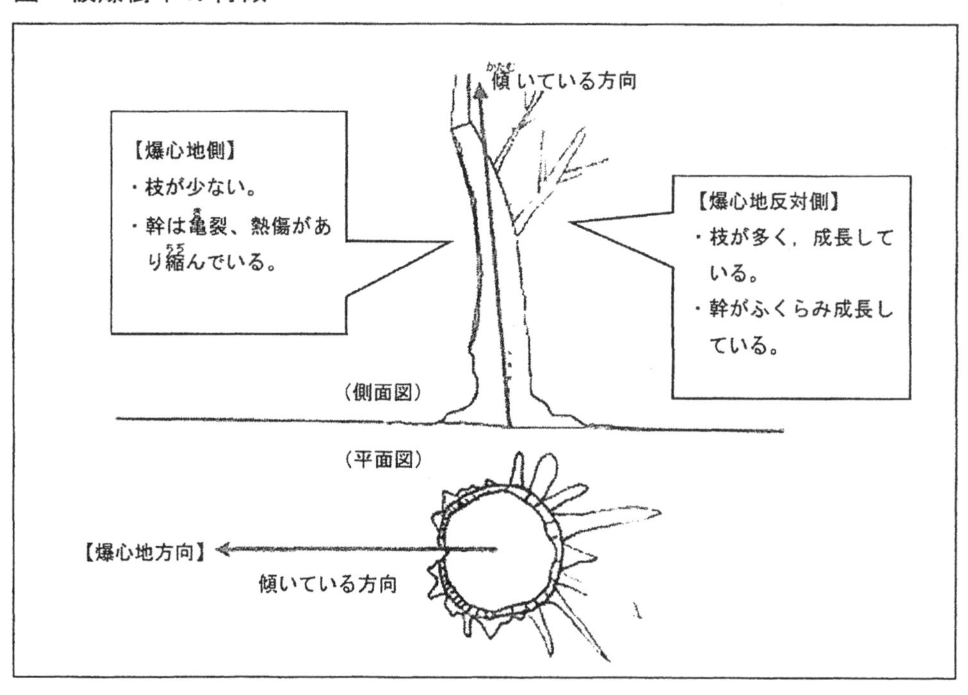

傾(かたむ)いている方向
【爆心地側】
・枝が少ない。
・幹は亀裂、熱傷があり縮んでいる。
【爆心地反対側】
・枝が多く，成長している。
・幹がふくらみ成長している。
(側面図)
(平面図)
【爆心地方向】
傾いている方向

(『沈黙を聴く　-広島被爆樹木写真集-』より作成)

写真Ａ　【西向きに撮影】

・正面に亀裂（きれつ）・熱傷がある。

・手前に傾いている。

写真Ｂ　【北東向きに撮影】

・左側に傾いている。

・左側の枝が少ない。

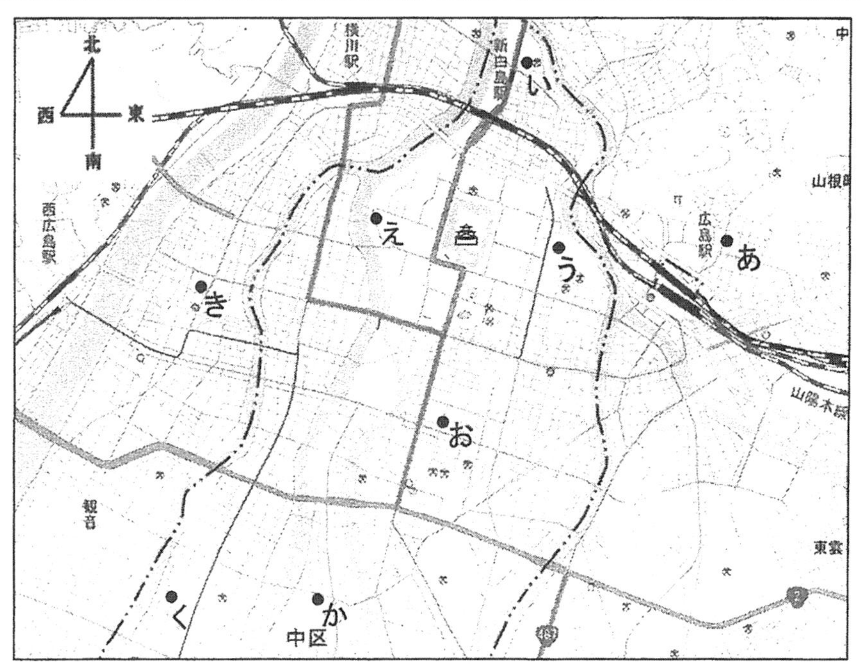

（問題は以上です）

令 和 3 年 度

広 島 学 院 中 学 校 入 学 試 験 問 題

算　　数

【 5 0 分 】

◎試験開始まで，問題用紙にも解答用紙にも手をふれてはいけません。

次の注意を読みなさい。

注　　意

1．問題用紙

この問題用紙は2ページから7ページまでで，問題は5問あります。

2．解答用紙

解答用紙は別の用紙1枚で，この問題用紙にはさんであります。

3．記入・質問などの注意

（1） 答えはすべて解答用紙のわくの中に，ていねいな字で記入しなさい。
ただし，割り切れない数のときは，できるだけ簡単な分数で答えなさい。
また，（計算）と書いてあるところはその答えだけでなく，途中（とちゅう）の式・計算も書きなさい。

（2） 問題用紙のあいたところは，解答の下書きに使ってもかまいません。

（3） 印刷が悪くて字のはっきりしないところなどがあれば，手をあげて監督（かんとく）の先生に知らせなさい。

［1］次の□にあてはまる数を答えなさい。

（1）$\left(0.3+\frac{4}{27}\div\frac{5}{3}\right)\times\left(1\frac{2}{7}-\frac{3}{4}\right)=$□

（2）品物をこわさずに運ぶと1個あたり30円もらえる仕事があります。品物がこわれると30円はもらえず，50円支払います。1200個運び，そのうち□個がこわれると，27840円もらえます。

（3）下の図のような，底面と側面の厚さが2.5 cmの容器があります。この容器に□m^3の水を入れると，水の深さは80 cmになります。

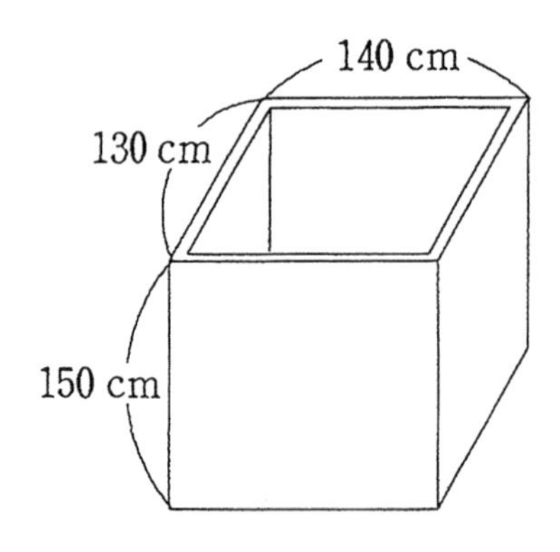

（4） 1から10までの数が1つずつ書かれた10枚のカードがあります。この中から3枚のカードを選び，書かれた3つの数を足したとき，その和が20になる組み合わせは□通りです。

（5） 34で割ると，商と余りが同じになる4けたの整数のうち，最も小さい整数は□です。

（6） 4つの整数があります。その中から2つの整数を取り出して足すと，その和は6種類です。和のうち，大きい方から1番目と2番目の差は8で，3，4，5番目は順に47，40，28です。4つの整数のうち，1番小さい整数は□です。

［2］ポンプAは1分間に8Lの水をくみ出すことができ，3分間動くごとに2分間休みます。ポンプBは1分間に4Lの水をくみ出すことができ，8分間動くごとに2分間休みます。次の問いに答えなさい。

（1）Aだけを動かして120Lの水の入ったタンクを空にするのに何分かかりますか。

（2）Aだけを動かして260Lの水の入ったタンクを空にするのに何分何秒かかりますか。

（3）AとBを同時に動かして700Lの水の入ったタンクを空にするのに何分何秒かかりますか。

［3］【図】の四角形ABCDは台形です。点P，Qは同時に出発し，Pは毎秒 $\frac{4}{3}$ cm の速さで辺AD上をAからDまで，Qは毎秒 2 cm の速さで辺BC上をBからCまで進みます。【グラフ】は，点P，Qが出発してから四角形ABQPが四角形ABCDに重なるまでの，出発してからの時間と四角形ABQPの面積の関係をグラフにしたものです。次の問いに答えなさい。

（1）ABとPQの長さが等しくなるときが1回あります。それは，出発して何秒後ですか。

（2）【図】の（あ）の長さは何cm ですか。

（3）四角形PQCDが平行四辺形になるときがあり，その面積は 432 cm^2 です。【グラフ】の（い）に当てはまる数は何ですか。

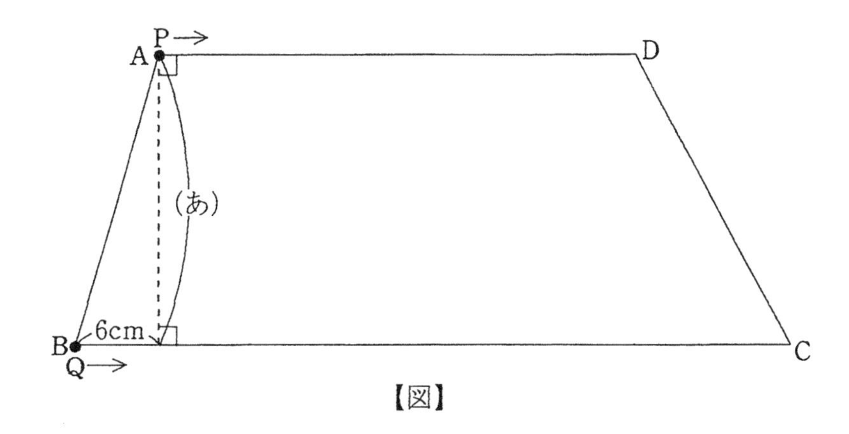

【図】

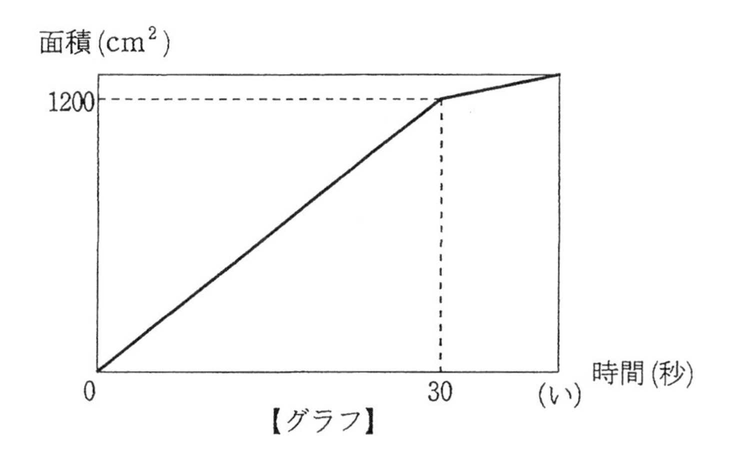

【グラフ】

［4］整数Aから始めて，Aに整数Bを次々に加えてつくったC個の数の和を（A，B，C）で表すことにします。例えば，（12，3，4）＝12＋15＋18＋21＝66です。次の問いに答えなさい。

（1）（あ，2，5）＝500です。あの数は何ですか。

（2）（3，い，10）＝795です。いの数は何ですか。

（3）（う，1，3）の10倍と（う，1，9）の3倍は等しいです。うの数は何ですか。

［5］【図1】と【図2】は正方形を合わせた図形で，斜線(しゃせん)部分の面積と斜線のない部分の面積は等しいです。次の問いに答えなさい。

（1）ABの長さは何cmですか。

（2）CDの長さは何cmですか。

（3）EFの長さは何cmですか。

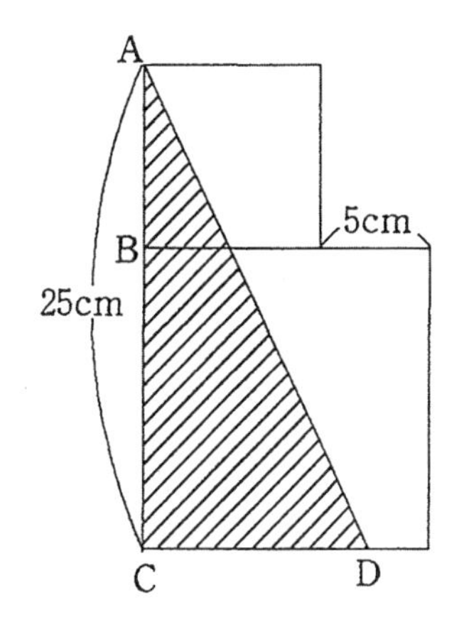

【図1】

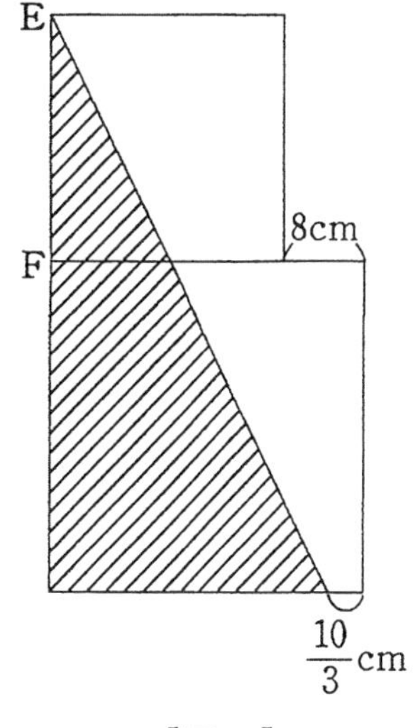

【図2】

2021(R3) 広島学院中
K 教英出版